国家出版基金项目
NATIONAL PUBLICATION FOUNDATION

"十三五"国家重点
出版物出版规划项目

城市社区更新理论与实践丛书
赵万民 黄瓴 主编

NANJING

南京

城市社区更新
理论与实践

CHENGSHI SHEQU GENGXIN
LILUN YU SHIJIAN

王承慧 王兴平
陶 韬 姚秀利　　著

中国城市出版社
中国建筑工业出版社

进入21世纪第三个十年，回顾我国规划学科和规划学界近年经历的历史性变化和巨大进步，主要体现在两大方面：一方面是新的国土空间规划体系的建构，另一方面是城市发展模式和空间规划从主要是增量扩张到存量提升即城市更新的转型。正是党的十八大及继后的党的三中全会、五中全会以及2015年中央城市工作会议，对我国改革开放以来经济社会发展阶段和形势做出了科学判断，进一步明确和极大地充实了中国特色社会主义的丰富内涵，正确及时地把握我国城镇化的历史进程，提出了新型城镇化的时代转型。党的十九大报告中指出，我国社会主要矛盾已转变为人民日益增长的美好生活需要和不平衡不充分的发展之间的矛盾。以人民为中心的高质量发展目标已成为全社会共识，这同第三次联合国住房和城市可持续发展大会提出的人类未来二十年共同发展纲领《新城市议程》及17项可持续发展目标（SDGs）相互契合。从党的十八届三中全会首次提出"推进国家治理体系和治理能力现代化"这个重大命题到党的十九届五中全会明确"十四五"规划和二〇三五年基本实现社会主义现代化远景目标，并且具体到对我国规划体系的改革提出改革方向、内容和指导方针，催生了规划学科向真正符合人民和时代需要的方向发生深刻而伟大的变革，一系列相关文件指导着我国规划体系不断深化和完善。

我们从十余年的理论探索和工作实践中汇聚形成的这套丛书的主题——城市社区更新属于后一方面，可以说是在以人民为中心的思想指引下一部分城市规划转型课题的理论和实践的阶段总结。曾几何时，在当地政府邀请和委托下，我们走进一个个城市中低收入居民的社区，面对住房条件、居住环境和市政设施以及社会方面的多种问题，社区更新规划的工作方式、内容和程序无法继续沿用传统体系规划的范式。进入这个新的工作领域时，免不了要学习与参照西方发达国家的社区规划著作和范例，以及国内陆续问世的社区规划论著，从中获得较为系统的社区规划概念和方法，但是多彩多姿的国情和地域现实促进我们重新思考，走进社区人民群众和基层干部中共商共谋，在实践中创新求解。可以说，参与每个社区更新的过程都可以记录下一个个生动的故事，这也是规划师价值观的自我净化和升华。

说到社区更新和社区规划从早期的试验到最近纳入城市规划体系的历程，的确是意味深长。自中华人民共和国成立至改革开放迄今，在全国构建起区、街道、居委会三级城市基层政权组织体系，先后经历了从社区服务、社区建设到社区治理三个发展阶段。1986年，民政部首次把"社区"概念引入城市管理，提出要在城市中开展社区服务工作。2000年11月，中共中央办公厅、国务院办公厅转发《民政部关于在全国推进城市社区建设的意见》，明确"社区建设是指在党和政府的领导下，依靠社区力量，利用社区资源，强化社区功能，解决社区问题，促进社区政治、经济、文化、环境协调和健康发展，不断提高社区成员生活水平和生活质量的过程"，推动各地区将社区建设纳入国民经济与社会发展计划。2001年，社区建设被列入国家"十五"计划发展纲要。2010年至今，社区治理成为国家治理重要组成部分，重点在于构建城乡社区治理体系，提升城乡社区治理能力，打造共建共治共享治理格局。2017年6月，《中共中央 国务院关于加强和完善城乡社区治理的意见》指出，"完善城乡社区治理体制，努力把城乡社区建设成为和谐有序、绿色文明、创新包容、共建共享的幸福家园"。2017年10月，党的十九大报告提出，"加强社区治理体系建设，推动社会治理重心向基层下移，发挥社会组织作用，实现政府治理和社会调节、居民自治良性互动"。但在过去的20年里，在我国大多数城市中，无论是社区规划还是社区更新，主要体现在具体项目上，并未从法理和学理上得到"正名"。原因主要有三：一是从学理上社区规划或社区更新涉及跨学科的充分融合，复杂的交叉机理未臻定论；二是从项目实践上体现出很大的在地差异性和综合性，规划的技术和方法多方尚在各自探索；三是过去发展阶段传统城乡规划体系中社区的缺位，正式规划专业教材和法规暂付阙如。从20世纪90年代末以来，上海、北京、深圳、武汉、重庆等国内一些大城市也只是在一些点上开展起社区规划、社区更新行动。

令人鼓舞的是，今天社区更新和社区规划在全国城市方兴未艾地蓬勃开展，新成果和新经验层出不穷。社区发展、社区更新的时代已经到来。

《城市社区更新理论与实践丛书》启动于2018年底，选择了具有代表性的9座城市，分别是北京、上海、广州、重庆、成都、武汉、南京、西安和厦门，旨在梳理和总结每一座城市在社区更新方面的经验，系统整理因地制宜的社区更新理念（理论）、规划设计方法，并通过典型案例探讨社区更新的机制与政策。特别需要说明的是，本丛书各分册的作者皆来自高校的城乡规划学专业，他们既是我国社区更新、社区规划的实践者与研究者，同时也是观察者和教育者。大家的共识是立足规划的视野探讨具有中国语境下的城市社区更新，希冀从规划的多学科维度进一步丰富我国的城市更新理论和方法。写作和编辑这套丛书最大的体会，是必须努力学习、深刻理解习近平新时代中国特色社会主义思想的科学体系，牢固树立以人民为中心的发展思想，坚定中国特色社会主义道路的四个自信和五大发展理念，以此丰富和创新我国社区发展的规划学科理论。自豪地身处当下的中国，站在过去城市规划建设取得的卓越成就的基础上，经心审视社区的价值，充分认知社区之于国家治理的作用，努力发现社区作为实现人民城市愿景的重要意义，乃是本丛书编写的初衷。丛书的顺利诞生要特别感谢中国建筑工业出版社（中国城市出版社）的大力支持和辛勤工作。

"诗意的栖居"是人类包括中国人的共同理想。已做的社区更新规划研究和实践曾经陪伴了我们千百个日日夜夜，更深入到我们心灵中的每一天。我们更为不同社区的未来美好图景殚精竭虑。作为我国社区发展的城市规划工作的参与者，从实践到理论，再从理论到实践的不懈且无尽的努力，这既是使命，更觉荣光。

　　谨此为序。

赵万民

2021年2月

▶ 前言 ◀

1997年我刚刚进入东南大学建筑系工作的时候，系里仅有城市规划教研室。此后几年里，城市规划系成立，城市规划专业在中断数年之后重启招生。我的导师吴明伟先生要求我们要各自担当一个发展方向，才能适应学科发展和教学要求。之后我被安排研究居住方向。由于研究生期间关注的是中心区，所以除了本科期间获得的住区规划原理知识外，我对于居住空间的研究几乎是从零开始。所幸教学中要一直面对学生的疑问，在职跟随吴明伟先生继续攻读博士学位的选题也是居住空间，研究就在这教学相长的过程中积累。

因为一直都在高校的原因，我的研究更多是从城市公共政策的角度进行，不过近年我对于市场和公共政策的关系也愈加关注。现在看来，我的研究领域和我国1990年代末以来的城市发展密切相关，历经"新区居住空间"、"大型保障房"、"社区养老"、"城市社区公共设施"、"居住型历史地段"等领域。回顾起来，我对于社区的关注自大型保障房住区研究就已经开始了，若要促进我国保障房社区健康持续发展，社区维度的建设是必需的。而社区发展，在我国逐渐进入存量发展为主的城镇化时期，愈发重要。我在麻省理工学院访学的时候，Lawrence Vale教授说研究城市居住是管窥城市体系的通道，你可以观察到城市体系的所有方面。我开始以观察者的眼光看待方兴未艾的各种社区更新实践，自己也通过各种机会参与其中，还在我系教学中开启了和社区有关的理论和规划设计课程，积极促成和现实链接的规划教学实践。尽管有种种挫折，还是有所收获。

《城市社区更新理论与实践丛书》执行主编黄瓴教授在2018年邀我参加丛书写作时，虽然觉得挑战巨大，但是没有太多犹豫就答应了。黄教授坚持不懈地深耕社区研究和实践，是我非常敬佩的学者，而丛书主编赵万民教授和她一起组织的丛书写作团队里还有诸多在社区领域有很深造诣的老师，这也是一次极为难得的学习机会。中国建筑出版传媒有限公司的领导和编辑们也给予极大的鼓励和支持。他们的精心组织和辛勤付出，使写作压力转化为动力，终于能够将这几年的积累汇集成一本书。

本书作为丛书的南京卷，一个人显然是不能完成任务的，这必然是一个需要合作的工作，需要建立一个小小的但力量强大的写作共同体。除我之外，本书还有几位共同作者，他们的贡献对于完善本书南京案例的覆盖度不可或缺。他们是：承担"面向城市治理的公共空间规划"一节的王兴平教授和他的研究生许闻博，虽然王教授主要领域是区域规划和产业园研究，但是他也一直关注城市治理，他的学生许闻博以城市管理规划为方向的论文获得了江苏省优秀硕士学位论文；承担"走向常态更新的老旧小区整治"一节的陶韬先生（南京长江都市建筑设计股份有限公司城市规划院院长，江苏省城市规划研究会常务理事，一级注册建筑师，高级

规划师），1990年代以来他经历了南京老旧小区整治的全过程，对此有深厚的研究基础；承担"搭建公共平台的宜居街区营建"一节的姚秀利先生（江苏省城市规划设计研究院研究中心/信息中心/主任，江苏省城市规划研究会副秘书长，正高级城市规划师，国家注册城乡规划师），他和他的团队在江苏省宜居街区南京示范案例的规划过程中有诸多创新探索，成果获得了广泛好评和认可。在此，诚挚感谢几位作者的慷慨合作，以及他们的团队和项目合作者，他们的努力使得本书框架变得完整，对于南京案例的覆盖也更为全面。

本书其他章节由我及我的研究生团队完成，研究生刘思利、干天为、方伟在我的指导下对社区社会组织、社区公共空间微更新、既有住宅增设电梯、玄武区社区信息等进行了大量调研，调研获得了南京市委政策研究室曹静女士、东南大学陈洁萍副教授和甘昊博士等参与微更新项目的设计者、南京翠竹园互助中心吴楠先生、接点社区发展中心张涛先生、王兴平教授领衔的玄武区发展规划大纲编制组、玄武区有关部门的大力帮助，还要由衷感谢调研过程中参与访谈和问卷的所有居民，他们的耐心和热情让调研获得了宝贵的数据。第5章则优选了一些教学成果，这些成果是教师、学生、社区和支持者共同努力的结果。5.1节的教学团队有：学生——仇婧妍、姜若磐、梅佳欢、黄玮琳，教师——干承慧、Laura Like、吴晓、王兴平、屠苏南，东南大学社区业委会主任李铁柱教授，热心社区事务的退休教师龚曾谷先生；5.2节的教学团队有：学生——赵赫男、单欣宏、周晓穗、张茜、王慧、林晓敏、刘思佳、吉倩妘、赵书，教师——王承慧、吴晓、胡明星，工人新村居委会刘亚红主

任，鼓楼区政策研究室牛维祥主任；5.3节实习成果来自学生陶梦烛、李艳妮、李昊伦、李傲洋、代伟建、马晨宇，鼓楼区政策研究室和实习协议组织、实习社区给予了重要的实习过程指导。研究生汤楚荻、刘思佳、林晓敏、陈双阳、余畅、李嘉欣也对本书的图纸工作做出了贡献。在这里，特别对吴晓教授、王兴平教授、胡明星教授和瑞典隆德大学住房管理研究中心Laura Luke老师的长期教研合作致以最真挚的感谢。具体编写分工见下表：

章节	责任作者	
除 2.2、2.3、4.2 以外的其他章节	王承慧	东南大学建筑学院教授
2.2 走向常态更新的老旧小区整治	陶韬	南京长江都市建筑设计股份有限公司城市规划院院长，江苏省城市规划研究会常务理事
2.3 搭建公共平台的宜居街区营建	姚秀利	江苏省城市规划设计研究院研究中心 / 信息中心 / 主任，江苏省城市规划研究会副秘书长
4.2 面向空间治理的公共空间规划	王兴平	东南大学建筑学院教授
	许闻博	东南大学建筑学院硕士研究生

书稿写作过程中，中国城市出版社的欧阳东副社长、石枫华主任、兰丽婷编辑组织了多次相关会议，给书稿提出了富有价值的建议，在成书过程中付出了辛劳的工作。这本书里也融汇了他们的热情和智慧。

有关的研究、实践和本书写作过程中，得到的帮助肯定不止于此，他们勤于行、敏于思，使本书增色。而本书的所有缺陷，则都应由我负责。最后要说的是，本书是国家自然科学基金（51778125）资助成果。国家自然科学基金对于社区研究的重视，使得我和团队的研究可以不受资金所困和其他干扰，得以保持独立并顺利地进行。本书出版还得到东南大学江苏高校优势学科建设工程经费资助，以及国家出版基金对于《城市社区更新理论与实践丛书》的资助。在此，对这些富有远见的基金计划一并深表感谢！

王承慧

2020年5月

▶ 目录 ◀

引言

以人为本、公平普惠已成为国际城市发展领域关注的焦点。新型城镇化背景下，我国城市发展模式逐渐转向注重内涵发展的城市更新。社区是城市社会的细胞，回归日常生活空间，基于社区的城市更新成为提升城市空间品质的重要抓手，同时也是创新社会治理的有效切入点。由于我国传统城乡规划体系的社区缺位，尚缺乏系统的社区更新理论和规划方法总结。在当前我国社会主义新时代背景下，亟需根据不同地域特征，开展因地制宜的社区更新实践，并在此基础上总结和凝练适合地方经济、社会和文化发展水平的社区更新理念和方法。

城乡规划转型背景下，中国各地涌现出大量存量社区更新的实践，相应的理论研究也在相继跟进，涉及中国特色的城市治理、更新资金支持、公共参与、更新制度建设和社区营造多领域。在此基础上，系统总结适宜的社区更新实践经验，将为我国逐渐展开的城市存量更新提供参照，并可进一步丰富和完善我国城市更新理论和方法。

0.1
作为本书研究对象的"社区"

▶　　在谈什么是社区更新之前，首先要谈什么是社区。由于社区在社会学领域有多种定义，我们首先要明确的是作为本书研究对象的"社区"定义。

社区作为一个学术概念源自于德国社会学家——西方现代社会学奠基人之一的斐迪南·滕尼斯，他于1887年发表的著作《共同体与社会》（也翻译为《社区与社会》）中，论述了基于本质意志的礼俗社区和基于现代契约的法理社会的差异。他的研究有力地推动了对现代社会中人际关系、个人选择、集体行动、制度体系的研究。

需要指出的是，滕尼斯将社区等同于共同体以及将社区和社会进行二元区分，其中伴随一定的价值观偏见，在此基础上的社区研究领域日渐狭窄，而1960年代兴起的定量客观分析方法对社区研究采取的案例调查为主的方法也带来巨大冲击，社区研究热潮逐渐冷却。但伴随全球化对地方带来的广泛影响，以及学术界对于人的生活质量的关注，社区研究又逐渐恢复了生机，在平衡全球化和地方性、宏大叙事和日常生活等方面被寄予厚望。吉登斯指出，"社区研究能够带给我们的，是更好地理解人们在其大部分日常生活中充满各种意义的人际互动过程"，社区研究能够涵盖"冲突、社会不平等和更大的社会关系网络等关键议题"，"以深入探讨'在地生活'为目标的社区研究未来将大有可为"。显然，吉登斯认为大有可为的研究对象——社区，指的是具有一定地理范围指向的地方社区，社区的生活质量、关联的人际关系、社区内与外部宏观体系的关系等都是值得研究的对象。

国内最早引介社区概念的学者费孝通先生在其1948年出版的名作《乡土中国》中，提到社区研究的重要性，"以全盘社会结构的格式作为研究对象，这对象并不能是概然性的，必须是具体的社区，因为联系着各个社会制度的是人们的生活，人们的生活有时空的坐落，这就是社区。"他对于中国农村社区、乡镇社区的调查研究，揭示出中国基层社会结构和治理体系。他的研究除了精微的社区刻画，还有纵深的历史维度和宽广的宏观视域，他很早就规避了早期国际上不少社区研究仅仅关注内部而缺少历史和宏观视野的缺陷。费孝通先生于1990年代开始对中国改革开放后的城市社区发展予以关注。在2000年的文章《当前城市社区建设一些思考》中，费先生指出"认识和管理传统社区的知识和手段已经不足以使人们理解和解决新型社区碰到的种种实际问题了"，他还极其谦虚地说"关于城市研究，我是一个新兵"。文中他指出西方经典社会学中与"社会"对立的"社区"，随着工业化和市场经济的发展其意义已然发生变化。而实际上1985年他就提出了一个更为符合客观现实的社区定义，"社区是若干个社会群体或社会组织聚集在某一地域里形成的一个生活上相互关联的大集体"。费先生文中分析了中国现代社区发展的特点，特别敏锐地指出当时已经显现且至今仍然存在的严重问题，一方面，社区的责任在无限放大，而社区的权利却不明确；另一方面，社区层面要解决居民日常生活中的问题，但社区能力却不匹配。对于前一个问题，费先生指出迫切需要一套解决办法；对于后一个问题，文中最后提出建立社区服务制，"这种社区服务制首先要培养和提高社区居民既服务于自己，又服务于社区的意识和能力。"

本书立基于城乡规划学科，希望探索中国存量社区可持续更新的规划体系和方法。2011年城乡规划升级为一级学科之后，立足城乡空间发展，并加强跨学科研究来丰富城乡规划学科内涵，成为学科发展共识。因此，本书的研究对象"社区"，是城市中具有地理空间边界的社区，居民聚居于此形成一定的社会关系，居民和居民团体、基层党委和组织、政府及行政管理部门、社会组织、企事业单位、市场因素等是与社区相关的不同利益主体，在一定制度机制下对社区空间起到一定的作用。社区的物质空间载体与和社区有关的决策体系、社区的社会构成等密切关联。在中国当前的制度背景下，社区空间更新决策和基层行政社区（街道、居委会）、管理小区（居民共享业主产权的空间领域）密切相关，涉及公共服务配套、物业管理、居委会职能等相关法规，以及当前国家治理体系建设强调的基层党建引领和三社联动机制，都是基于这两个空间层面的社区。

社区由若干要素组成，尽管不同文献有不同阐述，但是基本包括以下若干要素——人、地域、制度、组织、文化、心理等。这些要素在社区内有特定的构成，同时这些社区内的要素又和社区外的宏观社会经济结构、制度环境密切关联。

0.2

什么是社区更新

0.2.1 先谈谈城市更新

▶   定义社区更新之前，还得先了解城市更新。城市更新，是相对于城市新建开发而言的学术名词。中文语境中，1990年代以来城市更新这个词一直被稳定地使用，然而在不同条件下更新一词的内涵是有不同的。在英语语境中，有几个常见的词语，这几个词在很多情况下都被译为"城市更新"，但是代表不同的内涵：Urban Renewal——着重于物质环境的改善、非标准住宅的拆除与重建、大规模改造等；Urban Rehabilitation——采取适宜的措施解决衰落地区的问题，使其逐渐恢复健康和活力，多采取柔性措施；Urban Reuse——在社会环境保存、历史文化保护基础上的空间再利用；Urban Redevelopment——关注物质空间再开发与城市经济发展的互动；Urban Regeneration——强调城市有机活化及在社会、经济、文化、环境等方面的综合发展。

Peter Roberts & Hugh Sykes编著的《城市更新手册》（*Urban Regeneration: a Handbook*）中，在阐述西方城市更新的发展历程后，对当前城市更新（Urban Regeneration）进行了定义：试图解决城市问题的综合性和整体性的目标和行为，旨在为特定的地区带来经济、物质、社会和环境的长期提升。在这一过程中，对城市的深入分析是基础，而要达到综合性和整体性的长远目标，城市更新实施的策略和计划至关重要，需要充分的利益主体参与和共识机制，还必须认识到更新过程中不同利益的变化速度不同，而对更新目标很可能需要及时调适。这一定义显然有了一定的价值观，即倡导综合平衡发展。

中华人民共和国成立后，我国的城市更新理念也经历了一个变迁过程，计划经济时期主要是通过城市更新承载工业发展和工人住房需求，改革开放后由于社会主义市场经济发展加速、土地使用制度改革、房地产业迅猛发展，城市更新规模迅速扩大，经济快速增长的同时也伴生严重的文化破坏、低收入者被排斥等问题。1980年至1990年，有远见的学者已经提出要平衡城市发展、历史文化保护、社会公平等之间的关系，提出"有机更新""渐进式更新"等策略。然而，在城镇化加速时期，这些策略很难真正普及落实，有机、渐进等仅局限于学者或规划师的理念，没有通过政策真正保障文化保护和社会公平。在城镇化率突破50%后，城镇化速度逐渐放缓，经济发展进入新常态，很多城市正经历存量发展转型，城市更新将成为未来城市发展的常态型任务。党的十九大报告指出，新时代我国社会主要矛盾是人民日益增长的美好生活需要和不平衡不充分的发展之间的矛盾，必须坚持以人民为中心的发展思想；明确全面深化改革总目标是完善和发展中国特色社会主义制度、推进国家治理体系和治理能力现代化。在此背景下，城市更新必将伴随变化，这些变化触及的利益如何去平衡和协调？城市更新的目标如何体现以人民为中心？新形势下的城市更新必然要体现管控与引导相结合，更加需要制度和机制的支撑，体现出中国特色社会主义制度下促进城市共建共治共享的公共政策。

目前一些规划管理水平较高的城市已经出台城市更新地方法规，注重公共利益和长远发展目标，注重实施计划、主体和程序等规定。《深圳市城市更新办法》（2009年实施，2016年修订）中城市更新定义为：由规定的主体对特定城市建成区内具有基础设施与公共服务设施亟需完善、环境恶劣或者存在重大安全隐患情况的区域，根据城市规划和规定程序进行综合整治、功能改变或者拆除重建的活动。《广州市城市更新办法》（2016年实施）中城市更新定义为：由政府部门、土地权属人或者其他符合规定的主体，按照"三旧"改造政策、棚户区改造政策、危破旧房改造政策等，在城市更新规划范围内，对低效存量建设用地进行盘活利用以及对危破旧房进行整治、改善、重建、活化、提升的活动。

0.2.2 社区更新的定义

城市社区承载城市居民聚居的功能，其更新一直都是城市更新的重点类型，由于社区中居民和利益主体众多，实际上也是城市更新政策应对的关键难点。无论是西方早期城市更新的贫民窟清除，还是中国1980年代至1990年代大量的旧城住房拆迁重建，都引发了巨大争议。一方面，由于社区关联利益主体众多、利益关系琐碎复杂，与社区更新有关的政策、启动社区更新的目标、社区更新过程中的主体作用等，对于社区更新是否能提升生活品质并达到最大共识，是至关重要的；另一方面，由于社区包括人、地域、制度、组织、文化、心理等多要素，因此社区更新既有物质空间更新的内容，也离不开与物质空间互动的非物质空间要素的提升。

在这些认识基础上，定义社区更新如下：社区更新，是在社区由于历史、自然、社会的原因在物质空间、经济和社会结构等方面出现落后、衰败或失调等问题的情况下，相关主体依据一定的制度或机制，意图解决问题而采取综合性和整合性的社区发展策略和行动，旨在推进社区在物质空间、经济发展和社会结构等方面的长期健康发展。

值得指出的是，这一定义也体现了综合发展、利益平衡的价值观。在现实中，一般情况下都是社区出现了问题，因而相关主体采取了更新的策略和行动。然而，这些策略和行动不一定是综合性和整合性的，可能是碎片化的，更新获取的利益可能倾向某一类型主体，可能追求的是短期效益，忽略了长期发展，也可能解决了一些问题，却带来了其他问题。我们进行社区更新研究，正是为了总结既有实践经验和教训，提炼理论成果和更新方法，避免这些不平衡的问题，走向更健康的、更可持续的社区更新之路。

0.3
社区更新的要素

0.3.1 社区更新的物质空间要素

▶ 　城乡规划学科研究社区更新，肯定关注社区更新的物质空间要素，包括住房、公共设施、公共空间、绿地、道路交通设施、市政基础设施等这些和人们居住日常生活密切相关的要素，也包括社区中可能存在的其他功能建筑和用地。这些建筑和用地由于和人们日常生活比邻，因而其使用状况也和社区有关。这些空间要素又可以按类逐级去细分，可参见规划原理和相关标准，此处不再赘述。

社区更新，需要考虑这些物质空间要素的属性，如年代、质量、功能等，以及强度、密度等指标，需要判断这些物质空间是否存在问题，分析问题的原因。

0.3.2 社区更新的非物质空间要素

物质空间要素并非纯粹的物质，物质空间要素都附着有其他非物质的属性，这些对于社区更新来说至关重要。伴随物质空间的更新，非物质空间要素也可能会发生变化，这种关系可能是自然而然的并行关系，也可能有前后因果关系。

社区更新过程中，我们需要关注的非物质空间要素有：空间的权属，如产权、使用权、处置权、收益权等；空间的文化属性，如非物质文化遗产的载体、历史文化遗产、具有某种价值和特色的空间等；空间的管理和运营，如公共设施属于公营、民营、公办民营等，如管理小区的物业管理模式，如社区公共空间的使用和维护方式，如有保护要求的空间能否得到好的保护管理等，空间运营的质量对于社区能否维持好的状况是至关重要的；使用空间的人及其社会经济属性、社会关系和社区建设能力，关系到社区的第一要素"人"能否积极主动地有效推动或参与社区发展。

0.4
社区更新的强度

0.4.1 物质空间要素更新的强度

► 社区更新，必然涉及变化，需要通过一些变化来解决既存的问题。而变化有大有小，这里称之为社区更新的强度。物质空间更新的强度，我们通常会用这些词语来描述：修缮、整修、整治、功能提升、功能改变、局部改建、局部加建、局部拆除、拆除重建，等等。这些词语反映了物质空间变化的剧烈程度，涉及变化的规模、更新前后空间的差异等。值得注意的是，社区更新变化的强度，不一定与投资成本成正比，有些情况下，高质量的修缮、整修需要更多资金和技术支持，为了避免这一压力而选择拆除的例子屡见不鲜，这种情况如果不经过充分的公共讨论就发生在具有价值的空间，那么就是一场悲剧。

0.4.2 非物质空间要素更新的强度

物质空间更新要素的变化，特别是地面以上物质空间要素的变化，是肉眼可见，然而却并不能完全代表社区更新的强度。无形的非物质空间要素的变化也有强度的差异，其所引发的影响不亚于甚至更甚于物质空间要素的变化。举几个例子：①如果社区空间形态并没有太大变化，但是产权发生了置换，原有居民完全被另一批居民替换了，由于社区的第一要素是人，可想而知这个变化是多么剧烈。②如果一个具有历史文化价值的社区，其价值和特色要素被摧毁了，那么这种变化是不可逆的。③如果一个社区原来很多闲置、消极或低效空间，在改进了社区治理结构后慢慢恢复了活力，那么这一正向变化带来的影响是持久的，这是非常有力量的变化。

由上可知，社区更新是一个涵盖性很高的词汇，它涵盖了老旧小区整治、既有住宅增设电梯、社区营造、社区公共空间微更新、棚户区（成片危旧房）改造、危房重建、居住功能历史建筑修缮等词汇的所指（表0-1）。

社区更新的要素和强度
表 0-1

社区更新类型	物质空间要素更新	非物质空间要素更新
既有住宅加建电梯	住宅楼栋要素更新	楼栋居民共有产权物品的更新，楼栋居民社会关系由于必须发生的协商而产生或多或少的变化
老旧小区整治	小区系统性更新，其更新清单与政策高度相关，目前普遍关注市政和道路基础设施、楼栋外立面、公共空间等更新	非物质空间要素几无变化，但对房产价值会产生或高或低的影响；近期政策强调后续管理，某些社区物业管理模式会发生变化
社区营造	根据社区营造的目的有所不同，多为具有公共性的空间要素	成功的社区营造会推动社区关系发生较大变化，增强居民自组织和社区凝聚力
社区公共空间微更新	公共空间要素	好的微更新会增强公共空间文化价值，也会促进实施主体（多为居委会）能力提升
社区公共设施优化更新	公共设施功能提升、改扩建等，可能涉及用地置换	增强政府部门和公共机构的公共服务供应质量
社区街道整治更新	街道交通功能优化，完整断面优化	好的街道整治更新会促进沿街经济发展、提升社区步行友好、增强街道公共空间特色，也促进沿街商户及其他主体共同发展
棚户区（成片危旧房）改造	物质空间发生剧烈变化，多为拆除重建	非物质空间要素也会发生剧烈变化，体现为产权的变化，甚至居住空间的迁移。社区关系变化则可能有：被削弱、分散迁移；或原有社区重组为实施主体，具有共享利益的经济属性
危房重建	根据城市政策要求，一般是原有经济属性、空间形态控制要素不变，进行消危重建	非物质空间要素几无变化，但是房产价值剧烈提升
居住功能历史建筑修缮	以保护为目的的修缮和内部改善	建筑价值和特色得到保护和增强，城市文化品质也由此提升
居住型历史地段保护和提升	以保护为目的的公共空间提升，针对不同建筑开展修缮、改善、整治、更新等工作	历史地段价值和特色得到保护和增强，极大推动城市文化品质的提升

0.5
社区更新的多元主体

0.5.1 多元利益相关方

▶　　社区更新必然产生变化，那么就必然触及不同的利益，社区更新政策就是要妥善处理好利益关系，那么首先就要认识到社区更新涉及的利益相关方，对这些多元主体的利益诉求有所认识。全面认识社区更新的利益相关方，要从社区的定义和要素——人、地域、制度、组织、文化、心理等入手。

社区内的利益相关方有：居民和居民团体、产权业主、业委会、物业管理公司、基层党委和居委会、社会组织、企事业单位、市场商业组织等。

社区外的利益相关方有：各级政府、行业管理部门和公共机构，和社区有利益关系的市场商业组织，和社区有协议合约的非政府社会组织等。

此外还有一类与社区有关的利益相关方：和该社区有文化关联的相关方，如祠堂关联的大家族、教堂关联的宗教人群、与该社区仍存传统紧密联结的人群；和社区内利益主体签订协议的相关方，如实施某个项目的公司或机构；受社区外利益相关方委托的相关方，如被政府委托进行更新规划设计研究的规划设计机构、规划师、建筑师和景观设计师等；还有一类非常重要的相关方，就是对社区有兴趣的独立学者，他们对社区研究形成的知识以及他们基于某种价值观的行动，也会对社区产生影响。

这些利益相关方，也可以大致从政府、社会、市场三个属性去认识。各级政府及公共机构、接受其委托的非政府组织以及独立的专家学者，关注公共管理和城市整体发展。居委会、业委会、社会组织、非营利机构、社区社会组织、社区内居民团体、与社区有关的文化团体，以及居民个体等等，既关注社区发展，也或多或少有经济理性人的考量，特别是居民个体和特定身份的团体会有较多自身利益的考虑。物业管理企业、社区内企业、与社区有关的企业，各类经营性组织必然会关注经营利润。然而，无论是政府、公益组织还是专家学者，毕竟是特定的人在从事特定的事务，也可能存在非常糟糕的或显或隐的寻租和腐败行为，因而更需要透明的共同协商讨论的方式实现互相监督和公众监督，从而达成公共利益的最大化。

如何让这些繁芜的利益相关方能够对社区发展达成一定的共识，在解决社区问题和推进社区更新的时候形成合力，特别是在资金有限而需求较多或各方获益并不能完全均衡的情况下达成共识，是至关重要的。

0.5.2　社区更新启动主体、实施主体、参与主体

社区更新的规模有大有小，强度也有差异，但无论大小、强弱，都会涉及多元主体利益，都不是一件容易的事情。社区更新能否启动，后续能否顺利实施，对社区更新政策、机制及涉及主体的意识和能力而言，每一个环节都是考验。因此，社区更新在特定制度和机制下，会出现三类关键主体——社区更新启动主体、实施主体、参与主体。

启动主体，可能是各级政府、市场或居民自组织，也可能是多元主体协商形成的新主体，目前区级及以上政府启动的情况较多。实施主体，也可能是政府、市场或居民自组织，以及各种合作型组织，由于实施需要资金投入，一般情况下都离不开与市场的合作，

但合作形式有差异。参与主体，目前主要是比较直接的社区内的利益相关方在某些环节的参与，某些情况下也出现社区外的利益相关方基于探寻新机会的参与，以及与社区文化有关的利益相关方的主动参与。社区更新启动主体、实施主体、参与主体的构成、意识和能力，以及他们采取行动依据的制度和机制，对社区更新是否能达到综合性和整体性的长远效果，是至关重要的。

0.6
社区更新政策的综合性

▶ 社区更新要解决的问题，一般都有复杂的历史成因。社区更新带来的变化，体现为丰富的物质空间要素和非物质空间要素的组合，涉及的利益主体多元，必须有适宜的社区更新政策才能应对问题、平衡利益，并获得长远发展效果。

和社区更新直接相关的政策有：城市更新政策中涉及社区的政策，老旧住房整治政策，棚户区改造（含危旧房改造）政策，既有住宅增设电梯政策，社区公共服务设施供给政策，街道整治、背街小巷整治政策，微更新、微改造、微花园政策等。其中，城市更新发展理念超前的深圳、广州等地，已经制定了城市更新地方法规，其中有社区更新项目类型和如何形成实施主体的规定和引导。

和社区更新间接相关但也十分重要的政策有：物业管理政策，业主委员会政策，基层政府和社区管理政策，基层党建政策，社区社会组织政策等。

还有一些更外围的但是也有重要影响的政策有：城市发展战略，城市住房政策，城市社区发展政策，城市规划体系中有无城市更新内容、社区发展内容，历史文化保护政策，等等。

目前国内的社区更新政策体系对各个方面均有所涉及，但是不少责任和权力的界定模糊，更严重的问题是政策缺乏程序性规定，使得社区更新中难以组织有效的参与，一些复杂利益关系难以调和，社区更新的长效发展机制不健全。

0.7
本书结构

▶ 我们研究社区更新，是为了应对存量城市发展转型背景下城市社区存在的问题，通过推动健康的可持续的社区更新，使城市人居环境成为有活力的美好家园。社区问题是复杂的，关联利益主体也很繁芜，适宜采取的更新方式也不尽相同，对一个社区有效的方法放在另一个社区不一定有效，那么，我们可以把握的深层次规律和逻辑是什么？社区更新需要遵循什么样的原则，我们才能把握社区更新实践的方向，同时还可以产生丰富多彩的在地性实践？

因此有必要对于既有的社区更新探索进行总结，经验和教训是什么？成功的机制是什么？问题的原因是什么？我们希望在传承经验的基础上，克服困难、解决问题，找到进一步往前走的路径。《城市社区更新理论与实践》丛书就是希望基于对若干城市的社区更新实践的总结，找寻适宜于中国国情的社区可持续发展道路。

本书力求全面阐述南京城市社区更新的实践，采取的具体方法是选取典型实践类型进行阐述。南京已经出现了丰富多彩的实践，说明社区更新有着强大的内在需求，而这些实践经历的过程值得探究，到底有哪些极具支持性的力量在起作用，到底有哪些困难还难以克服。这些探究对于提炼社区更新理论，完善相关规划体系和优化社区更新实践方法都是极其有益的。

第1章是对南京社区更新的背景进行概括性介绍。南京是历史悠久的古都，在中国近现代城市发展中具有极其重要的地位，中华人民共和国成立后其城市发展历程则映射了中国这一社会主义国家的发展脉络。因此，南京社区空间类型丰富，留存体现不同时代特征的社区空间，这些社区空间进入社会主义新时代后如何再发展，值得深入研究。第1章总结了南京的社区管理、社区治理的发展过程，以及和社区更新直接相关的政策。为了更清晰地呈现南京社区更新实践全貌，从本质上认识这些繁杂的社区更新实践，从关联权力的物质空间领域、推动社区更新的实践主体两个方面，对社区更新进行了类型划分。

第2章对南京政府推动的三种社区更新类项目进行了介绍。第一类项目是已经在全国很有影响的既有住宅增设电梯的支持体系。增设电梯是微项目，政府补贴和居民自筹资金相结合。虽然政府竭力助推，但是真正实施还是要居民达成共识，政府主要在协商和支持体系上下了大功夫，因此南京的既有住宅增设电梯成效在全国是非常显著的。第二类项目是历经二十余年探索的老旧小区整治，相比住宅增设电梯，是以公共财政资助为主的大型项目了，属于政府基于民生而竭力助推的类型。南京老旧小区整治发展趋势是日益精细化，尽管自上而下的力量很强，但也希冀实施后走向长效管理。第三类项目是江苏省近年推动的宜居街区项目在南京的示范点，此类项目不局限于小区内部，而是在城市街区的层面统筹发展，南京姚坊门首批省级宜居示范街区就更加重视公共平台的搭建，充分发挥政府、社会、市场等多元主体的力量，探索了各种形式的共建共治方式。

第3章介绍了社区社会组织的空间自治和社区营造，以及南京市委社建工委促发的社区公共空间微更新。前者完全是社区社会组织自发进行的工作，在现有机制下整合多方力量，共同促进居民参与、自组织和社区共同发展。由于政府现在大力提倡三社联动，扶持社区社会组织的发展，因此目前这些组织的发展获得了强大的政府支持，但是隐忧是他们的本职工作——促发社区内生组织和活力方面可能受限于政府购买服务的情况而有所削弱。后者则充分体现了党建引领基层社区发展，发挥了社区治理体系的中国社会主义特色，对于促进关键主体——社区居委会的意识和能力提升起到了非常积极有效的作用。尽管南京市2019年初的机构改革中市委社建工委被调整，举办两届的社区公共空间微更新竞赛停止了，其工作影响还在持续，有关区政府、街道还在组织这项工作。我们认为这些都属于社区建设（community building）型社区更新，是通过优化社区治理结构、提升居民自组织能力、提升居委会工作能力来促进社区发展，因而具有长远的影响力。

第4章则是两项十分创新的规划类型。这两项规划都是基于南京市玄武区总体规划大纲编制项目进行的，都是超出政府规定任务的探索。和全市范围相比，基于行政区更易于摸清家底、梳理存量用地和研判发展诉求。以往以建设规划为主的编制理念，对大量既有住区发展没有指引，在引导存量社区发展方面缺少抓手，亟需探索新方法。本次住房和社区发展规划编制突破了既有住房建设规划的窠臼，强调存量发展引导、社区发展引导和特色发展引导。首先加深了住房和社区基础研究，厘清问题；继而结合南京市住房转型发展政策和玄武区城市总体空间结构优化，提出住房和社区发展总目标，制定相应总策略，最后分解到住房发展策略和社区发展策略两个方面。玄武区发展规划编制中，还积极探索了面向城市空间治理的规划方法和引导方法，构建了从问题识别与空间识别到空间导控的治理引导模式。城市治理，需要多元共治的体系建构，也需要规划专业的引导和支持。规划专业支持，将为多元共治奠定协商的基础，否则，无目的、无导向的协同可能会陷入无法达成共识的困境。在这一背景下，规划专业的创新性探索、规划管理敢于承担具有高度专业性的协商平台的勇气，将十分关键。

第5章介绍了东南大学"基于社区发展的住区更新"研究生设计课于2016年和2018年

的两个设计实践，以及2017年以来本科学生基于社区规划师实习进社区、参与社区治理的成效。从全国各地社区更新实践来看，高校都是一股强有力的支持力量，因为不同于市场型规划设计公司，高校具有非营利机构的特点，愿意为开辟教学资源而与社会进行不以盈利为目的的合作。"基于社区发展的住区更新"设计课的两个案例都是处于转型的单位型社区，但是特色和问题也有很大差异，高校由于具有强大的研究能力，因而提供了基于研究的极具针对性的社区规划成果。尽管不是委托型正式项目，也给予合作方正式的规划设计成果，对提升业委会和居委会这两个关键主体能力起到了积极作用。社区规划师实习，我们愿意介绍其成效，但是实际上更希望正视存在的问题。加强校内教育是高等教育的责任，而社会环境建设则依赖制度和机制改革与创新。如果社会环境长期处于一个低效率、提升缓慢的状态，损害的是各方投入社区发展的积极性，这与推进国家治理体系和治理能力现代化的导向相悖。

第6章的写作是本书所有章节中最难的，反映了作者2017年以来对社区更新理论的思考过程，三节内容也是依次写就的。"善治体系和社区更新制度"一节，指出社区更新的本质就是社区治理——社区不同利益得以调和并采取联合行动推进社区发展的持续过程。社区空间和社区治理之间通过主体行为发生互动，其效用和治理环境及过程密切相关，对政策和行动的综合性要求更高。治理理论指出，行动对于治理来说是必须的，但是行动成效和其过程中能否调和利益推动共同发展有关，由此提出社区更新的行动和制度两个互动圈层，并进一步基于善治的十大要素，论述推动社区更新多维主体发挥效用的制度建议，最后指出基层党建在治理失败时承担重要的元治理作用，社区规划是辅助社区元治理的重要抓手。

"共识机制和宜居社区营建"一节的写作，则是由于作者意识到仅有制度仍然不够，在具体事务产生争议时如何达成共识，是决定社区更新成败的技术性关键。人类文明发展至今，宜居社区内涵十分丰富，呈现出系统性、动态性、人本性和分异性特征，而宜居社区营建难以在短期内、更无法一次性实现诸多目标，由于必然会涉及空间变化，如何协调和平衡触及的方方面面的利益关系，构建应对宜居社区营建复杂利益关系的共识机制至关重要。近现代以来共识理论及其诸多辩论，为我们探索适应中国国情达成共识的合法性途径带来启发，文中介绍了国内外在构建共识平台、提升社区商谈能力、创新合作机制等方面各有所长的案例，并对国内宜居社区营建提出增进共识的机制优化建议。

"基于社区的城市规划体系"一节，则是在社区规划在我国并无充分、正式的规划制度支持的情况下，对规划体系进行的深入思考。该节首先放眼国际，认真梳理了美国、英国、韩国和新加坡四国基于社区的规划制度化的背景及相应的规划体系概况。国际趋势总体上呈现从最初的社区行动与政府、资本的对抗，到逐渐被政府认识到其作用和力量，继而被政府纳入到制度体系之中的过程。对四国基于社区的城市规划体系的成效和问题的研究评论也进行了介绍，有利于我们在发展中国特色社会主义规划制度时获取可资借鉴的经验，规避相应的问题。继而尝试提出适应中国国情的基于社区的城市规划制度建议，涉及五个方面：将社区参与程序纳入地区发展规划，将社区参与条款纳入城市更新法规，将街道社区规划有条件纳入详细规划体系，特定社区管理法规和规划，社区项目的审批和建设管理路径。最后针对社区更新规划提出规划方法。

第 1 章　南京社区
更新背景

南京，江苏省省会，位于江苏省西南部、长江下游，南起北纬31°14′，北抵北纬32°37′，西起东经118°22′，东迄东经119°14′，市域面积6587.02平方千米，2018年常住人口843.62万人。南京是中国东部地区重要的中心城市、全国重要的科研教育基地和综合交通枢纽，是长江三角洲的特大城市和长三角辐射带动中西部地区发展的重要门户城市、首批国家历史文化名城和全国重点风景旅游城市。

1.1
南京社区空间的丰富性

1.1.1 南京城市发展脉络

▶ 南京汤山古人类头骨的发现说明35万年前南京已有古人类活动。北阴阳营人类遗址的发现显示6000年前至5000年前的新石器时代，南京已有相对稳定的氏族聚落。南京地区的城邑最早出现于春秋后期，最早的城邑记载有棠邑、固城。以南京城而言，越城开启了南京2500年的建城史，最新的考古发现又将古越城历史向前推了约500年。

南京建都始于东吴建业，历经东吴、东晋、南朝（宋齐梁陈），六朝古都适应自然山水的都城严谨格局，至今在南京城市格局中仍有感知。六朝城池至隋被毁，直至唐末杨吴、南唐，才迎来新的发展时期。南唐都城囊括了秦淮河两岸，城、郭、市处于一个共同体之中，对于明代都城的建设有重要的影响。朱元璋建立明朝，南京经数十年建设成为拥有"宫城—皇城—都城—外郭"四重城郭规模空前的京城。既体现了"乐和礼序"的礼制规划，又高度体现因地制宜、"天材地利"的都城特色。至清代，两江总督府设置于此，仍然是东南地区的中心。

民国则是南京进入近现代城市的重要历史时期，1927～1937年南京作为民国首都，经历了近代城市建设的10年黄金时期。城市基础设施（道路、铁路、码头、机场等）、市政设施（给水排水、供电、邮政、公交等）、公共设施（各类政府机构、学校、医院等）、产业（近代工业、商业）、住房（早期房地产住房、政府职员住宅、银行职工住宅、平民住宅等）都有长足发展。

　　然而，由于连年战乱、经济衰微，直到中华人民共和国建立之初，南京城市也没有把明城墙内"填满"，城市建设的重心集中在鼓楼以南和中山北路沿线地区，在北部鼓楼岗、东部明故宫及后宰门地区还有大片空地。中华人民共和国建立后到改革开放初，南京城市的建设主要集中在老城进行"填平补齐"，基于重生产、轻生活的发展理念，在特定的政治形势下，城市建设总体缓慢。1980年代由计划经济向商品经济转型，城市建设速度逐步加快，除了继续老城内建设外，城市开始向老城外蔓延发展。1990年代，城市发展框架进一步拉开，城市功能处于快速调整之中，房地产发展迅速，城市建设逐步走向主城和都市发展区。进入21世纪，城市产业结构的调整、大量产业园区的兴起以及农村地区城镇化过程，相应地推动了城市空间结构的调整，引发了新区建设的热潮。在一城三区的城市发展战略引导下，组团式多中心特大城市框架初显。

　　相应地，南京居住空间同样表现出自老城内填平补齐、进而向主城拓展、再向外围新城发展的趋势（图1-1）。

图1-1 南京居住空间拓展

1.1.2 南京社区空间的多种类型

虽然当代城市建设的千城一面在南京也有体现，但是经由漫长的建城史，南京城市空间仍然蕴含着丰富的历史信息。城市居住社区空间呈现丰富多彩的类型。

1.1.2.1 传统居住历史社区

南京城南地区自六朝就是民居集聚地，十里秦淮两岸的横塘、长干里、乌衣巷都是著名的居住地。由都城格局和秦淮河走向等因素，城南街巷肌理、市井生活风貌独具特色，街巷地名和非物质文化遗产延续了历史信息，拥有深厚的文化底蕴。

南京目前留存下来的传统民居也集中在城南，多为清代及之后的建筑，少数为明代遗存。南京民居多为穿堂庭院式住宅，青砖黛瓦，一到两层。由三间或五间立贴式正房，配以两厢，组成一个院落，多重院落串成一组封闭式建筑，后进正房常为二楼，建筑较为朴实。小型宅院多为一路多进，大型宅园则为多路多进，有的还设私家园林。除住宅外，还有机房、账房、河房、会馆等多类型住宅和建筑。

明初因政权甫建，为了对都城实施政治与社会控制，将居民住宅区按照官阶、职业等进行过严格划分，居民分住于城内外坊厢，城中曰坊，近城曰厢。后来随着明朝迁都北京，这种控制逐步解体。城南既有世家大族，也有商户和普通民居。

然而，1990年代以后伴随快速城市化进程，南京城市结构调整迅速，老城区长期采取净地出让的方式，并无其他财政支持政策，导致历史地段频遭蚕食。近30年传统居住历史社区面积大幅度减少。另一方面，传统建筑长期得不到应有的正常维修，严重老化。交通、供水、供气、消防等基础设施配套落后，难以满足现代城市生活需求。城南地区日益衰败，人口老龄化，流动人口多，活力不足（图1-2）。

1.1.2.2 近代民国时期历史社区

1912年中华民国临时政府在南京成立，作为新兴近代国家的首都，南京走上了城市近代化的道路。人口迅速增长，1912年人口26.9万，1926年升至39.6万。1927年国民政府再次定都南京后人口增速进一步加快，1930年激增至57.7万，1936年再增至100.6万。人口增加带来大量住房需求。

1929年的《首都计划》彰显了一个新兴的现代国家对于首都城市的建设意图和空间发展愿景。该规划借鉴了欧美其时的城市规划经验，将其关于南京都市发展的各方面内容最终落实在"首都分区条例草案"。总共划分为八区：公园区，第一、二、三住宅区，第一、二商业区，第一、二工业区。《首都计划》对各住宅区的建筑规制、楼层数与高度控制、绿地配置等也进行了详细规定，从建筑与空间上进一步明确了住宅分区。住宅分区体现了明显的居住空间分异。第一住宅区，分布于用地条件良好的空地，以独栋住宅为主；第二住宅区分布于中山路沿线，以联立住宅为主；第三住宅区则包括城南旧住宅区及附近地段。

从第一至第三住宅区，户均占地面积和院落面积逐渐减小，档次逐渐降低。《首都计划》受欧美影响，也认识到居住问题是一个重要的社会问题，基于南京房荒严重的现实，专辟"公营住宅"一章，对公营住宅的类型、应对人群及布局、标准进行了研究，对其后公营住宅的实际建设起到了一定的引导作用。

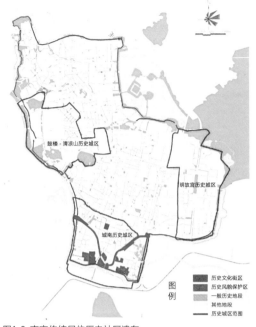

图1-2 南京传统居住历史社区遗存

除了《首都计划》的规划引导和政府的推动，民国时期南京住房的建设还体现出近现代国家多元化的供给体系。①独立住宅。既有政府保障道路水电等基础设施和必要的公共设施，私人领地自建的独立住宅区，如位于第一住宅区的颐和路公馆区；也有房地产开发或银行经营的独立住宅区（量较少，位于第二、三住宅区）。②里弄和新村住宅。南京作为当时的首都，人口中政府职工人数众多。政府部门和单位为其职工建造里弄住宅，抗日战争胜利后政府还后建设了不少新村住宅。1949年前，在鼓楼地区建造的里弄、新村住宅房共计43处，中山东路及其以南地区41处，只有少部分在秦淮河、下关一带。也有房地产开发的里弄式住宅，如梅园新村里的联立住宅和行列住宅。③公寓。主要位于第二、三住宅区，多由营造厂、木行以及其他资本家经营。这种住宅既有楼房，也有平房，少数有餐室与卫生设备。相对于当时的棚户及简易平房而言，这类住宅已经相当现代。主要集中于城北大石桥、三牌楼、湖南路，城中鸡鸣寺、新街口，城东三条巷、公园路，城南乌衣巷等地，少数在城的边缘大光路一带。④平民住宅和迁移集中棚户区。政府为应对低收入工人和因筑路等导致拆迁的贫困居民而建设平民住宅，申请的租户"须有正当职业及妥实店保"，平均每户平民住宅成本为120元，住户需要缴纳极低的租金。此外，政府为了解决大量贫民自发建设的棚户区问题，改善南京城市形象，专门组建"棚户住宅改善委员会"，将居民迁移至指定地点，按照规定由居民自行建设住房，政府给予补贴，平均每户建房总费用30元，政府补贴10元；此外政府补贴全额市政配套费用40元/户。1929~1937年，公营平民住宅共建成8处1191所。1934~1936年，迁移集中棚户区共3处4111户。从这些住宅区的分布，可以看出大多数位于南京城墙外，少量位于城墙内城门附近的第三住宅区（图1-3）。

平民住宅和棚户区因为本就是简陋的临时性住房，早已无存。其他类型则均有不少遗存，成为体现南京民国首都的近现代城市建设和城市规划思想的有力证物，具有极高的历史价值和文化价值。民国时期居住建筑和住区比传统民居得到的社会关注和政府投资多，总体上保护力度要好于传统民居。但是民国时期居住建筑和住区被转换功能的情况很多，否则也同样面临衰败凋敝、缺乏维护的问题。

图1-3 南京民国时期历史社区遗存

1.1.2.3 计划经济时期福利住房社区

民国时期尽管出现了新的住房供给体系，但是由于连年战争、经济疲弱，这些新的供给方式提供的住房仅有70余万平方米，约占1949年住房面积总量的9.4%。1949年南京市人口103.69万人，累计住宅面积743万平方米，人均居住面积4.83平方米。市区居民大部分仍然居住在城南门东、门西以及城中白下路、洪武路、建邺路、北门桥一带传统明清风格民居中（占总量的77%）。

中华人民共和国成立后，中国逐步实施社会主义公有制下的福利型公房制度。政府一方面实行房租管制、政府经租，另一方面在没收官僚资本私房和超出生活资料部分私房的基础上建立城市公职人员的住宅福利制度，以实物分配和低租金为特征。

为保证"一五计划"的经济建设和工业发展，从中央到地方迅速成立了城市规划机构，颁布了《编制城市规划设计程序（初稿）》。南京作为32个重点建设城市，1953年成立了市政建设委员会，内设规划处，1954年完成《城市分区计划初步规划（草案）》。虽然是学习苏联模式，规划有形式主义倾向，但还是发挥了一定作用。在居住区布局方面，提出与工业区协调配合。1955年开始反思学苏思想，提倡节俭节约，之前的规划要修改。《南京城市初步规划草图（初稿）》就强调在现状基础上发展，反对分散铺开，由内而外、填空补实、紧凑发展。居住用地规划遵循由内向外、由近及远的逐步发展原则，考虑与就业的分区平衡。其后由于历史原因，规划机构撤销，规划全面停滞。

这一时期城市规划对于城市发展的影响总体上来说是有限的，特别是在"先生产，后生活"原则下城市工业发展始终是重中之重，居住空间发展服从工业发展，相应的住宅建设投资非常有限，对于具体的居住区规划设计来说核心目标就是控制住宅造价和标准。

福利型公房除了和郊区大型企业配套建设的居住区外，在老城范围内也有大量建设，利用棚户区改造用地或老城内尚存的不少未建设用地。既有政府统建的工人新村，也有各个国营企事业单位报领财政预算、各自负责建设的单位职工住房。该时期的住宅标准较低，层数多在3~4层，砖混结构，住区布局较为呆板，仅满足基本交通、绿化和公共设施配置。尽管居住标准低，但是其承担了新中国建设者的住房，体现了当时的城市规划和配建理念，具有一定的历史价值和社会价值。

目前，此类住房多经历了1990年以后的公房私有化，人口和社会结构也逐步发生转变。该类住房目前的维护状况差异巨大，有赖于其单位是否继续发挥作用，私有化后有无顺利建立物管体系。此外，不少此类住房建设时采取的简陋的结构体系老化严重，存在安全隐患。对于这一批体现中华人民共和国成立后社会主义国家建设的时代证物，未来何去何从，值得深思（图1-4）。

图1-4 南京计划经济时期福利公房

1.1.2.4 有计划的市场经济时期统建住房社区

计划经济时期由于住宅建设投资长期严重不足，一般只占总投资的5%。至1976年，南京累计建住宅1046万平方米，人均居住面积4.64平方米，比中华人民共和国成立初期人均居住面积还少0.19平方米。1970年代末期南京面临严重的住房短缺。

改革开放后，我国由计划经济向社会主义市场经济转型。1980年代属于经济刚刚恢复的探索起步期，加之计划经济体制的转变需要较长时间的准备和过渡，城市发展主要体现为立足自身基础的逐步现代化，总体城市发展速度尚比较缓慢。南京城市功能得以综合提升，在建设投资上表现为非生产性建设投资比重的逐步增强。

1978年南京市规划局成立，即着手编制《南京市总体规划1980～2000》，其中对于居住区提出"老城区改造为主，新市区配套为主"的发展原则。为解决住房短缺，政府在这一时期多方筹资积极进行住宅建设，建设方式和融资方式和计划经济时期有所不同，但以集团购买为主（分配给自己职工）。1977～1982年，市政府成立房屋统建领导小组和办公室，利用城区闲散的农、菜、空地共建单体、区（片）住宅475栋，建筑面积84.86万平方米。其中，1978年10月，建成占地9.43公顷，建筑面积10.4万平方米，水电气俱全，为南京城区第一个最大的单元式多层住宅楼群的瑞金新村。之后又建成姜家园、东井亭、蓝旗新村、武定新村、象房村、金陵新村、安怀村、五所村、五塘新村和光华东街、来凤街等住宅区片。1980年累计住宅建筑面积1529万平方米，人均居住面积4.8平方米。

1984年后，房屋统建领导小组和办公室改为市区县开发公司，贯彻"统一规划、合理布局、综合开发、配套建设"和"旧城改造与新区开发相结合，以旧城区改造为主"的城市建设方针，先后改造建设了白鹭、张府园、山西路、龙池庵、热河南路、如意里、马府新村、后宰门、中山东路南侧等96个旧城区，开发建设了南湖新村、莫愁新寓、雨花新村、茶西村、五所村、金陵新村、秦虹、东井村等33个新区。建设规模普遍较大，配套设

图1-5 南京1980～1990年代政府主导统建住区

施类型也逐渐增多、趋于完善。1990年累计住宅建筑面积2865万平方米，人均居住面积达7.1平方米。

1980年代是有计划的社会主义市场经济。1985年后商品住房已有出现，但限于开发公司的实力，开发规模一般较小。住区建设仍然是以政府为主导的大型居住区为主，采取统一规划、分期建设的方式，主要由集团购买分配给职工。这种开发建设模式一直延续到1998年福利住房制度彻底终结之时。此类住区规模普遍较大，大多数在5万平方米以上，数十万平方米的住区也不在少数。居住标准方面，1980年代套均面积为50～60平方米不等，1990年代则提升到70～100平方米，对公共设施配套和绿化建设都有更高的关注度。空间选址表现这几种类型：老城内填平补齐、老城内旧房改造，外围水西门外、汉中门外、中山门外、太平门外、草场门外新区建设。

和计划经济福利公房一样，此类住房也经历了1990年以后的公房私有化，人口和社会结构也发生着转变。该类住房目前的维护状况差异巨大，有赖于其单位是否继续发挥作用，私有化后有无顺利建立物管体系。但由于结构体系尚完好，尽管外观老旧，还是发挥着重要的居住功能，成为近年政府发起的老旧住区整治的主要对象（图1-5）。

1.1.2.5 1990 年代以后商品住房社区

1990年代以来城市总体发展趋势是老城建设持续增强，同时城市建设开始跳出老城、走向主城和都市圈[①]。在住房制度和土地政策的推动下，住宅建筑规模呈现快速扩张之势，规划建设质量不断提高。人均居住建筑面积从1991年的13.46平方米增长至2001年的19.78平方米，2007年已达到32.21平方米。

然而，1990年代南京城市建设的重点是以道路建设为重点的城市基础设施建设，旨在克服当时城市的基础设施瓶颈制约，至1990年代末严峻的用水难、用电难、行路难等问题得到基本解决。但是，政府"以地补路"政策，在为拓宽城市道路建设资金筹措渠道的同时，也带来了开发土地分散（沿路展开）、零星不成规模、建设"见缝插针"、政府受制于开发商而无法要求其完善设施配套等问题。

1990年代后期城市建设思路从以道路建设为重点的城市基础设施建设转为强调城市环

---

① 《南京市城市总体规划 1991～2010》中提出老城、主城、都市圈三个层级的发展。

境改善和城市品质提升。由市场推动的商品住房开发加速发展。但限于当时开发公司的实力，也产生了住宅区开发规模过小的问题，1990年代后半期政府开始对已开发地块进行规划整合。这一时期的商品住房表现为高档住宅与中低档住宅为主的两端化倾向。1990年代建设的一些中低档住宅也成为当前政府整治的主要对象。

2000年以来，南京全面推行经营性用地"招拍挂"制度，以完善城市土地资产性管理，土地市场运作范围逐步拓宽。市场力量介入城市建设的强度在增加，开发竞争性日增，对环境的追求逐渐成为房产销售的关键。住房的增量市场主要位于城郊接合部和城市新区，开始出现统一规划、整合完善，环境优美、功能合理的居住区。

同时，摆脱了以地补路的政策之后，政府越发重视开发商忽视的公共设施配套，2006年南京市规划局发布了《南京新建地区公共设施配套标准规划指引》NJGBC 04—2005。面对当时的社会经济条件和发展趋势，该指引从规划的角度积极应对当时公共设施规划建设中暴露出的种种问题，改进公共设施配套规划的思路，建立起以人的需求为导向又有利于实施的公共设施配套标准体系，在全国具有领先性。随着社会经济的发展，公共设施配套特别是社区层面的公共设施配套内容、标准等又有了一些变化，在土地出让、建设实施等环节中也出现了一些新情况，需要加强应对。为使指引更加适应时代发展，发挥切实作用，市规划局组织开展了指引的修订工作。2015年南京市人民政府印发了《南京市公共设施配套规划标准》（宁政发〔2015〕21号），体现了适应基本公共服务精细化供应的时代要求。

1.1.2.6 1990年代以后保障房社区

进入1990年代，房地产迅猛发展，但是很快出现了房价飙升、开发户型偏大的暴利趋势，中低收入者购房渐趋困难。1994年7月国务院发布《国务院关于深化城镇住房制度改革的决定》（国发43号），首次提出与社会主义市场经济体制相适应的层次性城镇住房制度，建立以中低收入家庭为对象、具有社会保障性质的经济适用住房供应体系和以高收入家庭为对象的商品房供应体系。1997年以后，南京从"安居工程"开始进行了一系列保障性住房建设。保障性住房政策经历了"起步、体系初步构建、强化调整、大规模建设"四个发展阶段，保障对象、扶持政策以及建设规模体现出不同的特点。不同阶段中央政府的政策导向、地方政府的实施环境影响了保障性住房的保障对象、建设量以及空间选择。

1990年以来南京保障房主要有以下三大类。①安居工程。1997～2001年，实施的针对中低收入家庭的7个安居工程项目规模不大，其时房地产开发住宅大多也是普通商品房，政府土地财政现象也不十分严重，这些工程选址虽然在老城外围，但伴随主城发展，区位条件也在短期内即得到改善。②区政府操作保障性住房。2002年南京启动了"三百三房"工程，保障性住房建设规模迅速扩大，具体目标是用三年时间新建100万平方米经济适用房和100万平方米拆迁安置房，改造完成100万平方米危旧房。大量保障性住房行政操作主体落实到区，由于建设规模大，土地价格上涨迅速，土地财政现象日益严重，因此保障性住房多选址于主城各行政辖区边缘地价较低处，甚至占用生态绿地，交通多有不便。

③市级政府集中统建保障房片区。2010年在中央政府的敦促下，各地方政府进一步扩大建设规模。南京市成立了市级保障性住房集中统建平台，启动了四大保障性住房片区建设。以新加坡和香港为榜样，政府明确提出保障房项目要建成"区域新城"。四大保障房片区规划用地共573公顷，建筑面积共1276万平方米，居住人口达29.3万人。近年还陆续建设了一些新片区。

在上述决策机制下，南京主城1994年以来保障性住房空间格局演变经历了：1997～2001年起步阶段（安居工程），主城内点状、小规模分散式发展；2000～2005年（经济适用房，拆迁安置房，廉租房），主城外规模扩张、提速建设阶段；2005～2010年（经济适用房，拆迁安置房，廉租房），呈现集聚趋势，沿高速路、公路、铁路发展；2010年以来（经济适用房，拆迁安置房，公共租赁房，中低价商品房），大规模的集聚态势。

保障房住区的规模日益扩大，其基于集约用地要求的高层高密度开发模式，已经成为当前政策环境下的政府唯一选择。此种模式使得保障性住房选址只能位于外围未建成地区，越到近期的项目越是高度重视公交系统和公共设施配套，但是保障房建成后的社会实效在不同的项目之间差异较大。社会实效伴随区位条件的变化、与城市的关系及其在住房市场中的位置而有所不同（图1-6）。

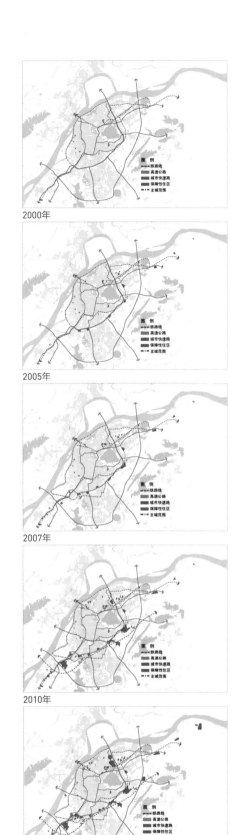

2000年

2005年

2007年

2010年

2014年

图1-6 1998年以来保障性住房住区空间分布发展图

1.2

南京社区发展的政策历程

1.2.1 社区管理与服务

▶　　1980年以前，我国推行以单位制为主、街区制为辅的基层社会管理体制，单位是提供基层服务的主体。改革开放后，单位逐渐从事无巨细的职工服务中剥离，公共服务开始由社会承担，社区议题逐渐成为热点。1982年民政部城市基层政权管理体制改革问题座谈会的召开，以及1985年民政部第一次将社区概念写入政府文件，包括南京在内的许多城市开始了基于"社区"的城市基层管理体制的改革探索。

社区管理是对社区拥有的资源进行有效的计划、组织、领导和控制，用最有效的方法实现社区目标。城市社区管理是城市管理在一定区域的具体实施，是对特定区域全部社会经济活动的计划、组织、领导、控制与调节，是城市基层管理。社区管理制度是一种更强调具体的管理内容与对象的社会运作工具。

南京的社区管理发展是从民政部门的社区服务工作开始的，随着社区居民需求的不断发展，其内涵和外延也不断变化，可以将其发展过程分为四个阶段。

（1）社区管理与服务起步阶段（1986～1988年）。随着经济体制改革，民政服务也面临着转型。社区逐渐承担了那些原本属于单位义务的福利保障职能。1987年9月，民政部召开"全国社区服务工作座谈会"，标志着社区服务进入了探索起步阶段。南京市此阶段主要是以街道为重点，建立福利工厂、敬老院、老年人活动站、综合服务站等。特点是：服务设施规模小、功能单一，并且专门为民政对象等特殊困难群体提供纯福利性无偿服务。

（2）社区管理与服务发展阶段（1989～1992年）。南京市经济发展和管理体制改革的逐步深入，加快了社区管理与社区服务的发展速度。各区成立社区经济服务领导小组，在市民政局下设领导小组办公室。同时制定了社区服务发展计划和社区服务设施管理规定，极大促进了社区服务设施的配套建设和管理。

（3）社区管理与服务深化阶段（1993～2000年）。此阶段是社区全面建设的开始，特点是社区服务事业得到了很大发展，初步形成了以设施服务与社会互助服务有机结合为基本模式，为全面推进社区建设奠定了良好基础。1999年2月，民政部开展了"全国社区建设实验区"工作，首批确定26个"城市社区建设实验区"（国家级实验区）。其中江苏省南京市鼓楼区，在老街道基础上进行调整辖区规模的探索，白下区更是大胆地进行成立社区行政事务受理中心的试验。社区建设实验中逐步形成了党委和政府领导、民政部门牵头、有关部门配合、社区居委会主办、社会力量支持、群众广泛参与的推进社区建设的整体合力。

（4）社区建设全面推进阶段（2001年至今）。中共中央办公厅、国务院办公厅转发《民政部关于在全国推进城市社区建设的意见》（中办发〔2000〕23号），它是促进城市基层政权建设工作的里程碑，开辟了中国城市社区建设的一条崭新道路。南京市政府召开城市管理体制改革工作会议，把街道办事处初步建成责权统一、行为规范、能够有效履行综合管理职能的行政主体，为全面推进社区建设奠定了坚实的基础。

党的十九大报告开辟了社区管理的新篇章。新形势下城乡社区的社会治理工作重要性日益凸显，在"党委领导、政府负责、社会协同、公众参与、法治保障的社会治理体制"下，基层党组织的引领是关键。由此，社区管理和服务职能可以得到更好的明确和保障。

1.2.2 社区党建引领

党的十九大报告中"提高保障和改善民生水平，加强和创新社会治理"部分，指出要打造共建共治共享的社会治理格局。加强社会治理制度建设，完善党委领导、政府负责、社会协同、公众参与、法治保障的社会治理体制，提高社会治理社会化、法治化、智能化、专业化水平。加强社区治理体系建设，推动社会治理重心向基层下移，发挥社会组织作用，实现政府治理和社会调节、居民自治良性互动。

2017年10月24日通过的《中国共产党章程》规定，党的基层委员会、总支部委员会、支部委员会每届任期三年至五年。为贯彻落实党章规定，中共中央办公厅印发了《关于党的基层组织任期的意见》，明确村和社区党的委员会、总支部委员会、支部委员会每届任期为5年。为与之衔接，《中华人民共和国城市居民委员会组织法》2018年进行了修订，将居民委员会的任期由3年改为5年，与社区党的委员会、总支部委员会、支部委员会的任期保持一致，有利于坚持和加强党的全面领导，完善党领导下的基层群众自治制度和工作机制。

根据中共中央、国务院《关于加强和完善城乡社区治理的意见》（中发〔2017〕13号），中共中央办公厅、国务院办公厅印发的《关于加强乡镇政府服务能力建设的意见》（中办发〔2017〕11号），江苏省委、省政府《关于加强城市社区治理与服务的意见》（苏发〔2017〕24号）和《关于加强农村社区治理与服务的意见》（苏发〔2018〕11号）精神，南京市委、市政府提出《关于加强和完善城乡社区治理的实施意见》，开篇就指出：新形势下城乡社区的社会治理基础功能更加突出，服务群众的任务更加繁重，维护和谐稳定的作用更加凸显。加强和完善城乡社区治理，有利于巩固党的执政基础、确保党和国家大政方针贯彻落实，有利于发展基层民主、依法保障居民群众切身利益，有利于化解社会矛盾、促进城乡基层和谐稳定。

《实施意见》将坚持党的领导、固本强基列为南京社区治理的第一条原则。指出：加强党对城乡社区治理工作的领导，切实发挥基层党组织在社区治理中的领导核心作用，带领群众坚定不移贯彻党的理论和路线方针政策，确保城乡社区治理始终保持正确政治方向。引导基层党组织突出政治功能，聚焦主业主责，推动街道党工委把工作重心转移到基层党组织建设上来，转移到做好公共服务、公共管理、公共安全工作上来，转移到为经济社会发展提供良好公共环境上来。

《实施意见》还明确提出，要依法厘清街道办事处（镇政府）和居（村）委会的权责边界，明确居（村）委会应当承担的工作事项以及协助政府开展的工作事项"两份清单"，取消街道办事处（镇政府）与居（村）委会签订的行政责任书，对清单之外的其他事项可通过政府购买服务方式委托居（村）委会承担。建立健全街道办事处（镇政府）和居（村）委会双向评价机制。

1.2.3 社区治理

相比于管理，社区治理更加注重管理行为者之间通过协调与互动，达成一种内部性的均衡稳定的管理结构，而这种稳定不需要外在持续的力量施加便可以维持。治理不是一整套规则，也不是一种活动，而是一种过程，是社区各相关主体之间的持续的互动行为。

中国的社区治理中，基层党组织发挥关键作用，在党建引领下，社区居委会、物业管理委员会和业主委员会是最重要的三个组织主体。伴随政府职能的转型，近年对于基本公共服务的要求越来越高，政府在基本公共服务供应方面承担着不可推卸的主导作用，但具体服务却越来越需要各类社会组织的承担，才能形成完善的服务供应体系。最后也是最基础的主体乃是公众，公众参与、居民自组织在社区治理中的作用越来越重要。

1.2.3.1 社区治理的"三驾马车"

（1）居民委员会

1954年12月31日，《城市居民委员会组织条例》第一次以法律形式确定了我国居委会的性质、地位和作用。主要作用包括：办理有关居民的公共福利事项；向上级政府反映居民的意见和要求；动员居民响应政府号召；领导群众性的治安保卫工作；调解居民间的纠纷。在政府主导下，城市逐渐建立由街道办事处、居民委员会为基本组织形式的基层管理体制。在管理实践中，居委会与街道办形成上下级关系。

1989年12月26日，《中华人民共和国城市居民委员会组织法》得到通过，对居委会的作用做出进一步调整，主要包括：开展多种形式的社会主义精神文明建设活动；办理本居住地区居民的公共事务和公益事业；调节居民纠纷、维持社会治安；协助人民政府及派出机关做好与居民利益有关的公共卫生、优抚救济、青少年教育等各项工作。居民委员会向居民会议负责并报告工作。居民会议由居民委员会召集和主持。有五分之一以上的十八周岁以上的居民、五分之一以上的户或者三分之一以上的居民小组提议，应当召集居民会议。涉及全社区居民利益的重要问题，居民委员会必须提请居民会议讨论决定。居民会议有权撤换和补选居民委员会成员。

2018年《中华人民共和国城市居民委员会组织法》修订，为与社区党的委员会、总支部委员会、支部委员会的任期保持一致，将居民委员会每届任期设为五年，其成员可以连选连任，有利于保持基层群众自治组织负责人队伍相对稳定。

南京市在落实国家层面制度政策的基础上，严格执行关于社区居委会办公、服务用房面积规定，对社区居委会的办公服务用房采取调整、置换、改造、新建等方法，改善社区居委会的办公条件。围绕深化社区服务开展工作，不断对社区居委会减负，并尽力保障社区工作人员的薪资基本水平。

自2013年3月1日起施行的《南京市城市治理条例》中关于居委会在城市治理中的主体作用为：社区（居民委员会、村民委员会）依法协助街道办事处、镇人民政府开展城市治理工作，承担事务性管理工作，承接政府委托的公共服务项目，发现、报告社区内城市治理工作中存在的问题，调处矛盾纠纷，动员、组织社区内单位和居民、村民参与相关城市治理活动。

（2）物业管理委员会

改革开放以后，物业管理分为三个时期：物业管理的起步期、发展期和规范期。物业管理最早于1980年代起步于深圳市。1994年，建设部颁布相关文件，强调应推行物业管理公司的专业化管理模式。之后逐步建立业主自治和物业管理企业相结合的社会化、专业化、市场化的物业管理体制。2003年6月国务院常务会议通过了《物业管理条例》。该条例正式提出业主通过公开、公平、公正的市场竞争机制选择物业管理企业，鼓励物业管理企业提高管理和服务水平。该条例的颁布实施是新时期物业管理行业的纲领性文件。此后，又相继出台《国务院关于修改物业管理条例的决定》《国务院关于修改部分行政法规的决定》等，对物业管理规定进一步修改和完善，使得物业管理法制建设更加健全。

1998年，南京市物业管理行业协会成立，协会主管单位是南京市住建委，是从事物业管理及相关专业的企事业单位和个人组成的全市物业管理行业性组织。2006年2月南京开始实施修订后的《南京市物业管理办法》，其中指出，南京市房产管理局是南京市物业管理活动的行政主管部门，负责物业管理活动的监督管理工作，各区（县）房产管理部门具体负责本辖区物业管理活动的监督管理工作。此外，建设、规划、市政公用、市容、环保、园林、工商行政、物价、建工、公安、民政等部门按照各自职责，协同实施。各区（县）人民政府和街道办事处（镇人民政府）负责协调物业管理与社区建设之间的关系，规范了物业管理活动，维护当事人的合法权益，推动物业管理行业健康发展，形成了相对健全的物业管理规范。

然而，南京2000年前建设的很多老旧小区没有物业管理，一些福利公房在实行房改政策出售给个人之后，没有及时成立物业管理委员会，也没有商品住房的住房维修基金的积累。虽然南京近年老旧小区整治要求整治完毕后必须落实物业管理单位，但是由于收费困难等原因，很多老旧小区仍然无法形成良好的物业管理。

（3）业主委员会

业主委员会发展时间较短，大致有20余年的历史。1991年在深圳正式成立了中国第一个业委会。之后，业委会这一模式得到了社会和政府有关部门的广泛认可，在全国推行。

2003年《物业管理条例》将"业主委员会"概念纳入，其才获得正式的法律确认。其后的时间，业主委员会进入一个较快发展期，尤其是随着大量业主方面的维权活动的出现，业主成立业委会的需求日益迫切，并在《物权法》颁布前后进入高潮期。

南京作为业委会蓬勃发展的城市，目前有1000余家业主委员会。《南京市住宅物业管理条例》也将业委会需要履行的职责进行了明确规定，包括执行业主大会的决定和决议，根据业主大会决定代表业主与业主大会选聘或者续聘的物业服务企业签订物业服务合同，调解因物业使用、维护和管理产生的纠纷等等。然而，还是有不少住宅小区由于各种原因无法成立业主委员会；而因为业主缺乏对业主委员会的信任而导致的冲突也屡见不鲜。

1.2.3.2 社会组织

进入21世纪，社会组织在弥补政府和市场失能和促进社会协同发展方面，越来越不可或缺。南京市长期重视社会组织培育，2014年南京市入选"全国社会组织建设创新示范区"。社会组织涵盖社区服务、社会事务、文化体育、慈善救助等多种类型，其中社区社会组织是加强社区治理体系建设、推动社会治理重心向基层下移、打造共建共治共享社会治理格局的重要载体。

2018年8月，南京市委、市政府印发《关于加强和完善城乡社区治理的实施意见》，并出台《南京市社区工作者管理办法（试行）》《关于规范城市社区工作者薪酬管理的指导意见（试行）》《关于进一步加强社会组织党建工作的实施办法》和《关于支持街道试点成立社区社会组织联合会深化三社联动机制建设的实施意见》（以下简称《实施意见》）等配套文件。《实施意见》中提出要大力培育发展社区社会组织，使其成为加强社区治理体系建设的重要载体，同时应结合实际，支持街道试点成立社区社会组织联合会，逐步建成服务专业、门类广泛、运作高效、联动共享的街道社区社会组织服务联合体模式。《实施办法》中也对社区社会组织人员的党建工作建立考核激励机制，推动社会组织成员在社会资源整合中的积极作用，促进社区社会组织的健康有序发展。2018年11月，南京市召开市社会组织管理工作联席会议，要求多部门参与，建立齐抓共管的工作机制，为今后推动全市社会组织健康发展奠定了重要基础。南京正大力促进社区、社会组织、社会工作深度融合，通过加强"三社联动"全面激发多方参与社区治理的活力。

社会组织在促进社区发展方面起到了重要推动作用，然而，受限于相关法律法规对于社会组织运营的支持力和规范性，社会组织的工作质量和效能需要跟踪考量。

1.2.3.3 公众参与

2013年3月1日，全国首个城市治理地方性法规《南京市城市治理条例》（以下简称《条例》）实施。该条例说明中明确：城市治理是对城市管理的发展和超越，集中表现在加强和推动公众对城市公共事务的参与，实现政府的管理行为与公众的参与行为的统一。相对于城市管理的单方性、高权性、强制性而言，城市治理以多元主体共同参与治理为核心，具有更强的现代性、民主性、开放性、包容性、互动性和有效性。围绕这一立法理念，《条例》明确了"推动公众参与城市治理"的立法目的和"公众参与、共同治理"的原则，在第二条明确城市治理实行"政府主导、公众参与"，城市管理"是城市治理的基础性内容"。《条例》第二章专章规定了"公众参与治理"，包括个人参与、企事业单位协同治理、各类组织参与治理、社区参与、新闻媒体参与等，同时在相关章节中明确了公众参与的方式、程序和效力。

《条例》中对于公众参与的组织方式也有相关设定。公众可以通过专家咨询、座谈会、论证会、听证会、网络征询、问卷调查等多种方式参与城市治理活动。公众委员参与城市治理决策前，应当就会议讨论事项事先深入开展调研，听取和汇集公众意见。政府、城市治理委员会和城市管理相关部门应当按照规定采用便于公众知悉的方式，公开有关行政决策、行政执法、行政裁决、行政监督等城市治理的信息。召开座谈会、论证会、听证会，应当提前将会议的时间、地点、主要议题等事项书面告知相关公众，为公众参与提供必要条件，并应当认真研究公众提出的意见，采纳合理可行的建议。鼓励城市管理相关部门创新机制，吸收公众参与城市治理，采取定期召开联席会议等形式与社会组织之间建立经常、有效的沟通和联系。

南京市在推进公众参与方面，还有一个非常重要的举措，就是南京市政府设立南京市城市治理委员会（以下简称市城治委），作为城市治理议事机构。按照《条例》，城市治理委员会由市人民政府及其城市管理相关部门负责人、专家、市民代表、社会组织等公众委员共同组成，其中公众委员的比例不低于50%。城市治理委员会主任由市长担任。

至2018年9月，市城治委共通过1个共识、2项规定、8个决议，有效协助和推动解决了占道经营、停车难题、油烟扰民、烟花爆竹禁放等社会及市民关心关注的重点难点问题。全市各区所属街道全部建立城市治理公众联络议事平台，比照市区两级聘请社区一级公众委员，进一步发挥基层公众委员参与城市治理的重要作用。

《条例》中与社区直接相关的有第35条：住宅区范围内，任何单位和个人应当维护区域内的设施和环境，不得有下列行为：（一）乱扔垃圾等影响住宅区环境卫生；（二）擅自采摘、砍伐、移植花草树木；（三）占用公用绿地种植蔬菜、果树；（四）违反规定饲养动物；（五）擅自在外墙上开门、开窗或者改变原有门窗位置、大小；（六）擅自占用建筑物内楼道、分割地下停车场和公共车棚等业主共有区域；（七）损坏或者擅自占用、改建物业共用部分，损坏或者擅自占用、移装共用设施设备；（八）法律、法规禁止的其他行为。有前款所列行为之一的，物业服务企业、业主委员会有权依照法律、法规以及管理规约，要求行为人停止侵害、消除危险、排除妨害、赔偿损失；业主、物业使用人有权投诉和举报；对侵害自己合法权益的行为，可以依法向人民法院提起诉讼；业主委员会对侵害业主共同利益的行为，可以依法向人民法院提起诉讼。

南京在通过立法推进公众参与治理方面可以说是走在全国前列，特别是在发动公众委员推进城市治理方面成绩卓著。然而，普通公众参与的表现形式还是比较低层级、被动的，仍然需要长期的制度持续完善和参与能力培育。

总体上，南京市社区服务事业发展水平一直处于全国较高水平。1996年，民政部在南京召开了第一届"全国社区示范区现场交流会"。1998年，鼓楼、玄武、白下三个区被民政部命名为"全国社区服务示范区"。2014年，南京荣获全国和谐社区建设示范市，并位居14个示范市首位；秦淮、玄武、雨花、建邺、鼓楼和栖霞等六区被评为社区治理与服务创新实验区，数量全国第一；全国和谐社区建设示范区、街道、社区总量全省第一、全国前列。2016年，鼓楼、建邺、栖霞等三区入选全国社区治理和服务创新实验区，数量列全国第一。

2018年8月，南京市委、市政府印发《关于加强和完善城乡社区治理的实施意见》，强调打造共建共治共享的社区治理格局，健全完善社区治理体系，提高城乡社区服务效能，坚持问题导向努力提升社区群众的获得感，健全社区治理发展长效机制等内容。其中，对多元主体责任予以了明确，对重要相关政策予以了强调，将对南京社区治理进一步全面发展起到重要的促进作用。

1.3
南京社区更新政策及实践类型

1.3.1 社区更新政策[①]

1.3.1.1 危旧房（棚户区）改造

► 危旧住房改造包括危房和旧房的改造，危房指结构已严重损坏

---

① 本书终稿后，南京市近期出台了《开展居住类地段城市更新的指导意见》，由于实施时间尚短，效果待观察，未被本书列入写作内容。

或承重结构已属危险构件，可能丧失结构稳定和承载能力的房屋。旧房则主要是指竣工年限超过建筑设计使用年限的，或结构不合理、使用功能不齐全、配套设施不完善的，或不符合建筑抗震设防要求的房屋。为改善群众居住条件，解决城市低收入家庭住房困难，加快实现南京市"住有所居"目标，建设更高水平全面小康社会，危旧房改造是城市政府住房保障工作的重要内容。

2010年统计数据显示，南京主城区310平方千米内待改造危旧房片区共149个，占地436万平方米，房屋385万平方米，占主城区面积8.72%，危旧房片区密度0.48处/平方千米；其中老城50平方千米用地内有危旧房地块68处，片区密度为0.75处/平方千米，几乎相当于主城区危旧房片区密度的2倍。

南京市将危旧房片区改造工作作为全市经济社会发展的重要奋斗目标和民生工程，2008年以来不断出台相关政策引领危旧房改造，如《关于加快危旧房改造工作的实施意见》（宁政发〔2008〕3号）、《南京市城市环境综合提升三年行动计划》（宁委发〔2010〕2号）、《南京市主城区危旧房、城中村改造工作的实施意见》（〔2012〕222号）等，并每年制定危旧房改造计划。危旧房改造要顺利实施，必须伴之以适合的补偿和住房安置政策，南京市也陆续出台了《南京市危旧房改造项目拆迁安置经济适用住房（含产权调换房）工程建设免收费用实施办法》（2008年）、《南京市危旧房片区改造项目住宅房屋拆迁补偿安置规定》（宁政发〔2008〕21号）、《南京市危旧房改造产权调换、城中村拆迁安置暂行办法的通知》（宁政规字〔2013〕4号）、《南京市险房翻建规划管理办法》（宁规规范字〔2013〕1号）、《关于加快推进棚户区（危旧房）改造货币化安置的意见》（宁政办发〔2016〕135号）等。

然而，部分危旧房住区具有历史文化价值，虽然建筑年代久远，建筑质量较差，其改造也需要考虑维护历史文化名城风貌。许多危旧房地段受到不同程度开发限制，在方案制定、资金筹措、建设施工、居民拆迁补偿安置等方面都增大了工作的难度。危旧住房改造成本也随之提升，造成政府、开发商和居民的负担都非常沉重，资金难以平衡。随着危改工作的深入，一些区位条件好、市政条件好、人口密度小、利润高的地区被优先开发，剩下的一些区位差、市政条件差、人口密度高的地块，更增加了危改工作难度。在市场经济条件下，开发商无利可图，这些地段改造困难重重。这种以经济利益为主要导向的危旧房改造日益步履维艰。

在此背景下，住房和城乡建设部更多强调危旧房改造的民生属性，《关于加快推进棚户区（危旧房）改造的通知》（建保〔2012〕190号）强调以改善群众住房条件为出发点和落脚点，把棚户区（危旧房）改造作为城镇保障性安居工程重要内容。

为避免棚户区（危旧房）改造误伤历史文化资源，2018年南京市政府办公厅发布《关于棚户区改造范围和界定标准的通知》（宁政传〔2018〕108号）。明确界定棚户区（危旧房）是指在城市规划区范围内，简易结构房屋较多、建筑密度较大、使用年限较久、房屋质量较差、建筑安全隐患较多、使用功能不完善、配套设施不齐全的居住区域。具体地，满足以下条件其中之一即可纳入棚改：①房屋结构简易，使用年限较久，使用功能不全，包括房屋室内空间和设施不能满足安全和卫生要求（无集中供水、无分户厨卫等）。②市政基础设施落后或不全，排水、交通、供电、供气、通信、环卫等配套基础设施不齐全或年久失修，且难以通过修缮完善功能。③建筑密度较大，房屋破旧拥挤，存在较大消防安全、地质灾害等安全隐患。④公共服务设施薄弱，无基本教育、医疗卫生、社区服务等公共服务设施，且无法通过规划建设进行完善。⑤房屋结构抗震基本不符合要求的，或经专业机构评定属于危险房屋或严重损坏房屋。特别严禁将城市道路拓展、历史街区保护、文物修缮等带来的国有土地上房屋征收与征地房屋拆迁改造项目及其他不符合棚户区界定标准和改造范围的项目纳入城市棚户区改造范围。

除了成片认定地区进行统一改造之外，还有依据危房鉴定程序进行加固和整治的零散项目。《城市危险房屋管理规定》（建设部令第129号，2004年修正），《南京市房屋使用安全管理条例》（2006年、2018年），《南京市房屋安全鉴定单位管理办法》（2019年）等对危房鉴定、责任主体及相应治理措施予以了明确。

1.3.1.2 老旧小区整治

建设部《关于开展旧住宅区整治改造的指导意见》（建住房〔2007〕109号）中，旧住宅区是指年久失修、配套设施缺损、环境脏乱差的住宅区。各地在实施旧住宅区整治时的选择标准并不一致。南京自2001年开始老旧小区的整治。2003年《南京市住宅小区出新达标管理规定》所指的住宅小区是指1997年1月1日以前建成投入使用的住宅小（片）区。2006年确定的整治项目是：1995年前建成、5万平方米左右的44个旧住宅小区，主要是主次干道、明城墙、秦淮河沿线和景区周边小区。2008年则是1995年前建成、2万平方米以上的旧住宅区。2013年除了市级项目外，各区政府按照市环境综合整治指挥部统一部署，结合干道、街巷整治等工作，自行组织2万平方米以下旧小区出新。出新内容通常涉及：清理拆除违章搭建、修整完善基础设施、完善围墙道路、提升绿化及亮化、整治出新房屋立面、建设文化休闲场所、落实相应管理措施等等。

除了物质空间整治出新外，南京一直注重长效管理机制的建立。2006年《南京市旧住宅小区出新实施意见》中就提出落实长效管理，巩固出新成果。以小区出新为契机，理顺小区管理体制，推行有效的物业管理或社区管理，防止前治后乱、治管脱节，坚决落实出新小区的长效管理机制。要组织召开出新小区业主大会，按照相应程序成立业主委员会，确立业主大会的主体地位，由业主委员会根据全体业主的委托，自主选聘物业管理公司。出新小区也可根据居民需要确定管理服务内容，选择适合的管理模式，通过常规服务或菜单式服务，确保整治出新小区的长效管理。2012年《南京市旧住宅区综合整治工作实施意见》要求紧密结合物业管理体制创新工作，明确街道属地管理责任，以小区为单位，制定长效管理方案，签订管理服务合同，落实管理形式，努力实现出新成果的长效保持。对具备出新条件的小区，由街道、社区牵头指导小区居民成立业委会或管委会，在小区内居民2/3以上同意出新的前提下，由业委会或管委会向所在街道提出申请。

1.3.1.3 既有住宅增设电梯

2016年9月，南京市出台了《南京市既有住宅增设电梯实施办法》，实施办法相较于暂行办法在很多方面有了更加细致的规定。实施办法对适用范围进行了明确，适用于已建成投入使用、具有合法权属证明、未列入房屋征收改造计划、且未设电梯的四层以上（含本数，下同。不含地下室）非单一产权住宅。实施办法还首次规定各区政府负责本辖区内既有住宅增设电梯的统筹协调和管理工作，并明确了各相关部门的具体负责工作。在增梯工作资金方面，实施办法对资金分摊、相关补偿方案、出资方等相关事宜提出了补充说明。在电梯申请、安装实施、审批过程当中，实施办法对相关法律法规有了明确的规范要求说明。

随后，2016年底，南京市财政局发布《关于进一步明确既有住宅增设电梯财政补贴相关事项的通知》，进一步对补贴对象、补贴标准、补贴过程提出了明确的规范要求，并对相关部门责任、申请文件等进行了明确。

南京市自2016年起，老旧住区居民增设电梯需求不断上升，电梯增设数量逐年递增。在实际实施过程中，施工管理不完善的问题逐渐暴露，实施管理相关政策文件缺失。2017年4月18日南京市城乡建设委员会办公室发布《市建委关于加强既有住宅增设电梯施工管理的指导意见》，对参与增梯的有关单位应具备资质、施工图文件技术论证方式、申办施工许可证材料、施工质量监察主管部门进行了规范明确。2017年5月1日南京市发布《南京市既有住宅增设电梯规划许可手续办理规则》，进一步对住宅增设电梯规划许可手续办理的相关流程进行了规范。首次提出规划部门设立增设电梯专门窗口，负责咨询等技术服务，向建设者免费提供增设电梯需要的地形图资料，并按照绿色通道的要求简化流程，提高审批效率。

南京市玄武区在南京市住宅增梯方面需求量大、申请建设量大，玄武区率先增设增梯办，专项处理玄武区老旧住宅增梯各项基层工作。2017年6月1日，玄武区既有住宅增设电梯指挥部发布《既有住宅增设电梯建设方义务告知书》，用居民可理解性更高的"告知书""致一楼的一封信"使居民明确既有住宅增设电梯项目的建设者所需要承担相应法律、法规规定的义务。玄武区增梯办随后出台了《关于既有住宅增设电梯地下管线迁移等相关事项的暂行规定》与《玄武区关于明确既有住宅增设电梯相关费用分摊方案的意见》。在玄武区增梯实施过程中将增梯管线迁移与小区整治相结合；在费用分摊方面，玄武区增梯办坚持"谁建设谁出资、基本费用为主、结合使用频次"的原则，由建设方按比例承担。特殊情况由全体业主协商另议。既有住宅增设电梯一律不提取房屋公共维修基金。

1.3.1.4 公共服务提升

（1）社区服务设施

2018年8月，南京市委、市政府印发《关于加强和完善城乡社区治理的实施意见》，其中提及城市规划工作中应重视提升社区综合服务设施建设水平。建设新型街道（镇）社区党群服务中心，集公共服务、居民自治服务和社会组织服务于一体，方便服务群众，区级按照不低于3000平方米，街道（镇）按照不低于1500平方米，城乡社区按照每百户居民不低于30平方米的标准，通过新建、购买、置换、改（扩）建和整合共享等方式，进一步提升社区党群服务中心建设水平。

（2）社区养老设施

2016年《江苏省养老服务条例》中明确指出，社区养老服务设施建设应纳入城乡社区配套用房建设范围，并明确住宅区的配建指标——新区按照20m²/百户以上、旧区按照15m²/百户以上的标准，养老服务设施应与住宅同步规划、同步建设、同步验收、同步交付使用。2015年施行的《南京市公共设施配套规划标准》，基于全面连续的社区养老服务要求，增加社区养老服务设施，包括居家养老服务中心（站）、日间照料中心、社区养老院。2017年，南京市发布《南京市养老服务设施规划建设管理办法（试行）》，养老服务设施建设主要有单独新建（包括划拨用地建设、出让土地建设等）、新建住宅小区配建和存量房产改建等形式。新建设施就是按照前述公共设施建设管理机制进行；存量房产改建机制在该办法中予以详细规范，涉及：土地利用和房产功能变更，申办消防设计审核、验收或者备案手续，办理许可证和法人登记（营业执照）等支持性政策和规范性要求。

（3）社区体育设施

2017年6月15日，南京市体育局发布《南京市全民健身实施计划》。全市加快构建功能明确、网络健全、城乡一体、惠及全民的公共体育服务体系。推进南京市城市社区"10分钟体育健身圈"实现全覆盖，体育社会组织快速发展。晨晚练健身站（点）达3500个。未来将进一步完善配建体育设施的城市社区"游园绿地"和足球场地。

（4）社区卫生设施

《南京市2018～2020年医疗卫生服务体系规划》中，对于社区卫生服务中心（站）的设置有详细规定。社区卫生服务中心按照街道行政区划或一定服务人口进行设置。到2020年，每个街道或每3万～5万服务人口设置1所社区卫生服务中心。社区卫生服务中心覆盖不到的区域，城区按0.5万～1.5万人口设置1个社区卫生服务站。

（5）农贸市场

为深入贯彻落实国务院办公厅《"菜篮子"市长负责制考核办法》以及国家、省关于做好农产品流通工作的相关要求，进一步强化农产品零售终端建设，充分发挥农贸市场在保障农副产品供应、维护食品安全、满足市民需求和方便群众生活中的重要作用，促进农贸市场与城市协调发展，南京市2017年制定《南京市农贸市场提档升级精细化长效管理工作行动计划》。根据该计划，设立两个专项工作小组，一是提档升级改造组，由市商务局牵头，主要负责"行动计划"的组织协调和任务推进工作；二是精细化长效管理组，由市工商局牵头，主要负责指导各区农贸市场提高农贸市场专业化、标准化和规范化管理水平。各区政府是辖区内农贸市场提档升级、精细化长效管理工作的责任主体，负责制定本区域"行动计划"的具体实施方案；坚持政府引导和市场运作相结合，以农贸市场主办者建设和管理为主，市、区两级政府通过"以奖代补"的方式，引导社会各投资主体主动参与农贸市场提档升级工作，建立农贸市场滚动改造机制。从2017年开始，利用三年时间，按照

"完善类、改造达标类、新建类"三类对230个农贸市场进行提档升级改造。鼓励和引导农贸市场和新型商超等增强服务功能,实现一店多能,积极拓展代缴代购、代收代投、家政家居、早餐快餐等多项服务功能,推动社区商业集聚化发展。

1.3.1.5 社区为民办实事

2014年南京市政府公布《深化街道和社区体制改革工作实施方案》,社区街道将着力进行"去机关化"和"去行政化"改革,让街区回归其本职功能,设立"为民服务专项资金"。"为民服务专项资金"用于扶持公益服务,解决群众身边的难事、急事。从服务项目的提出到服务项目的确立,以及服务项目的实施,最后到报告的评估,全过程都请社区居民参与,以老百姓满意与否作为设立标准。自2015年1月1日起,南京市取消对玄武、秦淮、建邺、鼓楼四城区各街道和其他建成区所在街道相关经济指标考核,确保这些街道工作重心真正转移到社会管理、城市管理和组织公共服务上来,同时,强化群众满意度评价,街道、社区考评中群众主观评价权重分别不低于50%、70%。让居委会真正能够"沉"下去为居民提供服务。

2015年2月,南京发布《社区(村)为民服务专项资金使用管理办法(试行)》(以下简称《办法》)。《办法》提出,按每个社区(村)每年20万元标准,设立为民服务专项资金。专项资金用于满足居民共同需要的生活服务,解决群众最关心、最迫切、最直接的民生问题。要求各社区召开党群议事会和居民代表大会,围绕群众最关心、最希望解决的问题,确定全年的资金使用计划,并进行公示,确保将为民服务专项资金用在实处。

2017~2018年由南京市委政策研究室(社建工委)发起的"公共空间微更新微幸福"活动,有力促进了社区居委会在推进各自社区微更新方面的工作,而该工作的资金主要来源就是为民服务专项资金。

2015年,南京市民政局发布《关于推动南京市社区型基金(会)发展的实施方案(试行)》,根据国务院政策精神并提高城市社区治理水平,南京市将在所有街道或社区中推广基金(会),该非营利性机构要求在民政部门登记注册,以从事社区公益事业为目的、服务范围为一个街道或社区的基金会法人。社区型基金采取街道备案制,启动资金不低于10万元。社区型基金(会)的资金应来源于社区居民或单位捐赠,以项目资助为主要渠道,并结合社区现有的慈善超市等公益平台更好为居民服务。基金会的资金使用管理须合规透明,有专职财会人员,信息与财务定期公开接受居民监督。南京市各区将至少建成一个社区型基金会,依托街道社区综合服务中心,实现以协商民主为基础的"行政资本+社会资本"的治理共同体,目标是引入居民参与社区的决策,探索社区协商民主模式。不过该政策的实施情况需要进一步了解。

1.3.2 社区更新实践类型

南京市社区更新的有关政策显示出,社区更新依据的政策领域不同、涉及责任主体不同、更新的物质空间对象不同。如何从本质上认识这些繁杂的社区更新实践？可以从关联权力的物质空间领域、推动社区更新的实践主体两个方面，对社区更新进行清晰的类型划分。

关联权力的物质空间领域：将经典的住区空间层次和产权、物权相结合，可以将社区更新的空间划分为四个领域。一是住房私领域。业主在法律和管理政策框架下行使更新权力。二是社区半公共领域，介于私领域与公领域之间。比如楼栋、互有影响的相邻空间，此类空间更新需要半公共领域涉及的权力主体同意。三是小区内公共领域，是一个小区业主共有产权的空间，如小区内道路、公共空间、公共设施、基础设施等。此类空间更新需要全体业主符合法律规定数量的同意。四是社区公共领域，是小区管理边界之外，但又和居民生活密切相关的城市空间。如文教体卫、社区服务、养老等福利设施，城市道路交通，小区之外的社区公园等空间。

在此权力空间领域基础上，再叠加各类政策赋予的主体责任和权力，如各级政府、居委会、物管、业委会、个人、各类社会组织、各类行业部门、各类公共机构、商业组织和机构等，各自依据有关制度和机制开展的社区更新行动，就可以全面认识纷繁的社区更新现象。

目前，南京已经出现的社区更新实践类型有：老旧小区整治、公共空间微更新、社区营造、公共设施建设和优化、宜居街区、危旧房改善和更新、历史住房修缮和提升等等。此外，与社区更新相关的创新型专项规划、社区规划的探索也开始出现（图1-7）。

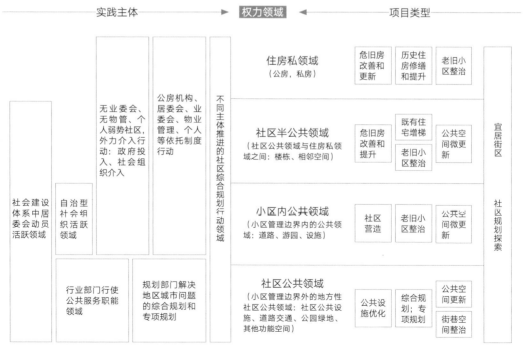

图1-7 南京社区更新实践和规划类型

第 2 章　项目型
社区更新机制探索

2.1

构建支持和协商体系的既有住宅增设电梯

▶ 为了适应老龄化社会的发展趋势，方便老年人及残障人士无障碍出行，既有老旧小区适老化改造，特别是多层住宅增设电梯成为提升宜居性的关键。住房和城乡建设部《关于加强生态修复城市修补工作的指导意见》（建规〔2017〕59号），明确支持符合空间条件的既有建筑增设电梯。江苏省住房和城乡建设厅2017年发布的《江苏省住宅设计标准》中明确：4层及4层以上住宅或住户入口层在楼面距室外设计地面的高度超过10米时，必须设置电梯并满足无障碍使用要求。

然而，增梯看似简单，却由于涉及具体的个人利益协调，实现增梯困难重重，如何克服困境实际上体现了城市社会治理的水平。南京市加装电梯数位居全国前列，成果显著。截至2018年10月31日，南京市已有2050部电梯签订书面协议，1838部完成初步设计，1761部通过规划部门初审，1195部已办理规划许可，969部已办理施工许可，累计建设848部，其中390部在建，458部已完工；2018年新开工建设398部，新完工308部。南京市已经建立了相对完善的加装电梯的制度政策和实施机制，制定了具体的操作细则与流程体系，解决"协同难、审批难、沟通难"的问题，在全国具有示范引领作用。

值得指出的是，南京市增梯工作中体现出的政府对于民生工作的承担和支持，以及政府引导促进居民自主协商的机制，还有在增梯实践中探索出的"政府—市场—社区"创新合作机制，体现了政府导治、社区自治和多主体合作共治，这些经验值得总结和推广。当然，南京增梯也还存在一些难以解决的问题，需要进一步总结和应对。

2.1.1 南京市既有住宅增设电梯政策演进

2.1.1.1 初步建立支持框架

南京市于2013年出台了关于老旧小区增设电梯工作的《既有

住宅增设电梯暂行办法》，内容涉及管理办法、设备安全、实施办法等相关说明。该阶段出台的相关文件内容覆盖面广，但许多条款不够详细深入，在实际落实当中难以对细节工作起到管理指导的作用。但南京市该阶段出台的文件对后续增梯工作的发展与优化奠定了基础。

2.1.1.2 逐步完善综合支持体系

2016年9月，南京市出台了《南京市既有住宅增设电梯实施办法》，实施办法相较于2013年的暂行办法在很多方面更加细致。实施办法对适用范围明确为已建成投入使用、具有合法权属证明、未列入房屋征收改造计划、且未设电梯的4层及4层以上（不含地下室）非单一产权住宅。实施办法还首次规定各区政府负责本辖区内既有住宅增设电梯的统筹协调和管理工作，并明确了各相关部门的具体工作职责。在电梯申请、安装实施、审批过程中，《实施办法》对相关材料有了明确的规范要求。在增梯工作资金方面，"实施办法"对资金分摊、相关补偿方案、出资方等相关事宜提出了补充说明。

2016年底，南京市财政局发布《关于进一步明确既有住宅增设电梯财政补贴相关事项的通知》，进一步对补贴对象、补贴标准、补贴过程提出了明确的规范要求，并对相关部门责任、申请文件等进行了明确。南京市多数居民对相关资金补贴以及出资比例等相关政策规定表示赞同，这也成为南京市既有住宅加建电梯工作较为成功的关键。

目前南京市既有住宅加建电梯的补贴资金由市、区财政各承担50%，其中住宅楼为7层及7层以上将补贴20万/台，6层、5层、4层住宅楼将分别补贴18万/台、16万/台、14万/台。补贴对象包括玄武、秦淮、建邺、鼓楼、栖霞、雨花区2000年以前建成非商品房住宅增设电梯的建设者。对于同一单元各楼层居民，南京市在充分借鉴广州、深圳、厦门等城市相关经验的基础上，结合南京市实际情况，明确了各楼层出资系数计算方法，即：第一、第二层为0，第三层为基准层，其出资系数为1.0，自第四层开始，每增加一个楼层提高0.3个系数，即第四层为1.3、第五层为1.6、第六层为1.9、第七层为2.2。此外，南京市还明确，增设电梯单元的业主可提取夫妻双方住房公积金等用于支付电梯分摊费用。

2.1.1.3 设定申请和施工流程管理

南京市自2016年起，老旧住区居民增设电梯需求与电梯增设数量开始不断上升。在实际实施过程当中，施工管理不完善的问题逐渐暴露，实施管理相关政策文件缺失。2017年4月18日南京市城乡建设委员会办公室发布《市建委关于加强既有住宅增设电梯施工管理的指导意见》，对参与增梯的有关单位应具备资质、施工图文件技术论证方式、申办施工许可证材料、施工质量监察主管部门进行了规范。2017年10月南京市出台《南京市既有住宅增设电梯设计导则》，内容包括总则、建筑、结构、机电等四部分内容，并附条文说明及增设电梯推荐方案图，可供规范和指导技术人员的设计工作，也可供居民进一步了解增梯工作的相关情况。

2017年5月1日南京市发布《南京市既有住宅增设电梯规划许可手续办理规则》，进一步对住宅增设电梯规划许可手续办理的相关流程进行了规范。并首次提出规划部门设立增设电梯专门窗口，负责咨询等技术服务，向建设者免费提供增设电梯需要的地形图资料，并按照绿色通道的要求，简化流程，提高审批效率。其中南京市出台并实施"双三分之二"申请增梯办法，规定既有住宅增设电梯应当经本幢或本单元房屋专有部分占建筑物总面积三分之二以上且占总人数三分之二以上的业主同意。该条规定明确了居民申请增梯的标准底线，减少了因增梯产生的邻里纠纷，使增梯工作更加顺利地开展与推广。

经过近年连续密集的政策出台，南京的实施办法配套以财政补贴和资金分摊、施工管理、规划许可手续、设计引导等具体操作细则，形成了较全面的"1+10"政策体系（图2-1）。

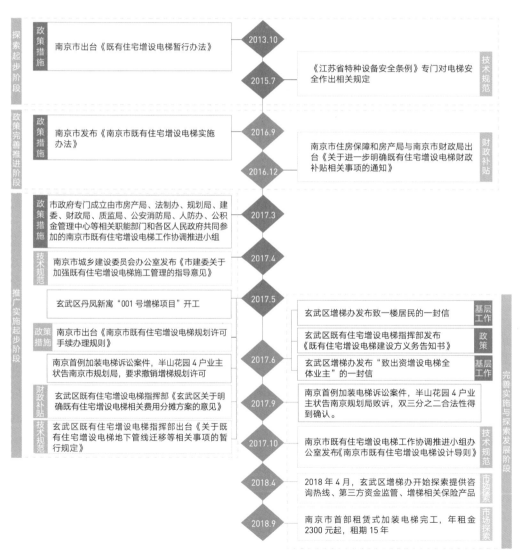

图2-1 南京市既有住宅加装电梯发展时间线示意图

2.1.2 南京市玄武区既有住宅增设电梯的协商机制

自南京市开展既有住宅加建电梯工作以来，在主城六区中，玄武区的增梯数远多于其他五区，增梯完工量超全市半数，增梯成绩尤为突出。截至2017年底该区已取得规划许可证596个，已完成施工许可手续458个，已施工304部，已建成81部。这固然和玄武区住宅增梯需求量有关，但也和玄武区率先增设增梯办、进一步优化相关政策、注重协商调解基层问题是密切相关的。

2017年6月1日，玄武区既有住宅增设电梯指挥部发布《既有住宅增设电梯建设方义务告知书》，并发布居民可理解性更高的"致一楼的一封信"，使居民明确既有住宅增设电梯项目的建设者所需要承担相应法律、法规规定的义务。玄武区增梯办在南京市发布的政策基础上，进一步出台了《关于既有住宅增设电梯地下管线迁移等相关事项的暂行规定》与《玄武区关于明确既有住宅增设电梯相关费用分摊方案的意见》。在玄武区增梯实施过程中将增梯管线迁移与小区整治相结合；在费用分摊方面，玄武区明确既有住宅增设电梯一律不提取房屋公共维修基金，本着"谁建设谁出资、基本费用为主、结合使用频次"的原则，由建设方按比例承担，特殊情况由全体业主协商另议。

2.1.2.1 玄武区既有住宅加装电梯申请流程
玄武区既有住宅加装电梯申请流程见图2-2。

（1）居民协商申请阶段

该阶段居民申请加建电梯需要征求单元全体居民业主的意见，本单元占建筑物总面积2/3且占总户数2/3以上的业主同意即可进入加装流程。业主可以在本幢或本单元中推选1～2名业主为代理人，也可选择原产权单位、物业服务企业或服务机构为代理人。之后业主需与代理

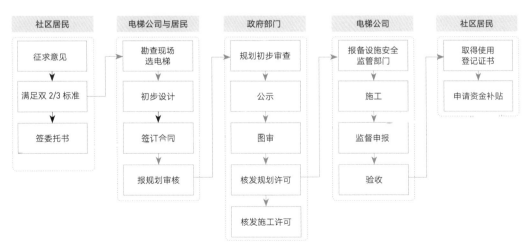

图2-2 南京市玄武区既有住宅加装电梯申请流程图

人签订授权委托书和填写《南京市既有住宅增设电梯规划设计方案申报表》。

在此阶段中，协调上下层居民意见成为该阶段难点，尤其是一层居民的反对经常导致进度缓慢，社区居委会、增梯办等部门的协商沟通工作极为关键。

（2）电梯设计与报审阶段

单元居民请具备资质的设计单位或电梯公司现场勘察，确认该单元环境条件能否加装电梯，如具备加装条件，业主进行电梯比选，确定选用电梯型号。后即可委托社区或电梯公司去南京市城市建设档案馆调取本楼房的建筑图纸，需要调取的主要是平面图：一层、标准层、顶层；截面图；剖面图。如无法调取到图纸则请建设者去原单位、开发商或物业处调取。如上述两种方法都无法找到建筑图纸，则只有请测绘院来现场给楼房测绘，出具平面、立面、剖面图。具备资质的设计单位勘查现场后，根据业主所选的电梯型号出具符合建筑设计、结构安全、电梯救援通道、人防改造、消防安全和特种设备等相关规范、标准的初步设计方案，并取得业主对初步设计方案的认可。受委托的电梯公司带上授权委托书、《南京市既有住宅增设电梯规划设计方案申报表》和电梯设计方案报规划部门，规划部门受理后出具受理通知书。目前委托书、申报表及初步设计方案要求先报区审核。

该阶段各单元因实际情况而涉及问题较为复杂，特别是相关管线的调整、房屋结构的安全保障问题需要增梯办等相关专业部门协助业主监督处理。

（3）审核阶段

规划部门受理后，在10个工作日内提出初步审查意见，出具审查意见通知书。如审查不通过则继续完善方案后再报规划，如通过则允许进入公示环节。公示内容含公示说明、业主同意增设电梯的书面意见和初步设计方案。公示10日后，根据业主异议情况，形成公示报告。公示结束后，业主备齐相关材料再报规划部门，申请发放建设工程规划许可证，此阶段在目标进度中为"已报规划许可"，规划部门受理后，发放受理通知单。规划部门审查业主提交的相关材料，如通过则核发建设工程规划许可证。取得许可后，业主与具备相应资质的施工单位、监理单位签订合同，并由施工、监理单位分别出具施工、监理方案。业主或受委托的电梯公司应向建设部门审图中心提交施工图设计文件，图审通过后，申请办理施工许可证，直至取得施工许可证。

（4）施工阶段

电梯安装施工前，施工单位书面告知区特种设备安全监督管理部门；增设电梯影响消防安全的，建设者应当到公安机关消防机构办理消防设计备案；改造防空地下室的，须到人防部门办理手续。然后单元可以组织工程实施，开始电梯加装，主要分为井道施工工程，电梯加装工程，为期约3个月。电梯安装中，施工单位应向特种设备检验检测机构申报监督检验，未经监督检验合格的，不得交付使用。电梯安装完成投入使用前，建设者应当依法组织竣工验收，并向建设、人防、消防部门申请竣工验收备案。

施工阶段的噪声、环境问题容易导致居民不满且对日常居民生活影响较大。此外工期拖延问题严重影响居民对于增梯工作的满意度。施工质量的监督管理也需要政府方面委派相关施工监理人员协助居民进行相关工作。

（5）投入使用阶段

验收通过后居民向区特种设备安全监督管理部门办理使用登记，取得使用登记证书，之后可申请资金补贴。然而，居民对使用过程中出现的电梯维修保养等费用问题存在一定疑虑。南京市玄武区目前已出台部分针对电梯增设之后运行、维护保养、物业管理等费用分摊方案，建议电费等运行费用由建设方均摊，电梯维护保养费用分基本费用、频次费用两部分进行分摊测算，物业费用将适当增调。

2.1.2.2 玄武区的增梯工作特色和经验

（1）完善工作标准体系及办理流程

电梯加装是一项探索性的工作。玄武区在实践中发现，增设电梯流程极其复杂，有业主意见收集、规划方案初步设计审查、方案初审、公示、施工及监理合同签订、核发规划许可证、专家图审、工程施工等近10个环节，每个环节都需要有科学的标准和严格的规范。玄武区通过摸索钻研，不仅找到了具体可行的办法，还在总结实践经验的基础上，陆续制定了《关于明确既有住宅增设电梯相关费用分摊方案的意见》《关于对既有住宅增设电梯工作中牵头单位的管理意见》等15项配套文件，以及《既有住宅增设电梯设计导则》《玄武老张的电梯加装日记—— 一册读懂增设电梯全流程》，从技术、报审、设计等多个环节，制定政策和标准，为增梯提供了有力支撑。

（2）增梯办介入，提高增梯相关工作支持

2017年4月，玄武区在南京率先成立既有住宅增设电梯专项指挥部，下设综合保障组及规划、建设、安装各专业组，由区政府主要负责人任总指挥，抽调全区业务骨干10余名，全脱产参与增梯工作，各街道办事处相应成立街道增梯办。指挥部起草了《致出资增设电梯全体业主的一封信》，张贴在小区内、楼道里，一方面明确业主的主体责任，一方面政府全力做好服务、保障和推动工作。增梯办的介入也简化了居民各类手续办理复杂的困扰。玄武区还首创了"专办员"制度，让专业的人做专业的事，给居民提供全程代办的"保姆式"服务。每个街道安排2~3名电梯专办员，经过培训，掌握系统专业知识，为群众办理增梯审批手续一条龙服务。

（3）深入社区现场论证，加强居民对增梯过程的了解

既有住宅加装电梯对于大多数居民来说是新事物，许多业主正是因为对加装电梯有许多疑虑与担心从而放弃了加装电梯。玄武区邀请专家答疑解惑，整理出业主17个最担心问题的答复、15个热点法律问题的解答。针对居民最关心的安全问题，邀请建筑设计和房屋安全权威专家，召开增梯安全影响评估论证会，对增设电梯的设计方案集中论证，邀请设计专家和品牌电梯厂家对采光、噪声问题进行解答，关于房屋价值上的变动，也专门委托南京权威房屋中介机构调查评估。通过深入社区宣传的方式，加强了居民对增梯工作全过程的了解，减少了疑虑。

（4）积极开展群众协商工作，促成居民达成共识

增梯工作成功与否的关键之一是同一单元居民能否达成各方面的意见统一，其中包括了出资、补偿等方面的协商。而许多单元增梯失败的原因正是同一单元邻里难以达成意见共识。玄武区为解决该类问题召开居民议事会，把相关政策、文件和办法面对面传达给业主，促进居民统一意见。由于白天居民大多要上班，议事会通常在晚上或周末召开。协调人员考虑到想装电梯的居民是大多数，在理性上偏向楼上业主；而楼下业主受到影响理应得到补偿，则在感情上偏向楼下业主，将心比心引导居民，从而找到群众工作的平衡点。

（5）加强施工过程监管

由于增梯施工过程专业性较强，居民自身难以进行有效的监督，且相关问题反映渠道较少。玄武区要求每个申请加装的单元确认一名业主代表作为代理人，再由其牵头与其他业主协商沟通，增强居民之间的信息互通。同时组织区、街安监站、城管员、协管员、保洁员、小区保安等各方力量监管施工，并聘请电梯施工管理公司，每天巡查施工现场。并借助增梯工程，同步进行老旧小区整治、雨污分流等工程，促进居民整体满意度的提高。

2.1.2.3 玄武区的增梯工作成效和问题

（1）工作成效

玄武区位于南京城区东北部，辖区共7个街道，58个社区。玄武区现状以老旧住区居多，2000年前建成的旧住区占比接近六成，总体上住房以房改商品房为主。此外玄武区内除一个社区外，所有社区均为老龄化社区，其中71%为严重老龄化社区。

从玄武区各街道增梯总数来看，相对较为均衡，分布情况如图2-3~图2-5所示。其中，孝陵

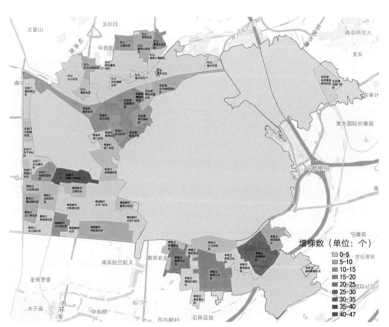

图2-3 南京市玄武区既有住宅加装电梯现状布点数量示意图

图2-4 南京市玄武区既有住宅加装电梯现状布点位置示意图

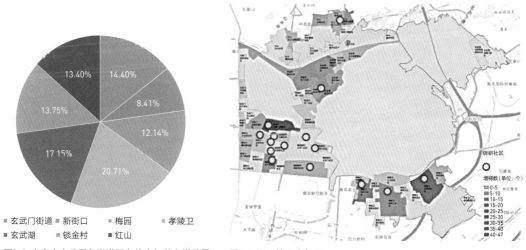

图2-5 南京市玄武区各街道既有住宅加装电梯数量
分布占比

图2-6 调研社区分布图

卫街道增梯数量最多，这是由于该街道集中分布有农科院、南京理工大学、南京农业大学等高校和科研院所的房改房住区，需求量大、而原单位也在其中起到一定的协调作用，故增梯成功率高。

而增梯数较少的住区则存在以下一个或几个特征：住区以地产开发商品房或经济适用房为主，房改房占比较低，因而增梯需求相对较低；存在棚户类住房质量太差或者住宅间距过密等不适宜增梯的条件；低收入户数量相对较多，支付增梯费用的能力较低。

（2）居民反馈

2019年我们针对玄武区增梯成功的楼栋居民进行了调研。截至2019年1月3日，玄武区增梯成功350部，问卷调研共回收问卷116份，有效问卷101份，按增梯惠及户数抽样比例达到2.8%（图2-6）。

调研对象中，有60%的居民与老人同住，40%的居民不与老人同住；玄武区的调研居民中高级知识分子较多，大学或专科学历居民占48%，大学以上学历居民占37%，高中学历居民占12%，初中及以下学历居民占3%；调研居民分布楼层也基本均衡。

1）整体评价

调研结果说明，居民对于增设电梯总体评价优良。对于是否赞同增设电梯：65%居民非常赞同，26%比较赞同，两者达到91%；只有1%非常不赞同，5%比较不赞同。在同意者中，同意的原因有：73%出于迫切希望改善出行，26%少数服从多数，出于物业升值考虑的只有1%。在增设电梯工作整体满意度方面，13%很满意，50%比较满意，两者达到63%；认为一般的占22%，只有4%很不满意、11%不太满意（图2-7）。

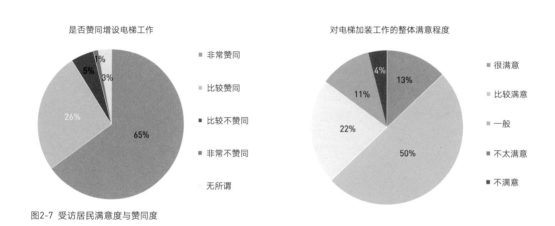

图2-7 受访居民满意度与赞同度

但这些数据也反映出，相较于赞同者比例，满意者比例较低。不同意、不满意者多来自一层、二层住户。

2）收益认知

问卷主要从三个方面了解居民自我收益判断：出行便捷度提升，房屋价值提升，邻里关系促进。可以看到，88%的居民认为出行便捷度提升了，而房屋价值认知方面则差异较大，主要体现在高低层居民认知的差异，而20%居民并没有去了解这方面的信息。在邻里关系方面，调研结果则出乎我们预设，因为增设电梯是必须进行邻里协商的，原本预设会大幅度促进邻里关系，然而结果却是：74%的居民认为并没有什么促进，6%的居民甚至认为有所恶化，而只有20%的居民认为促进了邻里关系。认为邻里关系有所恶化的居民，并不都是一层、二层住户，反而以比较了解情况的楼栋增梯代理人为主，说明确实存在即便增梯成功但是邻里关系反而恶化的情况（图2-8）。

3）关于资金和补贴

大部分居民赞同现有政策。调研楼栋位于房改房比例达81%，房改房在住房商品化之

图2-8 受访居民收益认知分析

前都是由单位管理的，老居民很多都是同一单位，因此设置了一个问题测度单位在其中的作用。发现30%居民反映增梯或多或少得到原单位的支持，主要是在协调动员方面的支持，其中仅有2%有单位资金支持；然而，30%相对于81%来说还是比较低的数字，说明超过半数的原单位没有起到作用。

对于能否接受亟需增梯居民垫资增梯，多数居民表示无所谓。增梯工作在实际协商开展过程中是以单元为单位进行的，对于同一单元部分居民由于某些原因在未得到三分之二居民同意的情况下先行垫资加装电梯，大部分居民表示无所谓。"非常欢迎"与"比较欢迎"的居民分别占28%和10%，56%的居民表示"无所谓"，"比较不欢迎"与"非常不欢迎"的居民分别占6%与10%。这一结果也表现出大部分小区的邻里关系有待加强与提升。

而对于能否接受租赁电梯，大部分居民表示支持并考虑接受这种增梯方式。2018年南京市开始推广租赁式电梯。租赁式电梯不需要居民一次性付清电梯全款，只要按年或者按月付费即可，租赁期间电梯的大修、维保都由厂家负责。问卷调研结果中，有45%的居民表示会考虑租赁式电梯且非常支持，21%的居民表示不考虑（图2-9）。

图2-9 受访居民对于资金补贴等政策认知分析

4）关于启动和关键主体

项目启动主体，主要还是居民对增设电梯的需求促使了项目的启动（44%由住户启动），而街道社区出于民生政绩追求而启动的也占25%。

项目得以成功实施的关键主体，占比位居前三的主体分别是居民、社区居委会、楼长。该结果说明，在增梯的邻里协调、施工监督等实际操作中，居民、楼长与社区居委会更多的直接参与其中。每一部电梯的建设方是同一单元的居民，这就需要在增梯工作的各个实际环节以单元为单位形成统一意见。因此，同一单元居民实际上是以合作的方式深度参与到增梯过程中。而社区居委会起到了直接的协调、组织的作用（图2-10）。

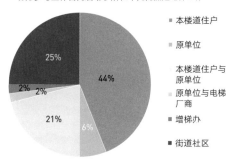

哪方参与主体首先启动了所在单元的加建电梯工作

- 本楼道住户 44%
- 原单位 6%
- 本楼道住户与原单位 21%
- 原单位与电梯厂商 2%
- 增梯办 2%
- 街道社区 25%

居民认为加建电梯工作中最关键部门的勾选数（单位：个）

部门	数值
施工方	2
规划局	1
原单位	22
社会组织	0
居民自组织	20
楼长	44
居民	68
社区居委会	55
街道	19
区增梯办	7

图2-10 受访居民对于增梯主体作用的评价

5）增梯工作中的困扰

调研中对于增梯工作的困扰方面，选择"施工质量难以保证"占25%，选择"后期维护缺乏组织"占24%，选择"不了解施工工程等专业知识"占14%，选择"程序办理复杂"占12%，另外"费用分摊"和"政策繁多较难理解"各占9%（图2-11）。

（3）存在问题

1）住户之间不同意见仍然难以协调

- 程序办理复杂 12%
- 相关政策繁多且可理解度低 9%
- 不了解施工工程等专业知识 14%
- 施工质量难以保证 25%
- 后期维护缺乏组织 24%
- 资金补贴及维护费用的分摊 9%
- 邻里之间意见难以协调 5%
- 其他 2%

图2-11 受访居民认为增梯工作中最大的困扰

对增梯项目各主体间关系分析可知，由决策层主体到社区层主体间的自上而下的相互联系较为顺畅，政府与相关公共部门出台实施各类政策，探索出更加市场化的增梯保障措施，并较为顺畅地作用到社区层各主体，对增梯工作有促进作用。但由居民主体到社区层主体间自下而上的相互联系中存在诸多障碍（图2-12）。

同单元上下楼层居民之间不同意见的相互协调成为增梯成功与否的关键。许多居民认为政府应在现有政策、规范的基础上，研究出台更加细致的有助于协调的制度和流程，以提高增梯协调工作的正当性，促进邻里意见充分表达，达成正式协议，经由规范的协调程序降低目前非正式沟通的难度。

南京市半山花园曾因一层业主反对加装电梯而状告南京市规划局，向法院提出要求撤销对单元增设电梯许可证的诉讼请求。后因该项目符合"双三分之二"法定许可条件而被判败诉。业主由于各种原因反对加建电梯的情况还有许多，尽管有"三分之二"政策，但基本上只要有一户不同意，就造成增梯失败。经调研发现，南京市已加装电梯的单元中也存在部分居民一直不同意、不出资，而电梯仍建设成功的情况，这些不出资居民将没有正式使用电梯的权利（无卡）。

虽然南京市出台了明确的资金补贴政策与出资比例计算方法，在实践中取得了较好效

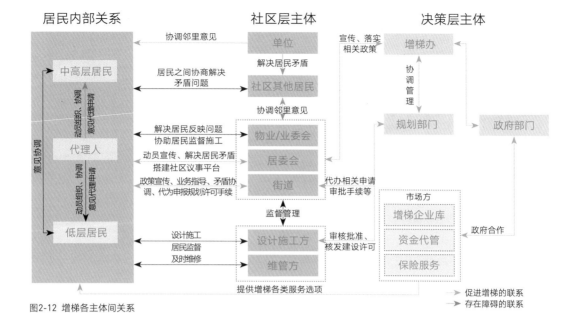

图2-12 增梯各主体间关系

果，但居民协商出资对很多拟增梯的单元来说仍然是难以协调的问题。现实中就出现一些增梯单元的低层居民向上层居民索要额外补偿，增加了出资居民的实际支出。而如果这种情况普遍发生，就会导致很多增梯单元低层住户以此类案例为"依据"也索要额外补偿，大大增加增梯难度。调研发现，已加装电梯单元中也存在一些上层用户不同意加装电梯而其他居民分摊费用的现象，一些居民表示其实际增梯费用甚至接近15万，远远超过正常情况下应支付费用。由于出资居民的减少，许多居民对后续电梯维修保养费用的分摊也表示担忧。

居民问卷调研也显示，项目成功依赖于楼栋居民的协商，但是基于项目的短期协商并没有很好促进邻里关系的真正营建。而这实际上也带来对于施工监督管理缺乏居民参与的问题，在后续长效维护和管理中居民不能合力共同担责的话，也会产生难以预料的问题。

2）施工过程相关问题较多，缺乏对细节的关注

调研发现大部分增梯项目存在工期拖延的问题，而多数居民往往无力应对该问题，只好容忍。在实际增梯过程中，每个增梯单元的房屋结构平面布置等情况都有差异，这些差异是细节性的，因此出现的问题往往也是细节性的。譬如单元入口的处理，电梯首层入口往往正对单元入口，入口区域的高差如何处理、如何设置坡道台阶，实际上关系到入口空间环境的营造，对于住宅来说是比较重要的问题。特别是，对于一楼住户的视线干扰、噪声干扰也应有应对处理的方法，这些都应在方案中予以体现。此外，电梯井与建筑楼体的连接问题、电梯配电设施占据楼道空间问题等也应予以关注；由于增梯导致的各类管线的改造、地面排水等细节，也因各增梯单元实际情况的不同而面临不同的问题。如果这些没有处理好，就会发生"好事"带来了"坏事"的遗憾（图2-13）。

目前施工团队重点关注电梯建造，对于电梯和居住建筑的空间关系和细节处理往往不

| 邻里矛盾，低层住户破坏电梯
正常使用 | 梯井与楼道之间的过道空间
存在隐私问题 | 单元出入口与电梯出入口之间
空间改造多存在问题 | 单元出入口施工不专业造成
高差问题 |

图2-13 增梯施工中普遍存在的问题

够重视。玄武区为应对该类问题，对每个增梯小区都安排了施工监理，但许多居民反映施工监理负责范围太大，一个施工监理往往同时负责几个小区几十部电梯施工，对细节关照不够。由于居民自身对于电梯施工方面的专业性知识并不了解，居民自身也难以在施工过程中实施有效的监督。

3）施工质量、电梯安全与后续维护是居民最疑虑的问题

调研发现居民在电梯使用过程中最关心的是电梯安全方面问题，导致这类疑虑的主要原因是居民对增梯全过程的技术文件理解程度较低。而相关文件缺乏电梯加装完成后房屋整体抗震性能的检测论证、涉及管线处理后的安全测试论证，也造成了居民的疑虑与担忧。调研发现，一些居民甚至因增梯后担忧房屋结构安全而出售房屋、更换居住小区。而未加装电梯单元的居民，不赞同加装电梯的原因也有相当一部分是出于对安全问题的担忧。后期维护方面，居民集中反映了电梯出现问题维修维护不及时的问题。

南京尽管也出台了对于增设电梯后续维护费用分摊的文件，但是居民出于缺乏对未来物业管理的信心，自己又缺乏组织化参与管理的能力，产生较强的疑虑心理。

2.1.3 小结

南京市的增梯工作无疑是成功典范。总结其经验，首先应归功于政府基于民生提升的有效支持和相应的政策推进，近年密集连续出台各类与增梯相关的规范标准、资金补贴、流程管理等政策，并在实践中不断完善，如简化相关手续等。其次，区政府非常重视对居民的支持和协商沟通机制建设。玄武区设立专门机构——增梯办，指导支持居民应对和解决在增梯环节中的各种问题，承担因增设电梯引起的管线迁移的协调，提供组织地质勘查、增梯结构性改造等技术支撑；街道和社区则深入基层，甚至帮助代办某些事项，对居民的矛盾尽心尽力予以协调。第三，先行增梯的成功案例具有示范带动作用，居民之间自发的议事和协商活动也得到促进，业主代理人在居民和其他主体之间架起桥梁，更有效推进了增梯工作进程。

特别令人惊喜的是，南京的增梯实践还出现了创新合作机制的动向——市场力和社区力的结合。针对有增梯需求且满足加建电梯条件，但无法一次性支付全部费用的居民，市场推出了租赁式电梯，拉长了付费时间，使原先的不可能变为可能。根据建造成本核算，每户的年租金从2000多元至4000多元不等，在签订租赁使用合同后的一周，居民们以"押一年付一年"的方式向厂家支付部分租金，之后每年缴一次租金，租赁年限为15年。在此期间，电梯的大修、维保都由电梯厂家负责。2018年9月，南京首部租赁式加装电梯完工，该部租赁式电梯位于玄武区樱铁村社区。同时，南京市积极推动电梯责任保险工作，出台《关于推行电梯安全责任保险的实施意见》，充分发挥保险机构的社会服务作用，提升电梯安全监管水平。

而栖霞区针对2000年后建设的不符合南京市补贴政策范围的保障房小区，专门制定了《保障房增设电梯资金补贴管理办法》，虽然由区、街道提供了部分补贴，但是保障房低收入居民自筹资金仍旧困难。故此栖霞区拟采取街道与电梯企业合作方式推行"租赁式电梯"，使用电梯时像乘公交车一样刷卡付费，以此来解决部分居民出资难的问题。

尽管取得了众多成绩，南京既有住宅增梯工作中仍有不少困难，居民反馈的一些意见需要引起高度重视。相关机制还应不断优化完善。政府支持方面，针对居民对于增梯过程中的细节处理的不满以及关于安全问题的担忧，应进一步细化相关政策。特别是增梯涉及的技术性问题，应有规范性文件要求，这样才能打消居民顾虑。

未来应结合增梯加强空间环境提升的整体设计，提升增梯设计与施工的精细化程度，对社区空间环境进行整体设计提升，切实提升城市居住环境、提高居民的生活质量。针对增梯单元的一层出入口空间设计和施工问题，可通过出入口空间改造优化，进一步提升楼栋周围空间环境。对于增梯单元楼梯间、候梯厅等设计施工进一步优化。

而与政府支持同等重要，在目前也更为迫切的是，应推动居民自主参与增梯全过程。增梯为居民带来实实在在的便捷，居民理应成为最重要的主体。目前的某些问题，仅靠政府支持是无法解决的；如果今后缺乏居民深度参与、自主协商，未来仍旧难以解决。然而，考虑到居民极度缺乏社区参与的经验，应循序渐进，逐渐提升居民自主参与能力。近期可制定规范的议事流程，一旦有增梯动议，就应将每个阶段的议事主题、时段和决策事项予以提前公布；同时，由于单元增梯代理人作用很关键，增梯办、居委会应有力支持代理人，对其进行综合培训，通过代理人更好地促进居民之间以及居民和其他主体之间的协商沟通。长远来看，应通过增梯工作促进居民深入参与社区空间环境提升，如共同讨论入口空间环境整体营建、监督电梯施工全过程以及施工完成后续运营管理等。由此培育出的居民自治能力，将会对社区治理和可持续发展起到重要作用。

为打消居民长远疑虑，应重视增梯运维全过程管理计划，包括协商申请、施工、运营、维修保养等全过程工作，涉及居民自主管理的优化与常规管理的细化。优化自主管理方面，居民需前置自主管理计划，制定电梯运营公约，逐步提升居民自组织以及自我应对社区相关事务的能力。要求居民提交增梯方案许可时须同时拟定居民后续自主管理计划，提前明确电梯运行、维修、保养设计费用的分摊方式；设置初始资金，约定资金下限，低于下限分摊缴纳，保障电梯运营；提出监督和参与的要求以及对政府提供支持的要求。细化常规管理方面，决策层主体应进一步完善市、区、街道三级监督管理工作网络，并延伸到社区，设立各级推进小组专人专岗，协助居民实施工程监理；针对增梯各阶段具体工作实施部门分工，明确各公共部门管理责任；进一步强化增梯工作中的行政处罚与投诉处理。社区层主体应进一步搭建社区议事平台，建立居民协调机制，提升社区自治能力；制定社区层级施工管理与后续运营监督机制；加快电梯信息化平台建设，推动二维码铭牌覆盖，全面使用手机APP综合监管系统。

2.2
走向常态更新的老旧小区整治

2.2.1 概述

▶　　在各地的"十三五"住房发展规划中，老旧小区更新改善、住宅环境与质量提升等专项都不约而同成为重要的内容。而在《中国城市更新发展报告（2017～2018）》评出的我国该年度更新十大事件中，第一件和第四件都是老旧小区整治改造的专项事件。这种现象既是对国家相关政策要求的响应，又是对老旧小区综合整治价值的再发现。

从社会效益来看，实施和加强老旧住宅小区的综合整治是一项顺民心、得民意的工程，在节约资源消耗、建设和谐社会等多个方面潜力巨大。现象上对于提升区域内建设档次与水平，改善区域环境和形象，展示城市良好风貌具有十分重要的意义；本质上带动了区域价值提高，增加了社会财富存量，彰显了国家治理能力。

从经济效益来看，在经济稳中有进，但下行压力大、消费市场疲软、投资增幅下滑、产能过剩等问题的经济新常态中，老旧小区更新是以房地产存量快速刺激中国经济增长，缓解经济下行压力的良好方式。巨大面积的老旧小区改造，不仅能刺激诸多行业的增长、形成刺激经济增长的产业链、增加就业，而且在一定程度上能够解决传统产业的产能过剩，给中国经济转型、经济结构调整和企业自主创新留出时间和空间。据相关学者研究认为，每年可以拉动GDP多增长2.5个百分点的老旧小区改造，无疑将成为潜在的经济增长点。

当前南京市政府主导开展老旧住宅小区整治，主要界定为房改停止福利分房之前的、没有建立维修资金的、功能不完善且环境脏乱差的老旧小区。这类小区一般在2000年之前建成竣工并投入使用，普遍具备如下特征：房屋本体破损比较严重；公共配套等硬件设施先天不足；整治改造资金缺乏；居民整治需求迫切。而2000年之后建成使用的小区，基本上都是按照相应标准设计建设的功能齐全、设施配套、环境优美的住宅小区，这类小区不宜整体列入政府主导整治出新范围，而宜提倡探索业主承担产权人职责，自行按照政府标准进行整治出新的新路径。

从20世纪90年代末到目前为止的20年老旧小区的综合整治实践中，从发展的线索来看，我们认为可以大致分为缘起初始阶段、完善提升阶段、常态化更新阶段三个过程。

2.2.2 老旧小区整治的发展过程

2.2.2.1 南京老旧小区整治的缘起

南京首次老旧住宅的整治实践发生在20世纪90年代末迎"第六届世界华商大会"的环境整治工作中。当时政府为了办好南京首次承接的大型国际会议，投入超90亿元的资金新建全市10个大型基础设施和8项环境整治工程。因为一定数量的老旧住宅位于形象"装扮"和市容市貌"雕琢"的节点或沿线，进行了以美化为目的的建筑出新。由于出发点和资金的限制，有的住宅仅仅出新了沿街立面和两侧的立面。

2001年11月，南京市委、市政府作出了利用4年时间（2002～2005年），围绕"一环""二区""三轴""四线""五街""六片"进行老城环境综合整治的重大决策。此次整治以2005年在南京召开的第十届全运会为契机，以"显山、露水、见城、滨江"为目标，提升城市功能和品质，展示古都特色（图2-14）。显然，老城环境综合整治的内容突破了"形象工程"或"面子工程"的局限，更加关注城市环境的优化与发展、城市的保护与更新的关系。因此，对于旧住宅的整治由散点式的出新转变为重要区域成片

图2-14 老城环境整治项目分布图

小区的立面整治。2002年底，老城环境整治就完成了多层住宅立面出新283幢，出新小区33个，合计202万平方米。2005年是收官和整合提升之年，房屋出新成为改善市容和提升城市形象的重点，当年8月底之前完成了800幢房屋整治，合计建筑面积240万平方米，投入资金约2.4亿元。老旧住宅整治的区域主要限定为16个"十运会"主要场馆和参会人员居住的55个宾馆周边，以及11条参会人员交通主干道两侧，而且对于宾馆周边的住宅，着重强调了屋顶"平改坡"的第五立面。

2.2.2.2 老旧小区综合整治的完善提升

2006年，南京市房产局经过大量调研和分析制定了《2006年南京市旧住宅小区出新实施意见》。文件从和谐社会、环境宜居、改善居住生活条件的角度出发，系统地规定了小区出新的任务、原则、内容、资金标准、相关机制等若干要求。该文件的制定无疑正式标志着南京老旧小区出新工作的体系化、制度化。在目标任务中，该意见明确了用3—5年时间完成220个，约1200万平方米的全市主城区的老旧小区出新工作。在出新内容方面，对优秀小区提出了五大类18项内容要求，对标准小区提出了四大类16项要求。相应出新资金的标准为优秀小区50～60元/平方米，标准小区30～40元/平方米。随后，在同年成立的南京市小区出新办公室出台了一系列诸如老旧小区规划指导意见、安全管理规定、招投标管理规定、工程质量管理规定、出新验收标准等操作层面的文件，用来保障老旧小区出新的持续进行（图2-15）。

为了进一步加大旧住宅区的改造力度，市房产管理局在2008年出台的《南京市旧住宅

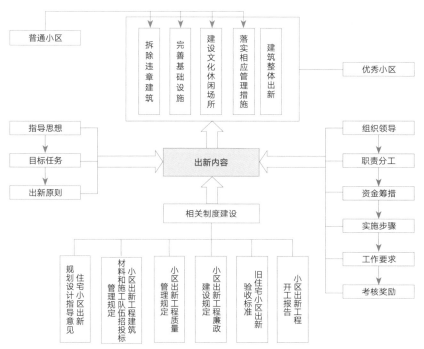

图2-15 2006年南京市旧住宅小区出新工作框架图

区综合整治实施意见》中提出用3—5年时间对全市约300个、1800万平方米的旧住宅区实施全面整治。此轮整治不仅强调了小区出新与拆违的密切结合，长效管理的认真落实，更为深入人心和惠民的是将小区整治与市政管网、天然气、门窗节能、直供水改造等工作协同推进，取得整体效果。随后，在《2011年小区出新工程内容及标准》中，按出新的内容要求不同，将小区出新分为普通小区和示范小区，普通小区和示范小区的出新标准大幅度上升到160元/平方米和280元/平方米。

2012年的老旧住宅区综合整治以2014年"青奥会"的召开为契机，年度内共安排出新小区40个，房屋共计500余幢，建筑面积推算为230万平方米。出新小区重点分布于青奥场馆、主要景观道路周边。其标准维持在普通小区140元/平方米，特色小区240元/平方米。在迎"亚青会"和"青奥会"的压力和要求之下，2013年的小区出新工作提出加强城市设计、组团整体式改造，共出新小区70个，约850幢，建筑面积推算为290万平方米。值得一提的是对于老旧小区的年限从以往的1995年前建成推后至1998年前建成。

2.2.2.3 老旧小区综合整治的常态化

2013年10月，出于对既往老旧小区综合整治工作界定、厘清、统一相关概念的需要，以及规范和制度化相关工作的需要，南京市住建委相关部门邀请各方面专家通过调研、讨论、研究以及相关评审，于2014年编制完成《江苏省老旧小区整治技术指南》课题研究报告。

报告通过国内广泛的实地调研和国家相关政策的解读，首先界定了老旧小区的定义，这个界定本身是动态的，随着城市更新的内容和深度变化而调整。其次，考虑到老旧小区整治的紧迫性、复杂性以及政府投入的限制等多种因素，切合实际地将"宜居"作为老旧小区整治的总目标。第三，为了保证整治目标的落实，确立了系统全面的整治原则。第四，将小区整治内容及标准划分为三个层次十八项内容。在以后的整治实践中，可以根据实际情况有选择地加以实施。第五，规范了整治资金的来源，主要由市区两级政府按照一定比例分摊，老旧小区有单一产权单位的，也相应承担部分比例。第六，主要反映在组织管理方面：构建了市、区两级政府管理机制，按照"条块结合、以块为主"的原则进行职能分工。（图2-16）。

为了应对"十三五"所面临的新变化和要求，南京市2016年的老旧小区整治要求与棚户区改造在同一个文件颁布。计划中明确2016～2020年期间完成全市六区936个小区，合计约1685万平方米的老旧小区整治，并具体落实了2016～2018三年的年度计划。计划中将资金标准控制在上限为300元/平方米，为历年最高值。更为重要的是明确了江宁、浦口、溧水、高淳等新区的30个小区，约177.61万平方米的住宅列入整治计划，并参照江南六区的要求及标准执行。由此，正式将老旧小区整治范围扩大到南京市域的范围。到了2017年，为了进一步做好先期示范工作，全面提升老旧小区的整治品质，政府提出了精品小区

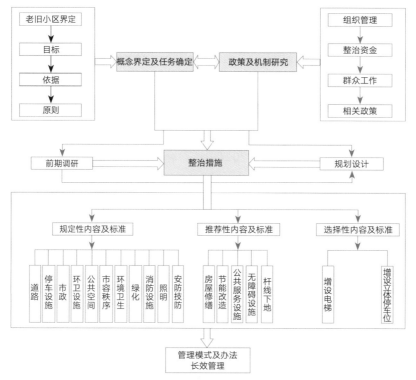

图2-16 老旧小区综合整治研究核心内容框架图

的整治概念，并将资金标准提高至450元/平方米。

2017年为了落实南京城市精细化建设管理要求，南京市住房保障和房产局先后印制了《2017年南京市老旧小区整治精细化管理方案及项目鱼刺图》白皮书、《老旧小区整治工作手册》。而到2018年初，出台了《南京市老旧小区整治工程施工技术导则》。至此，老旧小区整治工作在整治的内容、规划设计要求、工作及实施流程、施工技术要求等全过程都形成了有章可循的规范。

2.2.3 常态下的老旧小区整治

经过几十年的探索与总结，到2014年初，老旧小区整治的主管部门统一规范了老旧小区的整治目标与原则、组织管理机制、规划设计要求、具体整治内容等关键事项，成为老旧小区整治常态化的标志。

2.2.3.1 整治目标与原则
（1）整治目标

通过对全市城市老旧小区开展综合整治，完善功能配套，改善小区环境，建立长效管理，实现老旧小区的宜居目标。具体要求如下：

1）完善功能，提升品质

着重解决房屋的屋面漏雨，外墙渗漏问题。实现老旧小区道路、燃气、直供水、环卫、照明、停车、消防、安保等基础设施基本配套，小区各种管线序化，满足居民的基本生活功能，居民居住品质有明显改善。

2）改善环境，规范秩序

老旧小区脏乱差等群众反映强烈的突出问题整治取得显著成效，小区环境卫生和面貌有明显改观，违章搭建现象基本消除，占道经营、车辆停放和户外广告管理有序规范。

3）节能环保，绿色低碳

根据不同情况，对具备条件的老旧小区房屋外墙、外门窗、屋面、内楼道等实施节能改造，增加小区绿化，采用环保再生材料，节约能源，降低能耗。

4）健全机制，巩固成果

在完善老旧小区硬件配套设施的基础上，建立长效管理机制。整治后的老旧小区全面落实管理单位和管理措施，逐步达到物业管理全覆盖，实现"六有"：有物管用房、有公共保洁、有秩序维护、有停车管理、有设施维保、有绿化养护。

（2）整治原则

1）政府主导，社会参与

坚持政府统一领导，注重上下联动与条块结合，强化部门协作配合，形成工作合力。广泛开展宣传发动，引导社会公众参与。征求居民意见，汲取民智，广纳民意，保障居民的"知情权、参与权、选择权、监督权"，努力营造"过程居民参与、成果居民享受、管理共同维护"的整治格局。

2）以人为本，改善民生

将老旧小区整治作为保障和改善民生的重要内容，集中力量解决社会关注、群众反映强烈的突出问题。提高整治工作的精细化程度，精心组织、有序实施，切实做到整治体现民意、服务民生。

3）健全机制，明确责任

在老旧小区整治中，应建立健全工作机制，强化组织领导，明确各级工作责任，签订目标责任书，加强督查考核，确保组织到位，责任到位，工作到位。

4）规划引领，优化布局

规划引领，优化布局，区分不同类型的老旧小区，科学制定规划和计划，确定整治重点和措施。充分结合区域特点和设施现状，注重小区历史文化和地方传统特色的保护，有针对性地开展整治，彰显特色，突出亮点，确保整治成效。

5）科学整治，规范推进

坚持规范化、精细化建设，做到项目统筹、管理统筹、实施统筹，杜绝重复施工和建设浪费。严格执行规范标准，坚持从实际出发，量力而行，合理配置人力、财力和物力。加强典型示范引导，先易后难、远近结合，分步实施、扎实推进。

6）建管并举，注重长效

坚持整治、建设与管理并举，以整治促建设、以建设促管理、以管理促规范。建立完善长效管理机制，制定长效管理方案，落实长效管理责任，巩固整治成果。

2.2.3.2 组织管理

（1）构建市区两级政府管理机制

组织管理是确保老旧小区整治顺利实施的重要保证，一般来说，老旧小区整治应建立两级组织，三级保障，具体为：市、区两级政府共同承担组织管理工作，按照"条块结合、以块为主"的原则进行职能分工。市级主要应承担任务部署、指导培训、督促考核等宏观工作，区级主要负责具体组织实施、项目统筹、矛盾协调等工作。街道（镇）作为辖区最直接面对社区的政府，应按照属地管理职能，做好具体组织管理工作。在具体实施中，应建立健全例会、检查、通报、考核等各项工作制度，明确各级、各部门、各项目工作职责，做到分工具体、职责明确，并建立工作网络。

（2）实行市场化运作机制

在规划设计、项目施工、工程监理等环节，应完全按照市场化机制——公开招投标进行。在老旧小区整治管理中，应加强对设计单位、施工单位、监理单位的管理，采取公开招标方式选择承建单位。通过实行市场化运作机制，确保老旧小区整治工作公平、公正、公开和透明，让群众满意。

2.2.3.3 规划设计

在老旧小区整治中，规划设计尤为重要，通过现状调研可以将老旧小区存在问题、现状条件、功能情况进行充分分析，在规划设计方案中体现出来。规划设计的科学与否，能够避免重复施工，有效节约工程成本。因此，做好规划方案编制工作是做好老旧小区整治的前提。在开展老旧小区整治规划设计中，应着重把握好以下四个环节：

（1）现场摸底

在老旧小区整治规划设计工作开展前，设计单位应充分进行现场调查，详细掌握小区现状和原貌，了解小区房屋渗漏、道路破损、绿化缺失、设施陈旧等基本情况，并登记造册，作为小区规划设计的基础材料。

（2）征询意见

老旧小区整治成果由群众享受，群众对规划设计最有发言权。因此，规划设计方案应充分体现民意，设计方案编制完成后，应采取咨询会、座谈会等多种方式充分征求群众意见，得到群众的支持和理解，在征求群众意见的基础上，不断完善设计方案，做到设计方案科学合理，解决存在问题，满足群众基本需求（图2-17、图2-18）。

（3）方案公示

老旧小区整治规划设计方案修改完善后，应在小区醒目位置进行公示，全过程接受群

图2-17 燕华花园整治出新座谈会

图2-18 金陵村小区居民听证会

图2-19 燕华花园出新方案公示

图2-20 白下区小区出新现场咨询会

图2-21 状元里房屋立面效果图（资料来源：南京市住房和城乡建设委员会.《江苏省老旧住宅小区综合整治技术指南》课题研究报告，2014）

图2-22 厚载巷38号小区效果图（资料来源：南京市住房和城乡建设委员会.《江苏省老旧住宅小区综合整治技术指南》课题研究报告，2014）

众监督（图2-19、图2-20）。一般公示内容为：设计平面布置图、房屋外观色彩，围墙、大门、景观等式样，并统一规格尺寸（图2-21、图2-22）。

（4）过程变更

由于老旧小区整治拆违、群众矛盾等可变因素较多，在老旧小区整治实施过程中，如确需对原设计图纸内容进行变更的，应及时征求群众意见，告知相关变更项目、变更内容以及变更的原因，让群众及时了解规划设计变更情况，争取群众支持和认可，减少因变更而产生的群众矛盾。

（5）规划设计案例——虎踞北路120—122号小区出新（图2-23、图2-24）

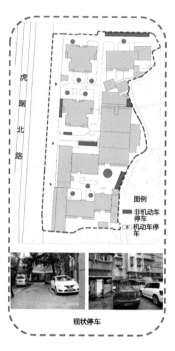

图2-23 现状分析图

图2-24 出新方案图

2.2.3.4 整治内容

为了确保老旧小区整治取得实效，便于因地制宜制定老旧小区整治方案，优化整治效果（图2-25、图2-26），我们将老旧小区整治内容分为以下几个内容：

图2-25 燕华花园出新新貌

图2-26 华电一村出新新貌

（1）改善居住公共环境

1）公共空间

老旧小区中普遍存在公共空间的格局或设施被破坏，绿地、广场被其他设施占用，小区或组团内部景观无特色，居民的公共活动需求得不到满足的现象。老旧小区中公共楼道普遍存在照明缺失、杂物乱堆乱放影响通行、妨碍安全整洁、墙面脏乱起皮的现象。

①室外公共空间的改造措施

小区内主要的公共空间宜设置游步道及园林建筑，园林小品如亭、廊、花架等设施；一般景观区域宜增建花坛、树池、小品、健身等设施；修剪原有绿化，补充、更新花木品种。有条件的小区可在改造中充分彰显小区特色、历史内涵以增加居民的认同感。

老旧小区大门宜进行修缮、改造或新建，并增设门房，满足通行、美观标识和管理要求。新建或复建围墙宜透空，不宜过高。老旧小区改造时宜增加社区铭牌标识、道路导引服务指示、楼栋号码、安全警示等有利于外来人员识别和社区服务管理的标识系统。标识系统宜保证一定的照度，满足夜间需要。

②室内公共楼道的改造措施

对室内公共楼道进行全面出新修缮，以保障公用设施正常使用；公共楼道应采用节能型灯具和声光控制系统，充分保障居民的使用便利。居民楼入户门安装防盗门，增加居民安全感。

2）市容秩序

老旧小区中摊点占道经营、违法搭建、车辆乱停乱放等市容乱象比较严重，群众反映十分强烈。

改造措施：取缔老旧小区内的各类流动摊点，督促出店经营的门店将占道物品转移进店内，杜绝占道经营。有关部门在调查取证的基础上，宜要求当事人限期自拆，逾期未自行拆除的，相关部门应强制拆除。老旧小区应建立有人看管的非机动车封闭式车棚或敞开式车棚，便于居民停放。在条件允许的老旧小区可通过拓宽小区道路，增设停车位等方式增加机动车停车空间，并在交通巡警部门的指导下划定行车线和停车泊位，物业服务企业负责日常车辆秩序管理。

3）环境卫生

老旧小区环境卫生方面普遍存在保洁人员数量配备不足，落地垃圾清扫不及时，内楼道保洁存在卫生死角；部分老旧小区内楼道小广告张贴现象严重；居民生活垃圾袋装破袋率高，小区垃圾清运过程中有二次污染；建筑装潢垃圾散放或与生活垃圾混装混放且建筑装潢垃圾清运不及时；由于老旧小区部分居住人群在环境卫生方面的意识极差，家养宠物在小区公共区域存在随地便溺等现象。

改造措施：按照老旧小区的规模配备足够数量的保洁人员，建立健全并落实小区清扫保洁、分片包干、"门前三包"、巡查监督等环境卫生管理制度，对于小区生活垃圾做到日产日清；老旧小区出入口处应统一设置导示牌、公告栏、公共招贴栏，集中发布有关信息。单元楼道口配置单元防盗门，通过设置门禁系统有效防止外来陌生人员在楼道内张贴小广告；加强生活垃圾分类收集、袋装管理的宣传和舆论监督，倡导居民对生活垃圾分类收集以及分类袋装的主动意识。对垃圾清运车辆进行密封性改造，解决垃圾清运中污水洒漏所带来的二次污染，以保证垃圾清运质量；建筑装潢垃圾在进行有效的封闭袋装后，按规定时间、集中堆放在固体垃圾存放点，不得同生活垃圾混装混放。加强小区环境卫生内容的宣传教育，逐渐提高老旧小区居民的环境卫生意识和社会公德意识，倡导小区居民的文明行为。

4）绿化

老旧小区中，由于长期缺乏对绿化意义的认知，绿地被违建及其他设施占用现象较为普遍；由于长期缺乏管养和维护，地被、灌木等植物普遍长势差强人意，稀稀落落，枯死、干黄现象普遍。

①改造措施

绿地整治应根据自身规划布局形式、环境特点及用地的具体条件，认真细致地进行现状调研工作，绘制相关现状图纸。绿地改造应以保护、保留现状有价值的绿地为主，在此基础上补充、完善、美化，形成集中与分散相结合，点、线、面相结合的绿地系统。

绿地率宜达到25%的要求，当现状低于该比例要求时，不得再减少区内绿地或将绿地改造为停车场或其他场地。老旧小区整治过程中，宜发展垂直绿化，有条件和景观需求的区域可采用屋顶绿化，在不影响建筑日照的情况下，宜尽量提高绿化率。

②植物选择

绿化植物应选择能够较好地适应地区环境、生长稳定、有一定观赏价值和环境效益好的植物种类。在条件允许时，宜增加种类的多样性，强化四季色彩的差异性。

行道树应选择深根性、分枝点高、冠大荫浓、生长健壮且落果不会伤害行人的树种；

花灌木应选择花繁叶茂、花期长和便于管理的树种；绿篱植物和观叶灌木应选用萌芽力强、枝繁叶密、耐修剪的树种；地被植物应选择茎叶茂密、生长势强、病虫害少和易管理的木本或草本观叶、观花植物。

（2）完善基础设施

1）道路

老旧小区中，道路由于建造时标准不高，长期缺乏养护，路面普遍存在着坑洼不平，积水及面层剥落的现象。人行道存在着面层材料破损、断裂、松动的现象。由于私家车的普及发展，老旧小区中道路存在着路幅偏窄，道路的分级、功能使用不合理的状况，导致人车相互干扰的不便现象。随着城市的快速发展，造成小区周边交通环境的变化，对小区的交通出行可能带来一定影响。

改造措施：首先，适当扩大研究范围，了解小区居民的出行规律、小区的主要出入口位置与数量，以及出入口与小区周边道路的衔接情况等多种因素。其次，对小区内部的道路系统现状、小区道路满足居民日常使用的程度及道路本身的质量及破损状态进行分析、评估。第三，尊重原有的道路系统，避免不适宜的重大修改而增加建设投资；对居民有认同感、文化价值或历史价值的格局和地段应保持原有的道路格局、道路宽度和线形；应保护有价值的绿地及植物，尤其减少对高大的乔木的不良影响。第四，宜与管线、照明等设施同步施工，减少工程浪费；施工过程中，应尽量减小对居民出行以及日常生活的影响和干扰。（图2-27～图2-30）

图2-27 鹅卵石路面

图2-28 塑胶路面

图2-29 花岗石路面

图2-30 锁金二村混凝土路面（修补）

2）停车设施

老旧小区中，由于原有规划没有考虑到私家车普及的程度，停车设施的布局不能够适应现代生活的需求。因此，区内机动车车位严重不足，机动车随意停放、影响环境和通行的现象十分普遍，大量的非机动车封闭车库碎化了小区空间，破坏原有小区景观，占据了公共活动空间或绿地。

① 机动车停车改造措施

老旧小区建筑密度比较大，人口相对较多，对于机动车停车需求和小区内可提供的车位能力相差较大，通过单纯增加地面机动车停车位无法满足日益增长的停车需求。老旧小区的改造必须坚持生态环境效益优先，限制机动车的进入为主，在条件允许的情况下，最大限度地增设停车位。

② 非机动车停车改造措施

老旧小区非机动车停车设施改造可采用以下措施：首先，拆除私搭乱建的车棚，维修出新或重建公用车棚。其次，新建非机动车车棚改造应尽量少占用地，减少对空间的不利影响；原则上宜设置敞开式车棚，不宜新建封闭式车棚；新建车棚不得影响周边居民住宅通风采光，色彩与周边建筑环境协调。第三，有条件的小区，可设置专人集中管理的非机动车棚，车棚内设置照明灯具，配置电动车充电源插座。

3）市政

老旧小区中，由于建造时规划设计标准低的原因，普遍存在以下问题。多采用雨污合流，低洼处积水，污水排放不畅，影响环境卫生；多采用二次供水方式，自来水管道设施老旧，自来水水质安全存在隐患；架空线的排列无序、乱接乱拉、借杆架线、电杆倾斜、废弃杆残留等状况常见，严重影响小区景观和城市形象，存在安全隐患。

改造措施：市政问题错综复杂，既涉及小区层面管线综合的问题，又涉及建筑中具体的电气、给排水、燃气入户改造问题。市政管线改造主要涉及实施老旧给排水管道改造、直供水改造、雨污分流所相应的地下管网改造；供气、供热管道的新增或改造；电力通信等管线完善达标；与城市的市政管网能有效接入等。涉及建筑的主要有电力、电信、给排水、暖气、燃气的出入户改造。以上改造应与城市专项改造或基础设施改造相结合。

实际改造中，如架空杆线下地的成本过高或难度过大，可保留架空的电力、电信线路，分别对电力和电信线路实施整治，清理废弃管线，使其基本有序，减少交叉。

4）环卫设施

老旧小区中的环卫设施主要存在着以下问题：已有公厕标准较低，缺乏管理；生活垃圾收集点分布不合理，缺乏一定的遮挡、隐蔽措施，对环境影响较大；生活垃圾基本没有实行分类收集；小区人流集中活动的场所缺少废物箱。

改造措施：①老旧小区改造宜适当提高现状公厕的标准，通过隔离、绿化、加强管理及打扫等措施减少对周边环境的影响。公共厕所的粪便污水应排入小区内的污水管道，在污水管网及污水设施不完善的地区，应配建粪便污水前端处理设施。②老旧小区内的垃圾中转站应采用封闭设施，垃圾存放和转运不外露，减少对周边环境的影响。生活垃圾收集点服务半径不宜超过70米，生活垃圾收集点可放置垃圾容器或建造垃圾容器间。生活垃圾收集点宜满足日常生活产生的垃圾分类收集要求，生活垃圾分类收集方式应与分类处理方式相适应。生活垃圾收集点位置应固定，可将垃圾容器设置在单元出入口附近的隐蔽位置，方便居民使用，不影响小区卫生和景观环境，便于投放和分类清运。

5）照明

老旧小区在照明方面普遍存在以下问题：照度标准偏低、小区内公共活动区域盲点较多；照明设施陈旧，损坏现象比较严重；灯具灯型选择不合理，光源低效不节能且寿命短；路灯的管理控制不规范，路灯的安全保护措施存在隐患。

改造措施：根据小区环境照明的总体格调是以幽静、舒适为主，合理选择灯杆位置、光源、灯具及照明方式。小区及其附近的照明，在居室窗户上产生的垂直照度不得超过相关标准的规定，以免影响居民休息。路灯的控制根据所处地区的具体情况，一般由路灯管理部门或小区物业管理掌握。有条件的地区可采用由计算机智能控制系统控制，以达到节约电能的目的。

6）杆线下地

老旧小区中可能有的六类管线中，给水管线、排水管线、燃气管线和热力管线正常情况下均已地下铺设，而电力线缆、电信线缆多为架空铺设。

改造措施：充分了解和利用原有城市市政设施，合理实行增容、改造与扩建。相关部门、相关专业应高度重视，共同搞好老旧小区市政管线综合工作。地下管线的走向，宜沿道路或与主体建筑平行布置，并力求线形顺直、短捷和适当集中，尽量减少转弯，并应使管线之间及管线与道路之间尽量减少交义。

经济条件允许的情况下，在重要地段、示范区域或在采用整理序化等措施不能有效地改善景观和消除安全隐患的区域，宜采用电力线缆、电信线缆地下敷设的方式。地下敷设宜结合道路改造同步进行，以符合从安全、节能和环境景观要求出发而确立的原则。宜结合道路改造同步进行。

7）无障碍设施

由于无障碍的政策出台较晚，小区的公共活动场所普遍没有无障碍设施，给老年人及残疾人的出行、活动带来了不便。为了适应我国居家养老的基本策略，充分保障老年人和残疾人的权利，无障碍设施应成为小区内不可或缺的要素。

改造措施：小区的人行系统应进行相应改造，符合无障碍要求。公共空间的出入口、游步道、休憩设施、儿童游乐场、休闲广场、健身运动场、公共厕所等应符合无障碍要求。小区内的居委会、卫生站、健身房、物业管理、会所、社区中心、商业等为居民服务的建筑应设置无障碍出入口。

（3）配建公共服务设施

老旧小区中普遍存在着管理用房缺失或被挪用，物业管理不力，居民休闲及健身场地设施存在安全隐患，小区内信报箱破旧不堪、设置不规范等问题。

改造措施：从物质、空间上满足管理需要是实现物业长效管理的前提与基础。落实物业管理用房，对小区原有管理用房挪作他用的，应恢复原管理用途，因管理需要确需新增管理用房的，可选择适宜场地（如大门附近），就地新建少量、适用物管用房，积极推进小区物业长效管理。

宜根据小区具体条件和居民需要，合理修建居民健身活动场地，配置健身设施；健身设施的选型和布局，应尽量考虑不同年龄层次人群的不同需求、兴趣和爱好，特别是儿童和老年人，同时兼顾残障人士等特殊人群。健身设施的设立应充分考虑安全因素，每项器械或场地内均应设置相应的保护措施。维修、更新小区内破旧的信报箱，信报箱的规格和设置应符合本地住房城乡建设和邮政管理部门的规定，并方便居民使用。

（4）安防技防

老旧小区大部分没有安装监控、单元防盗门等设施设备，小区安全防范能力较弱，易发生入室抢劫、偷窃，盗取车辆等各类案件。

改造措施：老旧小区整治安防技防设施主要包括监控室、监控探头、单元防盗门等。在具体实施过程中，应首先与公安部门取得联系，优化改造实施方案，明确管理职责和分工，共同做好老旧小区安防技防改造工作。其次，加强对监控、防盗门等设施设备质量把关和验收，相关设备进场时需提供公安部门认定的产品合格证，确保安防技防设备的质量。第三，加强安防技防的长效管理。监控、防盗门安装完成后，应请公安部门主动介入，参与验收把关，确保安装质量效果。具备条件的小区，相关监控系统应接入公安联防监控系统，加强与公安部门的联动，提高小区安全防范效果。

（5）实施房屋修缮

1）房屋修缮

老旧小区中的居住建筑由于建造年代较长，普遍存在着屋面防水设施老化，顶层渗漏，外墙饰面空鼓、开裂、脱落。个别建筑由于建造标准较低、缺乏维护措施、周边施工的扰动等综合原因，存在不同程度的安全隐患。

①基本原则

老旧小区居住建筑在不满足我国现行规范要求或承载力存在缺陷时，应及时进行结构整体加固或局部处理，以提高建筑的抗震能力和承载能力，使其达到相关结构设计和施工规范要求。

房屋修缮改造工程设计须保证建筑物的结构安全和主要使用功能。当涉及主体和承重结构改动或增加荷载时，须由原结构设计单位或具备相应资质的设计单位核查有关原始资料；当无原始资料可循时，须由有资质的专业机构对既有建筑结构的安全性进行检测、确认。

房屋修缮改造工程施工中，严禁违反设计文件擅自改动建筑主体、承重结构或主要使用功能；严禁未经设计确认和有关部门批准擅自拆改水、暖、电、燃气、通信等配套设施；

所用材料应符合国家有关建筑装饰装修材料有害物质限量标准的规定，房屋修缮改造工程所使用的材料应按设计要求进行防火、防腐和防虫处理。

②屋面整修措施

屋面整修根据具体情况，包括屋面出新或平改坡工程。屋面出新应包括拆除违章搭建、清理杂物、铲除渗漏防水层、平整屋面、新做防水层、铺设彩色隔热板、防雷设施维护等内容。通过整治应达到屋面拆除清理彻底、防水效果良好、材料铺设整齐美观的目的。

③墙面出新措施

建筑立面清洗或粉刷前必须对各类附属设施进行检查与加固，对损坏的外墙进行修补，消除建筑外墙材料起壳剥落的安全隐患和外墙面渗水、漏水问题，消除建筑外立面门窗玻璃及各类附属设施老化、变形、松动隐患。

墙面出新主要包括原墙面进行清洗或重新进行外饰面粉刷。凡采用清洗方式即可达到要求的，应即刻进行外立面清洗；仅采用清洗方式无法达到要求的，应进行外立面重新粉刷或油饰。

④色彩控制原则

充分尊重所处环境及风貌的特点，尽可能采取协调统一而有变化的色彩谱系；充分尊重所在区域相关规划对于建筑形式及色彩的要求和限定；充分尊重原有建筑的设计特点及色彩构成原则；充分考虑居住建筑的特点和居住者的心理感受及要求。居住建筑色彩是市民生活、休息环境的重要景观成分，对于大面积规模建设的居住区要求具有温暖、轻松、愉悦、安全的色彩环境，对于大体量的高层居住建筑要求具有稳重、和谐、明朗的色调。

⑤墙面附属工程出新措施

墙面附属工程出新包括阳台、门窗的统一；修整、序化、更新破旧雨落水管及其他管道；整修建筑表面混乱无序、严重影响建筑美观效果的太阳能热水器、空调室外机、遮阳篷、晒衣架、防盗网等附加设施。

2）节能改造

江苏省所处属于冬冷夏热地区，因此既要考虑提高围护结构的保温性能又要兼顾隔热性能。而老旧小区由于建筑使用年限较长，建造时对建筑节能的要求较低，外围护结构的不确定因素较多，门窗的保温性和气密性能不佳，导致建筑总体的热工缺陷大、能耗偏大、节能效果差。

改造措施：①建筑外墙改造方面，有条件的地区可采用外墙外保温隔热和内保温隔热技术进行墙体节能改造，混凝土外墙、东西向外墙宜采用外保温改造技术。②建筑屋面改造方面，利用增加保温层、设置通风架空层等技术进行屋面节能改造，有条件或风貌有要求的地区平屋面宜改造成坡屋面。建筑坡屋面进行节能改造时，宜采用在原坡屋面吊顶层上铺设轻质保温材料或在坡屋面板下增加或加厚保温层的方法。坡屋面吊顶层应采用耐久、防火并能承受铺设保温层荷载的构造和材料。

（6）消防设施

老旧小区的类型较多且管理较为薄弱，消防存在的问题复杂多样。主要道路内车辆乱停，部分占用了消防通道和消防施救场地；7层以上住宅楼配置的消防箱，大部分器材损坏破缺不能使用；楼道内堆放杂物，存在安全隐患；个别小区道路被违建占据，导致消防车辆无法进入。

改造措施：对原有影响消防要求的设施应予以拆除，如有实际困难，应报消防部门处理。改造中新增设施严禁对原有消防环境产生不利影响；应在消防部门指导下排查并消除消防隐患，负责维修、补配、更新消防器材，清理消防安全通道，完善管理制度。

物业服务企业应当对管理区域内的疏散通道、安全出口、建筑消防设施和消防车通道进行维护管理，提供消防安全防范服务；未委托物业服务企业对住宅区物业进行管理的，社区居民委员会、村民委员会应当组织业主、使用人签订防火协议，明确消防安全管理责任，对疏散通道、安全出口、建筑消防设施和消防车通道进行维护管理，保持小区消防通道畅通；发现消防设备故障时，须及时报告有关部门修理。

2.2.4 小结与建议

近二十年来，南京市政府及相关部门通过长期努力，不断地改善南京老旧小区的居住条件和环境品质，提高了居民的幸福指数和获得感，美化提升了城市整体风貌，促进了精神文明建设和社会的长治久安。实践中，老旧小区工程项目已成为稳增长、调结构、惠民生、促发展、保稳定的良性循环的重要环节。

2.2.4.1 小结

从南京老旧小区综合整治的发展历程来看，我们可以发现以下规律：①老旧小区的整治源起于城市美化、环境改善的计划或运动，并容易受到政治事件的影响而导致其区位、规模甚至是出新的内容侧重有所不同。②整治的内容不断完善。最初的重点在于沿街立面的效果，逐渐发展至对建筑墙面、屋面、内楼道等关系到居民日常生活的建筑本体的全面关注，进一步提升至对建筑之间的空间、小区内部的整体环境及使用便捷的诉求的回应。在此基础上，又综合了市政管网、供水供气、节能等工作的协同推进和长效管理的落实。③整治规模稳中有升。开始小规模零星的改造很快发展至老城改造中规模较大但并不连续的整治方式，继而发展到规模大、系统和计划性强、持续改造的态势。④整治的范围不断扩展。最初往往分布于重要景观节点和道路沿线两侧，很快蔓延至老城的重点区域，进而扩大至主城的重要区域，最终扩展到包括江北新市区、东山新市区、永阳、淳溪新城等重要区域在内的整个市域范围。⑤整治资金标准不断提高。起初绑定城市环境整治项目核算而没有统一的标准，在2006年制定了较低的标准为30~60元/平方米，而到了2011年标准较大幅度地提升为160~280元/平方米，至今对于精品小区提到了450元/平方米的标准（图2-31~图2-33）。

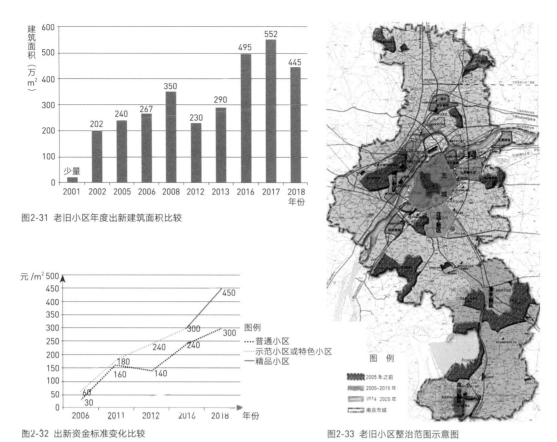

图2-31 老旧小区年度出新建筑面积比较

图2-32 出新资金标准变化比较

图2-33 老旧小区整治范围示意图

2.2.4.2 建议

在取得巨大成就的前提下，面对以往老旧小区中存在的体制与机制、规划引导、配建统筹、宜居功能、绿色节能、建筑设计、筹资方式等种种问题和不足之处，我们应当以"创新、协调、绿色、开放、共享"的发展理念为指导进行相应的调整、改善。从城市更新的角度来看，需要在老旧小区综合整治的更新类型、更新模式、更新时序等方面进行综合创新。具体体现在以下几个方面：

（1）通过法规层面、政策层面、技术标准层面、组织层面、操作层面、管理层面等方面的探索不断完善老旧住宅小区综合整治的体制与机制。

（2）继续坚持与深化"规划引领"的要求，加强小区综合整治的系统性、计划性、公平性、时序性。提倡按照实际需求、原有组团单元边界情况一体化整治，避免同一组团被拆散或零星出新。避免同一组团内部和沿街界面按照不同要求和标准分别出新。

（3）在即将全面开展的片区"城市更新规划"中充分考虑到老旧小区的整治，结合疏散老城人口、降低建筑密度、统筹停车及设施配建等问题的解决，从更广、更深、更为综合的层面来探讨老旧小区的改造。

（4）在符合有关规划的前提下，为满足当前人居生活的标准，进一步完善老旧小区的宜居功能。如厨房及卫生间的改造、原来面积较小户型二套并一套或三套并二套等。此外，为了适应南京当前老龄化快速发展的需求，老旧小区中场地和建筑的适老化建设已成为今后的改造重点。尤其是江苏省《住宅设计标准》已明确4层及4层以上新建住宅应设电梯之后，原来以6、7层为主的老旧小区住宅的加装电梯问题成为完善宜居功能的关键问题。

（5）老旧小区由于建筑使用年限较长，建造时对建筑节能的标准要求较低，导致建筑总体的节能效果差。而住宅节能改造之后，节能率可普遍提高至65%以上。以此粗略统计，我国每年可减少约5亿吨标煤以上的建筑能耗。南京地理位置处于"全国建筑热工设计分区图"中的夏热冬冷地区，老旧小区的综合整治应把建筑的节能改造作为基本目标，尽量满足《既有居住建筑综合改造技术集成》的相关要求，使得改造后建筑的采暖和空调能耗控制达到建筑所在地区的相应节能标准。

（6）从建筑设计的角度来看，应尽量采用多样化的饰面和工艺，保持原有建筑的年代感和原有风貌特色，避免过度包装、简单统一的粉刷而导致"千城一面"和城市住区活力衰退现象。

（7）借鉴国外多元化的筹资模式。政府提供公共产品和服务，房屋产权人受益付费，积极鼓励社会资金参与改造更新并获取相关利益，多渠道解决资金来源的限制。

我们处在一个"传承与变革"的时代。通过更新改造的老旧小区应该是一个人与自然和谐、环境优美的地方，是一个有文化、有故事、令人乡愁留恋的地方，能不断促进社区和谐，持续有效提供服务和保障，并全面体现对人的关怀和尊重，培育健康美丽心灵和高尚精神的场所。为此，老旧小区整治与改造工作要回归平常的生活，关注人的基本需求，捍卫文明的基础，促进经济社会持续发展。

注：本节内容基于作者陶韬2019年发表论文《南京老旧小区综合整治二十年实践之思考》的基础上修改扩充而成，此文已收录于《城市更新论文集：城市更新 多元共享》。

2.3
搭建公共平台的宜居街区营建

▶ 改革开放以来，我国经历了世界历史上规模最大、速度最快的城镇化进程，取得了举世瞩目的成就。党的十九大报告作出"我国经济已由高速增长阶段转向高质量发展阶段"的重大判断，明确提出到2035年"美丽中国"目标基本实现。美丽宜居是衡量一座城市民生发展水平、体现群众幸福感的重要标尺。我们应把握时代机遇,建设美丽宜居城市,营造宜居街区,实现变革型的可持续发展。习近平总书记多次作出关于城市工作要把创造优良人居环境作为中心目标的重要指示,近年来,国务院及各部委也针对"宜居"部署一系列相关工作。

当前,南京市城镇化水平已接近85%。城镇化正由高速扩张阶段转向稳速优化阶段。这个阶段更加强调以人为本,更加关注满足人们对城市功能、空间、设施、环境等多元化、高品质、优体验的美好需求。2019年《南京市政府工作报告》提出"提升城市功能品质,建设美丽古都"的一系列工作要求。针对快速城镇化时期出现的"城市病"问题,突出以人民为中心的发展导向,聚焦人民群众最关注、需求最迫切、反映最强烈的民生问题,系统推动建设更加协调均衡、让老百姓满意的宜居城市。

为了推动南京市城乡建设事业高质量发展,满足人民群众对美好生活的向往,建设具有"获得感、幸福感、安全感"的宜居城市,2019年江苏省城市规划设计研究院积极参与南京市姚坊门首批省级宜居示范街区建设的创建工作,旨在推动地区美丽宜居集成改善,探索宜居街区建设经验和范式。姚坊门省级宜居示范街区建设将让人民群众广泛深入地参与到宜居街区的建设中来,通过各种活动全面、准确地了解当地百姓的真实需求,唤醒居民的参与意识,打造共建共治共享的社会治理格局,制定规划设计行动方案加以引导和推进实施。

区别于传统老旧小区综合整治和既有住区适老化改造,宜居街区是由城市街道围合成的区域,居民邻里交往的公共活动场所,小区围墙外的公共空间。它应满足人的各种生活需求,方便各类人群交流,让公共空间回归城市本质,再现失落的城市精神。宜居街区更加重视公共平台的搭建,充分发挥政府、社会、市场等多元主体的力量,重点关注以下四点:建设内容从住区墙内扩展到开放街区、侧重点从注重工程硬件到软硬并重、项目实施从具体行动到全过程建设管理、规划师角色从规划设计到全过程咨询服务。

2.3.1 搭建共同缔造平台

搭建共同缔造的公共平台是多元主体开展宜居街区创建工作的核心基础。平台建设强调以"共商共建共治共享"为基本原则,探索政府统筹、专业部门与街道(办事处)主体、专业力量支持、社会公众广泛参与的街区更新实施机制,推动以街区为单元的城市更新模式,充分发挥街区规划师在公共平台建设过程中的作用,从规划设计转换为全过程咨询服务的协调者角色,进一步推动街区治理能力提升。

2.3.1.1 搭建参与平台,覆盖多元主体

(1)在市级层面搭建政府组织联合平台,成立南京市宜居城市建设领导小组,由分管副市长担任领导小组组长,明确各个部门之间职责,审定试点方案、项目策划,审核建设

项目设计方案，协调整合资金，推进项目联动（图2-34）。

（2）在技术层面搭建咨询机构技术服务平台，由江苏省城市规划设计研究院承担姚坊门省级宜居示范街区试点方案编制工作，设立街区宜居设计师，统筹协调整合相关设计内容，采取全程工程咨询服务模式，为宜居街区创建提供技术支撑（图2-35、图2-36）。

（3）在公共平台层面制定姚坊门街区居民议事会制度，与街区网格化管理有机结合，发挥尧化街道党建品牌的引领作用，强化居民参与街区宜居改造项目的决策和监督责任，形成事前话需求、事中定方案、事后听反馈的公众参与机制（图3-37）。

1）事前话需求：议事会组织各方参加室内会议，听取大家需求，共同谋划未来；议事会组织居民与议事会成员一起，在街区内现场进行对接，听取百姓呼声，沟通身边难事，共绘问题需求地图；议事会组织成员前往街区范围内的企业、商铺、打工楼等地进行探

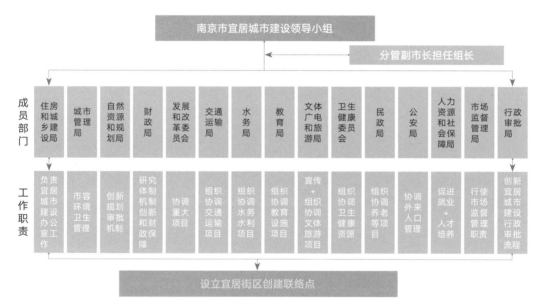

图2-34 搭建市级层面政府联合平台
（资料来源：姚坊门省级宜居街区建设项目组）

图2-35 姚坊门街区宜居设计师

图2-36 南京市宜居街区设计师

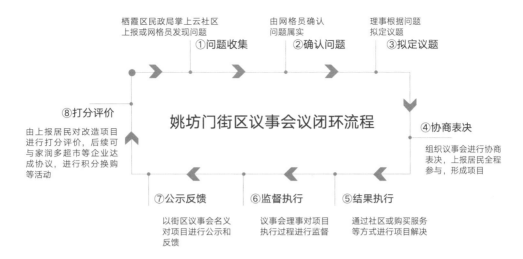

①问题收集 栖霞区民政局掌上云社区上报或网格员发现问题

②确认问题 由网格员确认问题属实

③拟定议题 理事根据问题拟定议题

姚坊门街区议事会议闭环流程

④协商表决 组织议事会进行协商表决,上报居民全程参与,形成项目

⑤结果执行 通过社区或购买服务等方式进行项目解决

⑥监督执行 议事会理事对项目执行过程进行监督

⑦公示反馈 以街区议事会名义对项目进行公示和反馈

⑧打分评价 由上报居民对改造项目进行打分评价,后续可与家润多超市等企业达成协议,进行积分换购等活动

图2-37 姚坊门街区议事会议闭环流程
(资料来源:姚坊门省级宜居街区建设项目组)

访,了解各方需求(图2-38)。

2)事中定方案:围绕居民最关心的公共领域宜居建设进行议事活动,后续项目包括:街头绿带改造、通学路改造、小区共享道路改造等;通过开展议事活动,让老百姓亲身参与方案的制定过程,培育街区自治意识,充分表达对改造项目的意见和建议,将合理的意见和建议吸纳到设计方案中。

图2-38 事前话需求

3)事后听反馈:对部分已进行或正在进行的宜居化改造项目,议事会起到监督、反馈、评价的作用,项目组与议事会成员一起来到现场,倾听各方声音,并对需要改进的地方及时修正,获得居民点赞(图2-39)。

(4)在市场化营造平台层面成立姚坊门街区微幸福基金,引进第三方专业运营平台,建立长效运营机制。尧化街道在社区治理方面有较好的基础,在社区基金方面也有较好基础。姚坊门慈善基金会成立于2014年1月28日,由南京栖霞区尧化街道倡导发起,姚坊门社会组织管理服务中心捐资人民币200万元成立。

图2-39 事后听反馈

栖霞区 2018 年第二批社区微幸福入围项目汇总表

项目类别	序号	项目名称	核拨支持资金（单位：万元）	
			区级财政	街道财政
空间改造类	1	马群馨康苑社区娱乐馨天地	3	3
	2	马群马群社区绿景坊	3	3
	3	马群花岗社区杜鹃园小区中心花园	3	3
	4	马群金陵驿社区微花园	3	3
	5	尧化尧化新村社区我们的秘密花园	3	3
	6	尧化尧化社区枫林新寓孝德文化长廊	3	3
	7	八卦洲下坝村垃圾分类景观文化墙绘制	2.75	2.75
互助类	1	龙潭丽江苑社区"微邻服务 温暖丽江"	3	3
	2	龙潭长江村田园居家乐园	3	3
设施更新类	1	马群文康苑社区智能生活	3	3
	2	迈皋桥山水园社区架空层居民自治中心	3	3
	3	燕子矶幕府山庄社区筑梦长廊	3	3
	4	尧化王子楼社区爱·相扶计划	2	2
文化宣传类	1	八卦洲新闻村新联心课堂	3	3
	2	八卦洲外沙村居民文化中心	3	3
	3	燕子矶街道电瓷社区孝文化楼道空间改造	3	3
自组织建设类	1	尧化尧辰社区爱·携手共治计划	3	3
	2	燕子矶太平村社区联享家园	3	3

姚坊门慈善基金会挂牌

尧化街道社区组织管理服务中心

专业社工机构、公益组织、社区组织、志愿者团队、居民骨干　资助、评估　栖霞区姚坊门慈善基金会

姚坊门慈善基金会运行模式

序号	社会组织名称	申请支持街道
1	南京爱德社会组织培育中心	燕子矶街道
2	栖霞区姚坊门启蒙社区发展中心	尧化街道
3	栖霞区同一屋檐下社区服务中心	马群街道
4	栖霞区同一屋檐下社区服务中心	仙林街道

栖霞区社区营造支持型社会组织名单

图2-40 姚坊门街区微幸福基金
（资料来源：姚坊门省级宜居街区建设项目组）

　　栖霞区民政局从2018年开始推出社区微幸福项目，入围项目的支持资金均由区街两级财政按1：1配比构成，项目实施完成后，再次组织评审组开展成效评估，对评定的优秀项目进行表彰奖励。

　　借助这两大平台，以宜居街区建设为契机，设立街区微幸福基金，初期以姚坊门物业作为管理方，学习姚坊门慈善基金会运行架构，资金筹款多元化，促进居民通过微幸福项目实现自治能力的培养。主要业务范围包括：扎根街区，利用当地资源，解决小微街区问题，推动街区长效治理，具体包括小微空间改造、设施更新、自组织建设、邻里互助等（图2-40）。

2.3.1.2 建立宜居设计师制度，承担全过程咨询服务

　　传统的规划师更加憧憬"蓝图式"规划，沉迷于物质空间的规划设计，而忽略物质空间背后的社会功能、社区公正和社区建设的重要性，导致规划成果的落地实施性不强。基于存量更新的背景下，规划师需要扎根于社区，要以社会基层群众的需求为导向来做规划，承担项目前期调研、设计方案制定、项目施工配合、施工验收监督、后续管理运营指导等贯穿全过程的咨询服务功能。

图2-41 姚坊门宜居专家团　　　　　　　　　　　　　图2-42 对设计项目进行咨询服务

在姚坊门街区治理体系中构建了宜居设计师制度，形成三级宜居设计师队伍，包括非常态化的专家团，常态化的责任规划师和居民设计师。①专家团队：邀请来自规划建设、景观设计、公共管理、社区营造、社会学、艺术设计等多种跨界领域的全国知名专家提供前沿智力支持；②责任规划师：由省级宜居示范街区项目组率先发起并担任姚坊门宜居街区责任规划师，后续吸引更多实操经验丰富的专业人员，提供专业解决方案；③居民设计师：集聚街区能人贤士、热心居民、议事会成员，通过专业培训，作为社区规划项目设计的需求征集者与设计原创者。

在参与方式上，专家团队主要通过专业知识讲座、专业设计咨询、小设计大师做、规划设计评审等方式参与指导；街区责任规划师解决居民专业难题、具体项目方案设计、规划设计全过程咨询、协助地方进行规划管理等环节；居民设计师更加关注提出问题或需求、设计原创、献计献策、影响周边其他居民等活动组织（图2-41、图2-42）。

姚坊门街区从2018年开始就进行了宜居住区改造，金尧花园、金尧山庄、金尧新村三个小区均为2018年省级宜居示范居住区。因此，姚坊门街区具有宜居建设基础，三个宜居住区项目的设计师已经介入宜居建设。

除此之外，尧新大道、燕尧路、尧和西路等道路改造也已经提上议事日程，设计方案均已有初步方案，需要根据此次宜居街区要求，进行方案深化。

姚坊门宜居示范街区项目组作为宜居街区建设的设计方、咨询方，全过程、全方位介入姚坊门宜居示范街区范围内的物质空间改造和社区治理项目，因此可以作为宜居设计师的发起方，逐步培养姚坊门自己的宜居设计师。

2.3.2 识别问题，了解居民

宜居街区建设工作的出发点是"听民意、知民心"。为了获取居民的真实诉求，项目组采用主动调查和被动描述相结合的方式，识别反映最广泛、需求最迫切的问题，融入专业分析，剖析问题原因。调研除了发放调查问卷、召开座谈会、深入群众访谈等传统方式外，还创新了"设计师进校园"、"暑期工作营"、"漫步街区"等形式，并采用数据信息平台语义挖掘、智慧APP数据采集、PLPS行为分析等科学方法，全面系统地描绘居民行为特征，准确表达居民真实需求。

2.3.2.1 采取针对性调研，精准把握需求

（1）居民需求调查问卷和访谈调研

通过问卷调查和访谈调研对居民关于教育、医疗卫生、文化、体育、垃圾分类等问题和需求进行调研，分析不同社区、不同年龄居民对于宜居街区的需求。在姚坊门宜居街区涉及的4个社区、13个小区中发放240份问卷，回收有效问卷235份（图2-43、图2-44）。主要反映需求如下：

1）提升公共服务水平，体育设施缺乏；

2）提升养老服务、邻里活动、便民服务，提高信息化水平；

3）增设公厕，增加安防设施；

4）提高物业服务水平，加大厨余垃圾清运力度；

5）居民100%支持宜居街区建设。

（2）公共空间行为记录

PLPS调研包括公共生活（Public Life, PL）和公共空间（Public Space, PS）两方面的调研，公共生活调研分为行人流量统计和停留活动统计两个子项，通过了解人对城市公共空间以及步行、自行车设施的使用模式和规律，发现问题并客观分析。公共空间调研重点关注为行人、骑车者提供的活动和停留场所，如街道（特别是人行道）、过街设施、广场、公园等。规划中选取姚坊门省级宜居住区工作日、休息日不同时间点进行公共生活和公共场所调研（图2-45、图2-46）。

居民行为分析：通过问卷、访谈等形式收集姚坊门省级宜居街区居民活动日志调查数据，将居民工作日、休息日的时空路径可视化。

图2-43 姚坊门宜居街区问卷调查

图2-44 居民填写问卷

图2-45 记录居民行为

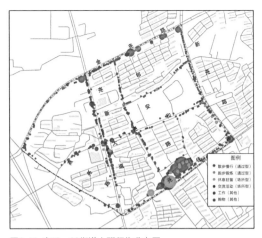

图2-46 晚19：00街道人群行为分布图
（资料来源：姚坊门省级宜居示范街区建设项目组）

（3）居民信息数据采集分析（表2-1）

姚坊门居民信息数据采集分析   表 2-1

无人机航拍	采用无人机航拍方法对姚坊门宜居住区范围内不同片区、道路、小区等进行多角度、全范围航拍，判断街区形态、现状用地、绿化、高度等，对街区现状进行分析	
网络数据收集	通过网络爬虫技术对宜居示范区内POI数据、建筑、道路、街景等数据进行整体，并配准至统一地理空间，建立空间数据库	
居民信息收集	收集整理示范区内人口信息大数据，对性别、年龄、职业等信息进行分门别类整理和分析	居民基础信息表

| 道路流量分析 | 通过网络地图公开数据，不间断收集姚坊门宜居街区范围内每一条道路不同时间段拥堵程度等，对交通问题进行分析 |
高德地图片区出行大数据 |
| --- | --- | --- |
| "掌上云社区"居民需求分析 | 栖霞区建立的"掌上云社区"全域社会治理平台，为服务区内居民搭建了一个党委政府、基层社区、一线人员、社会力量等协同的智能化网上综合服务空间。通过文字聊天记录作为语料库，以数据信息量大小、话题民生问题导向为准则，对居民的聊天记录进行识别模型算法过滤，识别热点讨论问题 | 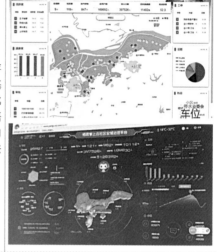 |

资料来源：姚坊门省级宜居示范街区建设项目组。

2.3.2.2 组织策划活动，获取个性化需求

组织各类街区活动，包括设计进校园、暑期工作营开放日活动、优秀建设案例调研等，前往小区、中小学、幼儿园、企业、公园、文化活动中心等地实地走访当地百姓。

（1）案例一：开展"我们的街道"设计进校园活动，获取儿童需求（表2-2）

"我们的街道"设计进校园活动   表2-2

活动介绍	向小朋友们介绍本次活动的背景与目的，以PPT的形式进行介绍，同学们认真聆听，踊跃互动
主题发布	发布本次活动的创作主题（心中宜居或舒适的街道设计，或者自己与某些常走的街道之间的故事、畅想等）、形式（绘画+文字说明或小作文等）、时间节点（一个小时）、奖励形式（普惠奖+优秀作品奖励，小礼品）等
作品创作	小朋友创作作品，共50分钟时间，42个同学均在规定时间内完成上交
作品展示	选择了20位小朋友的作品，让他们上台介绍自己的作品

颁奖	对有创意、有热情的学生进行了颁奖（证书、奖品），特设立"人气奖"让每一位小朋友参与到评选当中；最后聘请分别获得写作组和绘画组第一名的同学成为"小小宜居设计师"，参与后续活动
作品启示	宜居街道元素：林荫道、健身步道、健身器材、超市、菜场、图书馆、停车场…… 儿童友好：儿童游乐设施与空间、小吃店、五彩斑斓的墙与植物……
活动照片	

资料来源：姚坊门省级宜居示范街区建设项目组。

（2）案例二：姚坊门宜居街区设计暑期工作坊（表2-3）

姚坊门宜居街区设计工作坊　　　　　　　　　　　　　　　　　　　　　　　　　　　　表 2-3

活动目的	通过汇聚地方政府、居民、专业设计人员、相关专业在读学生、中小学生等各类人群在为期一周的互动中碰撞出新的火花，共同描绘宜居街区的未来
参与人员	由江苏省城市规划设计研究院与姚坊门省级宜居示范街区创建领导办公室共同发起，来自南京大学、东南大学、南京农业大学、南京林业大学、南京工业大学、厦门大学、华南理工大学等7所国内知名高校的20名研究生、大学生，南京市本地9名中小学生参与到本次工作坊中，开放日还有十余名居住在姚坊门街区的本地老百姓来到会场
活动形式	暑期工作坊采取丰富的活动形式，包括跨界专家讲座、室内作业、户外调研、全民开放日、参与江苏省城市规划设计研究院专家讲坛、第三方机构调研、小学生演讲等一系列形式
最终成果	五组队员形成了五套A1展板，并于开放日面向居民、专家、甲方、学生家长等多方群体进行成果汇报。暑期工作坊活动被学习强国、新华日报、江苏新闻广播、荔枝新闻、紫金山时政等多家媒体轮番报道，取得了很好的社会反响
活动照片	

资料来源：姚坊门省级宜居示范街区建设项目组。

（3）案例三：开展优秀社区营造案例调研，寻求共识（表2-4）

优秀社区营造案例调研 表 2-4

上海社区以及街道调研考察活动 （调研时间：2019年6月3日～6月5日）	与街道甲方一起前往上海，选取思南路、新华路、愚园路、永嘉路、四平路、大学路、淮海中路等多条街道和江南新村、岐山村等社区进行考察。通过考察与甲方、其他设计方碰撞街道设计和社区治理的灵感，并让甲方逐步意识到我们提出的一系列项目和理念的重要性 
上海、苏州社区邻里中心调研活动 （调研时间：2020年4月21日～4月23日）	选取上海万有集市社区邻里中心、苏州工业园区社区邻里中心等地进行考察，学习和借鉴社区邻里中心的建设和运营管理模式，进一步指导姚坊门社区邻里中心建设，打造"商业+邻里中心"的社区服务综合体，提升社区配套服务，方便周边社区群众生活 

资料来源：姚坊门省级宜居示范街区建设项目组。

2.3.2.3 研判公众需求，诊断问题症结

通过多种调研方式对居民需求、居民行为活动特征、街区场所环境等进行综合分析，获取街区居民需求调研分析结果，主要包括两个层面：居民整体需求主要为街区内居民的普遍诉求；分类人群诉求主要是对街区范围内不同特征的人群需求进行针对性分析，包含老年人、中青年、儿童、社区管理人员等。

（1）居民整体需求

①停车是本地居民的刚需：住区内部停车缺口较大、沿街空间被停车占据。②亟需解决日常买菜不便的问题：街区内菜场布点不足，周边仅有两个菜市场，距离远、价格高，且由于地铁建设被阻断，居民买菜不便；东侧新建菜场步行距离30分钟以上，部分居民选择乘坐公交至丁家庄、开发区或六合购买，或以周边苏果超市替代。③休闲散步和运动健身空间缺乏：文体设施利用率低，城市公园位于街区范围之外，街区内部公园广场难以使用，人行道宽度与行为需求不匹配，步行空间被建筑前停车空间挤占（图2-47）。

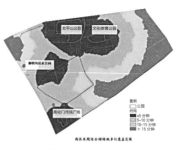

（a）小区停车位缺口示意图　　　（b）亟须解决买菜不方便问题　　　（c）休闲健身空间缺乏

图2-47 街区居民整体需求

（资料来源：姚坊门省级宜居示范街区建设项目组）

（2）老年人需求

①看病拿药便民化服务：社区医疗缺口较大。居民就医、拿药困难，烷基苯医院原本承担社区医疗功能，目前被整改，就医压力全部由栖霞区医院承担。②休闲娱乐活动空间缺乏：基层养老服务相对完善，但老年人活动空间有限；每个老小区都新增配建居家养老服务中心，含助餐、活动、理疗等功能，但使用率偏低；中老年人占比高，对棋牌、跳舞、健身有较大需求，但提供的公共空间相对不足。③出行环境适老化设计：街道步行友好性待提升、适老化设计不足、公交站点信息化设施不足（图2-48）。

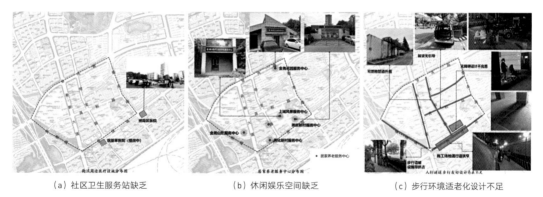

（a）社区卫生服务站缺乏　　　（b）休闲娱乐空间缺乏　　　（c）步行环境适老化设计不足

图2-48 街区老年人需求

（资料来源：姚坊门省级宜居示范街区建设项目组）

（3）儿童需求

①提升学生出行安全：交叉口尺度与过街尺度偏大，行人过街不安全、不便捷。②儿童友好的趣味街道空间：缺少儿童活动、游乐的小微空间；沿街界面无特色，沿街店铺招牌形式杂乱，小区界面呆板；改造后小区围墙主要存在外立面过于严实造成道路界面不友好等问题；未改造小区围墙主要存在外立面年久失修、部分缺少绿化遮挡等问题（图2-49）。

| （a）道路交叉口存在安全隐患 | （b）街道缺少趣味性 | （c）街道围墙过于封闭 |

图2-49 街区儿童需求
（资料来源：姚坊门省级宜居示范街区建设项目组）

（4）社区管理问题

①基层改革后续管理欠佳：街道与社区在住区改造过程中，植入很多新事物，也尝试了多项改革，但是由于居民习惯、认知不充分，有偿使用、信息化程度低、少数居民素质较低等原因，仍然难以使用，因此后续的管理、指导工作仍然任重道远。②基层社区任务繁重：基层社区在惠民、便民服务方面进行了诸多改革，深受居民好评，但是由于社区工作人员有限，加上改革任务较多，还有本职工作，因此大大增加了基层社区工作人员的工作压力。③政府托底，市场化程度低：目前街区范围内在宜居建设、运营方面仍然以政府资金进行托底，市场化程度很低，社区运营没有第三方介入，在未来长效治理方面仍然需要深入探索市场的盈利模式与盈利点。

（5）问题需求诊断和策略建议

通过对以上街区居民共性需求和差异化需求进行分析研究和判断，提出针对性的规划设计策略。①针对老旧小区、"三供一业"小区居住环境品质差，提出老旧小区综合整治、集成改造、系统推动的策略。②对于街区停车空间空缺的问题，建议在街区层面统筹停车，注重配套停车设施建设，释放活动交往空间。③针对公共服务配套设施可达性和便民性不足问题，建议通过对街区存量空间资源挖掘，进行便民服务功能的置换。④对于部分公共空间适老化、儿童友好化程度不高的问题，提出一系列规划设计指引的措施。⑤针对社区物业后续管理欠佳，基础管理任务重等问题，提出尝试共建公共平台，培育街区居民自治能力，提升街区治理能力和水平（图2-50）。

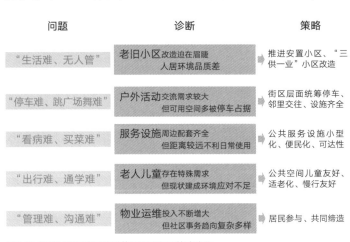

图2-50 姚坊门宜居街区建设的问题诊断和策略建议
（资料来源：姚坊门省级宜居示范街区建设项目组）

2.3.3 集成建设项目任务包

任务生成是宜居街区建设工作的核心。项目组从现实问题出发，结合宜居目标，尊重姚坊门街区的本土化特征，倡导具体任务的可复制性，通过项目可行性评价制定有限的建设目标。重视街区和住区层面的项目双集成，盘活存量空间，优化功能提升，确保行动方案可操作、可实施（图2-51）。

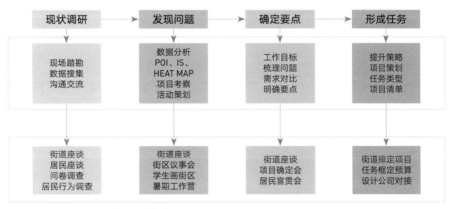

图2-51 姚坊门宜居街区任务包形成的流程
（资料来源：姚坊门省级宜居示范街区建设项目组）

2.3.3.1 制定街区有限目标，集成宜居建设项目

为了打造人民群众拥有"更多、更直接、更实在的获得感、幸福感、安全感"的姚坊门宜居街区，解决制约人民群众获得感、幸福感、安全感的痛点问题，满足人民群众对美好宜居生活追求的需求点（图2-52），基于姚坊门街区现状问题和居民需求导向，通过多元

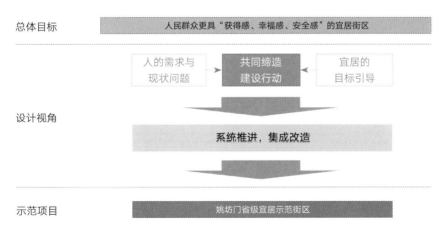

图2-52 姚坊门宜居街区建设目标
（资料来源：姚坊门省级宜居示范街区建设项目组）

主体共同缔造的方式，制定姚坊门宜居街区建设的有限目标，重点解决与居民生活紧密相关的宜居事项，补差提优。从实施导向的角度，进行项目生成的可行性及路径分析。

在姚坊门住区和街区层面进行建设项目集成。在住区层面，生成居住品质改造项目；在街区层面，生成街道空间优化项目、公共设施便民项目、交往场所宜人项目；在服务本地居民层面，生成营造本地归属项目、社区长效治理项目（图2-53）。

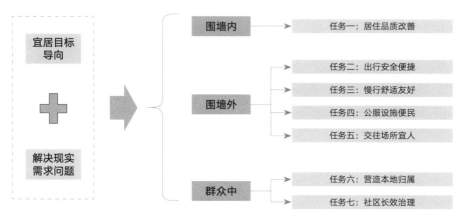

图2-53 姚坊门宜居街区建设任务
（资料来源：姚坊门省级宜居示范街区建设项目组）

2.3.3.2 落实主体责任，系统推进行动项目库

姚坊门宜居街区建设任务的生成是在街道的目标、居民的需求、设计施工的可行性之间寻求一个平衡点，为了有效地实施，需要落实各个实施主体的责任，明确建设内容要求以及建设时间节点。

试点示范期（2019~2020年）：重点推进邻安路宜居街道改造、尧和西路通学路改造等多个宜居示范项目建设，通过试点形成示范效应，为宜居街区建设全面推进积累经验。重点完成具有本地特色的尧化街道标识系统设计、街道家具系统设计等重点规划，通过多个宜居小区、宜居街道建设，形成可复制可推广的实践样板和典型经验。推动构建一套宜居街区治理机制与一个互助自治平台相结合的尧化街道宜居治理机制，促进自治常态，共创尧化宜居品牌（表2-5）。

全面推进期（2020~2023年）：全面推进宜居示范街区高质量建设，实现宜居小区、宜居街区一体化的宜居建设目标。完成规划确定的重要工程与重点项目，建立完善宜居治理机制，建成一批微幸福项目，总结完善的宜居建设经验。

宜居深化期（2023~2030年）：至2030年，将宜居街区建设经验全面复制推广，在尧化街道内形成一批有特色、有深度的宜居街区，形成具有全省影响力的宜居尧化品牌。

序号	类型	项目名称	主要内容	建设主体	建设时间
01	居住品质改造项目	计算新村改造	解决安全问题、建筑外立面出新、加设楼栋出入口、增设适老化设施等	街道	2019.08
02		输油管道家属区改造	解决安全问题、建筑外立面出新、加设楼栋出入口、增设适老化设施等	街道	2019.08
03		青田雅居改造	解决安全问题、建筑外立面出新、加设楼栋出入口、增设适老化设施等	街道	2020.6
04	街道空间优化项目	尧新大道景观改造	尧新大道景观改造	街道	2019.8
05		尧和西路通学路改造	尧和西路以通学路标准改造，包括林荫路建设、停车统筹管理、沿街立面改造	街道	2019.12
06		邻安路改造	包括道路空间改造、停车空间改造、沿街景观改造、住区大门与围墙改造等	街道	2019.12
07		金尧路改造	包括道路空间改造、停车空间改造、沿街景观改造、店前空间改造等	街道	2020.12
08		燕尧路改造	包括道路空间改造、停车空间改造、沿街景观改造、店前空间改造等	街道	2020.12
09		停车管理	街区范围内统筹解决停车问题	街道	2020.06
10	公服设施便民项目	社区服务中心建设	新建社区服务中心，包括医疗体检、养老服务、文化活动等功能	街道	2019.06
11		社区菜场建设	在尧新大道与尧和路交叉口西北侧底商引入社区菜场功能	街道	2019.12
12		体育场地共享	街道与相关单位签署资源共享协议，安排专项经费用于场地维护、公众责任保险	街道	2020.6
13		室内场所共享	街道与相关单位签署资源共享协议，安排专项经费用于场地维护、公众责任保险	街道	2020.6
14		金尧花园养老服务中心改造	对现状养老服务中心建筑内空间重新划分，植入老年人医疗检查、休闲活动、儿童活动区等。	街道	2020.12
15		24小时"自助图书馆"	利用社区活动中心、养老服务中心，开辟"自助图书馆"，建筑面积20～80平方米，提供读书、看报、借阅等功能	街道	2020.6
16		24小时图书借阅柜	利用小区出入口、街角广场等空间，安装图书借阅柜	街道	2020.6
17	交往场所宜人项目	口袋公园	将尧新大道与尧和西路东南侧街头绿地空间改造为可供居民活动、接送学生家长等待区域。	街道	2020.6
18		店前广场改造	对尧新大道与尧和西路店前空间进行改造	街道	2020.6
19	本地居民归属项目	标识系统设计	结合地方文化底蕴，统一设计标识系统	设计单位	2019.12
20		街道家具设计	结合地方文化底蕴，统一设计街道家具	设计单位	2019.12

序号	类型	项目名称	主要内容	建设主体	建设时间
21	社区长效治理项目	上海街道与社区调研	与街道甲方一起前往上海，选取思南路、新华路、愚园路、永嘉路、四平路、大学路、淮海中路等多条街道和江南新村、岐山村等社区进行考察	尧化街道、设计院	2019.6
22		"我们的街道"设计进校园活动	小学生通过绘画、作文等形式表达出自己对生活家园附近的街道的未来憧憬	尧化街道、设计院	2019.6
23		暑期工作坊	邀请在宁高校学生，以及居住在姚坊门街区内的小学生一起，围绕"宜居姚坊门"主题，完成四项主要任务，并进行开放日展示活动	尧化街道+规划院+在宁高校+小学生	2019.7
24		街区定向越野	与街区周边涉及的工作单位一起，举办职工定向越野活动，在设置打卡点的时候尽量布满整个街区的关键点，并在每个打卡点打卡的同时需要提交一个街区问题纸条	尧化街道+规划院+各参与单位	2019.8
25		微幸福项目	以三级网格员作为民意收集者，宜居设计师筛选每年的微幸福项目，并进行项目改造的技术指导，成立微幸福基金，以"以奖代补"的形式鼓励项目改造	居民+尧化街道+社区+规划院	2019.7
26		宜居设计师授牌仪式	以项目组作为宜居设计师发起人，授予其宜居设计师称号，定期为居民授课、解惑、答疑，并培养当地自己的宜居设计师	居民+尧化街道+社区+规划院	2019.9
27		智慧街道建设	二维码形式对街道历史、街道改造过程、小区改造项目等进行介绍；改造公交站牌，发布综合交通信息 提供共享阅读屏，提供电子化新闻和班车到达时间	尧化街道	2019.12
28		姚坊门智慧平台开发	含智慧生活、智慧交通等模块，为社区治理提供平台和手段	尧化街道	2020.6

资料来源：姚坊门省级宜居示范街区建设项目组

2.3.4 打通项目实施"最后一公里"

2.3.4.1 编制规划建设指引，指导项目实施落地

结合姚坊门宜居街区建设项目的特点，采取"总报告+项目实施手册"的表达方式，保证每个实施项目都具有可操作性和落地性，确保每一位使用者能够看懂、用好（图2-54、图2-55）。

图2-54 姚坊门宜居街区总报告
（资料来源：姚坊门省级宜居示范街区建设项目组）

图2-55 姚坊门宜居街区项目实施手册
（资料来源：姚坊门省级宜居示范街区建设项目组）

（1）案例一：住区层面——居住品质改造类项目建设指引

住区层面居住品质改造类项目规划建设目标：①功能完善：从安全、实用、规范、完善、舒适等不同需求层次逐步完善功能，改造小区道路系统及小区出入口、单元入口、活动广场等公共节点。完善垃圾分类、宣传栏等基本公共设施。②绿色节能：在住区改造时，在满足基本要求下，着重对住宅楼的节能改造，提升保温性能。并着重提升小区的绿地率，美化住区公共空间。③全龄友好：在基本功能完善的基础上，打造全龄友好住区，着重关注老年人与儿童，进行针对性适老化无障碍设计以及儿童友好设施与标识设计。营造出适宜各年龄段人群居家生活、聚集、健身、交往的住区公共空间（图2-56）。

计算新村改造

现状概况		设计指引	
计算新村位于邻安路西侧，近尧景路。计算新村待改部分为南部六幢板式六层住宅与一栋高层住宅。		设计主题	全龄友好住区
		设计特征	以全龄友好为主题，注重适老化、儿童友好化设计 通过在住宅楼公共楼道空间与小区内公共空间的营造，创造出适宜各年龄段人群居家生活、聚集、健身、交往的住区空间
		设计要素	从入户门到小区公共空间流线的无障碍设计（坡道扶手等）；楼道内适老化设计（扶手、声控灯）；加装电梯；公共空间坐凳、遮荫廊架、健身器材、公共家具（室外桌椅）、广场地面铺装、引导标识等
规划意向		空间设计要点 公共空间方位	除了考虑常规的日照通风大小等因素外，广场、老年人日间照料中心等都应放在离各住宅楼平均距离最近的位置，方便大家短距离到达
		空间处理	充分考虑老年人与儿童的身理特征、心理特征与行为习惯，再此基础上进行针对性空间设计 地面：保证连续性、通达性、防滑性 空间尺度：同时满足老年人对高大通透空间的心理需求，与儿童对于小尺度围合空间的安全感心理需求 空间形式处理：照顾儿童对趣味性、游戏性的心理需求
		建、构筑物	以姚坊门文化为特色，功能上打造全龄友好的适老化、儿童友好化，注重细节的建构筑物附件、室外小品与特色标识系统、满足国家相关老年人建筑与儿童建筑的设计规范要求
		材料应用	硬质地面材料以现代、生态、节约为主、铺装注重防滑与防跌性能、小品与标识色调与住区统一、协调
		技术与工艺应用	适老化成品健身器材、小品应用
		备注	下划线部分为控制内容，其余为引导性内容

图2-56 计算新村改造规划建设指引
（资料来源：姚坊门省级宜居示范街区建设项目组）

（2）案例二：街区层面——公共设施便民项目之体育运动场地共享建设指引

街区层面建设类项目规划建设目标：①满足基本公共服务：基本公共服务设施布局保证在基础层次达到结果公平，逐步消除特定地区或特定人群的共享障碍。②存量设施资源共享：对现状利用不充分的存量公共服务资源，通过优化空间环境、改善设施可达性、打破管理壁垒等一系列方式，向街区居民开放共享，以最小成本增加居民公共活动场所。③特色设施品质提升：在基本公共服务均等化的基础上，针对不同空间使用人群的差异性，配套个性化、特色化的公共服务设施，持续提升宜居街区内居民的生活品质与幸福感（图2-57）。

（3）案例三：街区治理——社区长效治理之智慧社区建设指引

街区长效治理类项目规划建设目标：①贯彻宜居治理理念：宜居城市建设不仅仅是物质空间的打造，凝聚相关主体的力量共同缔造，形成利益各方的协同合作，才是形成宜居城市长效治理的关键所在。②培养自治意识和能力：以人民群众最为关切的“身边事”为切入点，开展一系列主题活动，让人民群众能够广泛深入地参与到宜居街区的建设中来，通过活动唤醒居民的参与意识，逐步培育自治能力。③形成共建共治共享格局：培育居民自治意识和能力的同时，发挥自组织和市场力量，结合基层政府精细化管理，形成多元协商共治力量，从物质空间到社区治理方方面面共同建设宜居街区，而建设成果由全体成员共享（图2-58）。

体育运动场地共享

现状概况

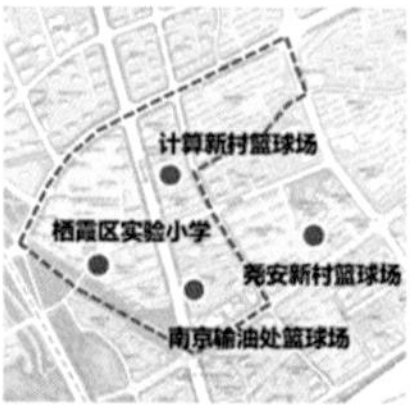

栖霞区实验小学操场；计算新村、输油处、尧安新村配套篮球场。

规划意向

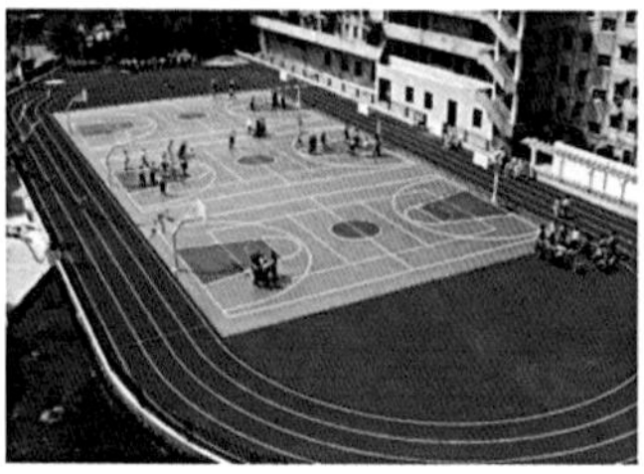

规划指引

项目目标		适当开放单位或小区配套篮球场
项目特征		通过政府协调或制度建设，不需新建场所设施，挖掘现状体育运动场地潜力，通过预约使用、错时使用等方式，共享现状体育场地
功能要素		操场、篮球场、羽毛球场地
配套制度设计	利益相关方	学校：栖霞区实验小学尧和分校、栖霞区实验小学尧化分校 单位：南京输油处 居住小区：计算新村、尧安新村
	制度建议	**签署协议**：街道与相关单位签署资源共享协议，为各场地配备管理人员； **专项经费**：街道每年安排专项经费用于场地维护、公众责任保险； **信息管理**：录入本地居民身份与健康证信息； **场地使用**：场地使用采用预约制，并与场地所在单位、居民主要使用时间相错开
	设施配套	在共享使用的体育运动场地外设置统一标识系统，标识系统应具有姚坊门地方特色
技术应用		根据使用特点与需求，在街道信息平台内设置场地预约系统
备注		**下划线部分为控制性内容，其余为引导性内容**

图2-57 体育运动场地共享规划建设指引
（资料来源：姚坊门省级宜居示范街区建设项目组）

智慧社区

<table>
<tr><th colspan="2">现状概况</th><th colspan="3">规划指引</th></tr>
</table>

尧化街道在智慧街道建设方面具有较好的基础，在信息化管理方面，推出全科政务，推行"淘宝式"政务服务，实现手机和PC端操作"不见面"把事办成，已建设数字尧化系统，在统一管理的门户界面，可以实现对法治、政务、民生等14个部门相关工作的综合监管。

在街道推行网格化管理机制，落实城管巡查制度；通过"掌上云社区"向广大党员征集尧化街道改革"金点子"、开展"党建引领"线上专题讨论会。此外，开展时间银行社区互助项目，鼓励居民参与志愿服务，存储志愿服务时间，兑换所需志愿服务。

借助现有智慧化系统和平台建设，宜居街区建设将进一步开展智慧街道、智慧生活、智慧交通建设，打造姚坊门智慧社区。

姚坊门宜居街区智慧社区项目分布

— 智慧街道
▪ 智能公交站牌
▪ 智慧停车场
▪ 共享书屋

设计主题		智慧社区
设计特征		以智能化设施为硬件设施，开发系统平台和移动APP等软件设施，软硬件结合实现智慧化。 通过智慧街道、智慧生活、智慧交通三个方面营造智慧化社区
设计要素		街道上的设施贴上智慧化铭牌；公交站台和候车亭实现智慧化改造；提供共享阅读屏和共享书屋；在停车泊位设置感应设施
功能 设计 要点	智慧街道	在公交站牌、邮筒、电话亭、地铁指示牌等公共服务设施贴上"设施管理铭牌"，在后台有街道详细信息和设施投诉选项。 在公交站台布置智能公交站牌和智慧候车亭，提供各种信息和智能设施。 在街道范围内设置共享阅读屏，提供"共享书屋"
	智慧生活	开发智慧菜场模块，保证食品安全，方便用户评价和投诉。 通过各类传感器，监控老人日常生活，监测老年人健康状态，为老年人提供健康保障。 接收物业信息，查看周边商圈和服务信息，检查小区安全状况，实现智慧服务。 在共享书屋内智能化借书还书，提供电子阅读设备
	智慧交通	感应设置在车位中间，通过停车场感应设施，自助取车和缴费。 通过系统平台显示周边停车场，查询可用泊位，实现预定和支付功能
材料应用		在公交站牌、电话亭等贴上"设施管理铭牌"，智能化改造公交站牌和候车亭，设置带有传感设施的停车场
技术与工艺应用		布置各类智能设施和传感器，开发智能App平台
备注		下划线部分为控制性内容，其余为引导性内容

图2-58 智慧社区规划建设指引
（资料来源：姚坊门省级宜居示范街区建设项目组）

2.3.4.2 建立长效治理机制，提升街区治理能力

（1）深化既有基础改革

尧化街道以"五化"（采取标准化方法、植入信息化技术、坚持社会化方向、构建系统化格局、推进集成化建设）为抓手，推动改革创新由"分散式"向"集成式"迈进，"一年全面集成、两年全面提升、三年全面达成"（图2-59）。

图2-59 深化既有基础改革
（资料来源：姚坊门省级宜居示范街区建设项目组）

（2）明确街区治理机制建设思路

街区治理是尧化街道开展工作的优势。在充分利用尧化街道既有改革基础的基础上，街区设计师亲身参与到活动策划、规划设计方案咨询、治理机制建设等一系列的活动当中，最终形成具有尧化特色的一套街区治理机制和一个互助自治平台（图2-60）。

图2-60 街区治理机制建设思路
（资料来源：姚坊门省级宜居示范街区建设项目组）

（3）建立街区长效治理的实施路径

在街区层面，以党建为引领，引入宜居设计师制度，形成街区治理顶层指引；在网格层面，以"全要素"网格覆盖，以宜居设计师专业团队培育本土化宜居设计师，从而将宜居治理体系做到纵向到底、横向到边；从街区到网格覆盖"街区微幸福基金"，以此作为抓手进行街区微更新，每年形成一批微更新项目，让居住、工作在姚坊门宜居街区的多主体共同参与进来，培养自治意识和能力；所有治理制度、微幸福项目以及既有改革成果，全部集成到宜居街区信息化平台，从而提升治理智慧化水平（图2-61）。

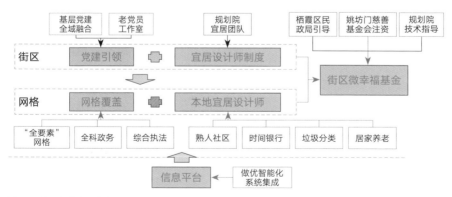

图2-61 街区长效治理路径
（资料来源：姚坊门省级宜居示范街区建设项目组）

2.3.5 小结

　　城市的核心是人，宜居街区的营造应坚持以人民为中心、坚持人民城市为人民。宜居街区的建设需要决策者、管理者、建设者、市民共同参与，通过搭建公共平台、党建引领、多方参与，实现共建共治共享。姚坊门宜居街区实施建设在规划思路变革、多元方法指导、制度体系创新三个方面均有所探索。

　　（1）规划思路变革：在宜居街区建设的过程中应该始终以问题和需求为导向，力求让城市更新和民生改善的成效能够看得见、可感知；关注自下而上的社会力量的广泛参与，搭建公共平台，重视物质空间改善背后的社会效益和可持续发展；以行动实施为导向，围绕公共领域的改善和公共关系的设计，逐步培育居民参与意识和行动能力，推进居民赋能；规划师需要扎根社区，改变"精英主义"规划思想，转变身份角色，提供更多倡导、组织、协调、培训及陪伴式服务，通过适度参与式设计，塑造有温度、可感知、有特色的身边空间。

　　（2）多元方法指导：宜居街区建设目标制定和建设任务的生成应该坚持因地制宜的原则，任务生成是宜居街区建设的核心，它因需求而生，又为满足需求而来，因而要高度重视任务生成环节。同时，宜居的任务需要可复制、可推广，所以应提倡低成本改造，市场、居民都能参与进来；宜居街区营造应该注重立足区域，整合周边资源以实现共同更新，将小区或街区与更大的地域场所连接起来，提升地区的整体品质与发展活力；重视政府引导作用，加强市场和社会资本的投入，给街区注入活力和生命力。

　　（3）制度体制创新：宜居街区营造更加关注存量空间和资源的挖掘，涉及的产权比较复杂，需要考虑的影响因素多样，应搭建多方参与的公共平台，构建街区营造机制；设施配套、停车配建、管线改造等方面规范标准，应进行适当的调整以适应空间有限的现状，满足居民不断提升的需求；亟需研究街区更新改造项目的行政审批程序，完善用地、功能、强度、配套等方面的城市更新政策，健全法制环境。

第3章 社区建设型
社区更新

3.1
社区社会组织激活的空间自治

▶ 　　进入21世纪，社会组织对于弥补政府和市场失能、促进社会协同发展越来越不可或缺。南京市长期重视社会组织培育，2014年南京市入选"全国社会组织建设创新示范区"。社会组织涵盖社区服务、社会事务、文化体育、慈善救助等多种类型，其中社区社会组织是加强社区治理体系建设、推动社会治理重心向基层下移、打造共建共治共享社会治理格局的重要载体。大力促进社区、社会组织、社会工作深度融合，通过加强"三社联动"全面激发多方参与社区治理的活力。在南京这些社区社会组织中，涌现出以促进社区自治的社区营造为主要目标的社会组织，其中某些社会组织已在全国具有影响力，对于支持社区自下而上提升社区营造能力，具有重要示范意义和推广价值。

3.1.1 南京市雨花区翠竹园互助中心和空间营建

3.1.1.1 南京市雨花区翠竹园社区概况

　　南京翠竹园社区隶属于南京市雨花区雨花街道，坐落于花神湖东侧玉兰路5号，北依雨花台风景区，地理位置优越。社区由新加坡仁恒地产公司建于2000年，由玉兰山庄别墅区和翠竹园小区两处高档住宅组成。占地面积41.3万平方米。居委会2004年10月筹备，2005年9月正式成立。社区周边有雨花区政府等政府机关、雨花台软件谷、中兴华为等国内知名IT企业，还有宜家家居、红星美凯龙、月星家居等家居卖场以及紫荆广场社区商业。南侧车程5分钟到达南京南站，步行10分钟至地铁站点。

　　社区共有居民3036户（其中玉兰山庄259户，翠竹园小区2777户）。关系在社区的党员81人；常住台胞台属39人；侨眷134人，归侨9人，华侨华人15人；外籍人口214人，分别来自美国、英国、加拿大等24个国家；居民的文化背景相对多元。2003～2008年主要为改善型居住，定位为中高档精英社区，涵盖科技企业、政府、企事业单位中层等，基本人群为中产以上阶层。人口以儿童、中青年、

图 3-1 社区公共服务设施布局图

老年三大群体为主，中青年居多，老年人约占小区人口的1/3。2014年以来房屋换手率增加，高收入人群有搬离现象，目前的档次定位为中档社区。社区人口情况大致比例为少儿15%，中青年67%，老年人18%。

翠竹园社区物质空间反映了当时大型住区的设计模式，道路通而不畅，注重绿地和空间的层次组织，由于住区占地41公顷，规模较大，对于社区公共设施也有专门的设计。社区服务中心地上建筑面积3694平方米，产权属于全体业主，提供的公共服务场所包括社区公共卫生服务站、舞蹈室、羽毛球馆、乒乓球室、壁球室、餐厅、儿童活动室、社区图书馆等。社区室外公共服务设施包括活动广场数处及篮球场、网球场（图3-1）。

3.1.1.2 翠竹园社区互助中心的兴起与发展

2009年1月，翠竹园社区网球爱好者业主阿甘在BBS上发布网球活动招募，迎来6位业主集结。一年后，俱乐部会员达到300多人，成为全国规模最大的社区网球俱乐部。随之，为满足居民的多重需求，网球俱乐部于2010年11月举办了第一次翠竹园跳蚤市场及图书捐助活动，标志着翠竹园互助会正式成立。2013年3月，互助会在区民政局注册为民办非企业单位，命名为南京市雨花区翠竹园社区互助中心，互助中心由此作为社区居民互动互助的平台应运而生。2015年，成立了南京互助社区发展中心。纵观社区互助会发展阶段大致可分为几个时期：初创激发期、联动治理期、示范推广期。由于互助会初创者阿甘即吴楠先生是建筑师出生，因此互助会自然而然着重于社区空间的营建和利用，同时激发社区居民积极参与并自我组织，促成丰富多彩的多个俱乐部组织，这些俱乐部在互助会的引导下对社区空间群策群力，提升了社区空间的活力，提高了社区的宜居性。更为引人注目的是，在互助会的促进下，社区居民参与社区议事的比例大大增加，在业委会选举中可以迅速获取选票，这种成效在南京市迅速传播，甚至间接影响促成了其他社区组织的发展。翠竹园互助中心的成功，也引起政府关注和支持，促成了四方联动的社区治理模式，并开始在南京本地推广，2015年以后在全国范围开始推广（图3-2）。

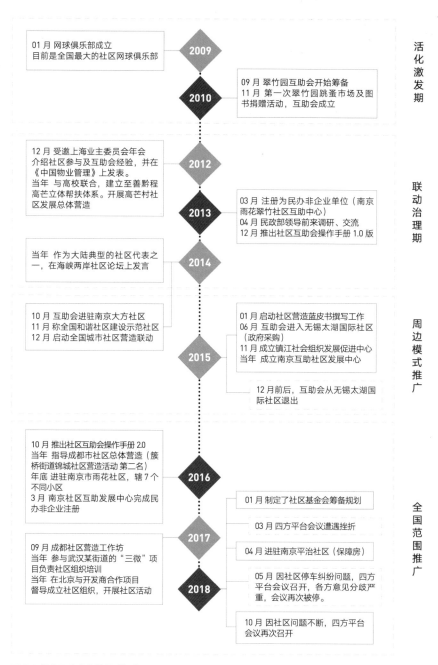

图 3-2 翠竹互助中心发展时间线

3.1.1.3 翠竹园社区互助中心的运作

（1）制度模式体系

互助中心根据居民意向帮助具有领导潜质的居民成立俱乐部和招募核心成员。由俱乐部推举负责人担任互助中心理事开展工作。互助中心聘用专职工作人员组成工作小组，大多由社区全职妈妈兼职负责，主要负责互助中心财产及财务工作，翔实记录收支，并事后汇报，公开透明。互助中心支付相应的酬金，并对专职人员的工作进行考核。借鉴国外时间银行的理念形成社区互助积分制度，每次帮助别人将会得到相应的积分，而被别人帮助将要付出相应的积分，完善积分体系，激励互助精神。

（2）组织架构体系

在建立初期，互助中心与俱乐部的关系，是金字塔体系。即互助会处于各个俱乐部的最上层。随后，互助中心的这一模式受到社区羽毛球俱乐部的反对，于是模式进一步得到调整。由原来的金字塔架构调整为树状体系。即互助中心位于底端，而俱乐部依托互助中心进一步发展延伸，同时互助中心与俱乐部之间形成良性的互动状态（图3-3）。

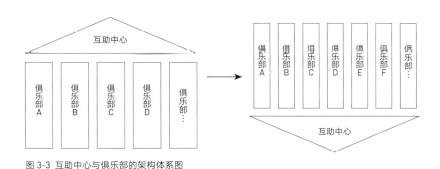

图3-3 互助中心与俱乐部的架构体系图

（3）资金运作体系

在经费来源方面，翠竹园社区互助中心成立之初，社区内的项目约1/3是政府采购的。发展至今，以2018年为例，大约1/4是政府采购的，其他的经费均为自筹。

互助中心自筹经费来源有：公益捐款，如来自仁恒地产开发商，小区内部企业老板的捐款；俱乐部反哺，互助中心下面的俱乐部，实行会员制，"谁主张、谁负责、谁受益"，收会员年费、活动费，各俱乐部每年反过来补助15%的钱给互助中心；经营收费，互助中心经常主办一些大型的活动，如晚会和比赛等，收取一定门票费和活动费，用于互助中心以后的发展。

3.1.1.4 翠竹园社区治理特色——四方平台

翠竹园社区互助中心通过鼓励和支持社区居民组成俱乐部，倡导居民相互帮助。居委会从政府层面与互助中心构建社区和谐氛围，物业提供软硬件支持，业委会从程序上解决互助中心的后顾之忧，社区形成"四方平台，互为依托"的生态共同圈。以具体社区活动的组织为例，社区居委会负责审批活动计划，对外发布宣传信息；物业负责告知活动信

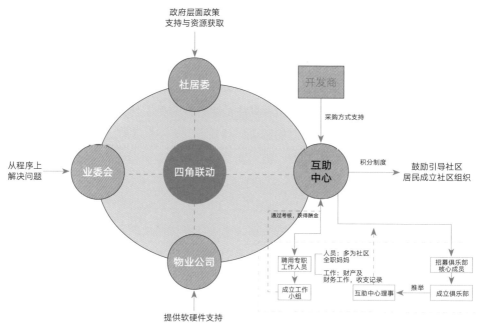

图 3-4 四方平台体系运作图

息，收取回馈意见，无偿提供活动场地；业委会委派专人负责文体活动开展，由各俱乐部依照制定的规程具体开展活动；互助中心负责全方位招募社区居民参与活动（图3-4）。

（1）社区居委会：承担者、组织者和监督者

社区居委会承担着社区基础性公共服务，包括计划生育、社区治安、贫困救助、助老助残，以及街道派下来的基础性行政事务等；同时基于大政方针上对互助会进行引导，与政府沟通并为社区建设争取硬件和软件资源，推动互助中心的发展。

（2）业委会：建议者和监督者

业委会是热心居民的代表，主要负责业主与物业服务企业之间的沟通，他们及时了解社区业主和物业使用人的意见和建议，发挥业主委员会的监督职能，维护翠竹园小区环境，营造温馨和谐的社区氛围。

（3）物业公司：空间维护和后勤保障者

翠竹园的物业公司依照小区物业服务合同和物业管理办法对住宅小区实施服务管理，对物业共用部分、共用设施设备进行日常维护保养，对物业管理区域公共秩序进行安全防范，并开展多种经营服务，便于业主日常生活，同时他们为互助活动的开展提供场地支持。

（4）互助中心：支持者和激发者

互助中心是以相信、参与、承担、互助为自己的准则，以居民的需求为出发点，提供优质、高效的支持型服务。在提供服务的过程之中，并不是独自做完所有事，而是挖掘社区领袖，激发社区领袖的潜力，促进社区结社，开展各种各样的社区活动，以此带动社区参与。增强人们的公益意识，提升整个社区的幸福指数。

3.1.1.5 翠竹园社区治理与空间利用

在社区互助中心的带动下，同时与居委会、业委会、物业的共同合作下，社区内累计举办各类公益活动150余次，先后成立30多个俱乐部，开展丰富的社区文化活动。活动的开展有效提高了社区内公共空间的利用，以及居民对于社区公共服务设施的利用。

（1）室外公共空间优化利用

1）屋顶闲置空间

互助中心与志愿者们推动的"天空梦工厂"项目，利用社区服务中心三楼平台的闲置场地，构筑包括树屋、天空农园、攀爬乐园、社区剧场、无敌运动场等，是为社区居民尤其是儿童提供的综合活动场所。由翠竹园的孩子、家长、东南大学建筑系志愿者共同设计，打造一个"孩子们心中的梦想乐园"（图3-5）。

图 3-5 天空梦工厂空间

2）公共广场空间

互助中心在与居委会、业委会、物业的共同合作下，有效利用了社区公共广场空间。

跳蚤市场——每两个月一次的跳蚤市场，每家可在小区里摆摊，义卖自制手工品或家里闲置物资，所得收益用于小区公益。跳蚤市场活动的开展，有效利用了社区内的闲置空间，同时化消极为积极，也使得公共环境更加亲切。

公益讲座——累计举办多场各类公益活动以及公益推广讲堂。

体育活动——各类体育俱乐部活动的开展，如亲子俱乐部、心灵成长俱乐部、拔河比赛等，有效提高了公共广场空间的利用率。居民在此进行健身、休闲运动（图3-6）。

3）道路绿地空间

社区内体育比赛活动的开展，如少儿自行车比赛、少儿轮滑比赛等，提高了社区内道路以及绿化空间的利用率（图3-7）。

图 3-6 社区公共广场空间的利用

图 3-7 社区道路绿地空间的利用

（2）公服设施优化利用

在与居委会、业委会、物业的共同合作下，互动中心在社区内各项活动的开展，有效提升了居民对于社区公共服务设施的利用，主要集中于社区服务中心内，也包括网球场、篮球场等体育运动设施。

1）社区网球场馆

社区网球俱乐部的成立，以及成年网球大赛这些社区品牌运动项目，吸引赞助商，在社区内展开了多场网球比赛，有效提升社区体育设施的利用率。此外，翠竹互助中心协助雨花区体育局改建雨花体育中心网球场，给周边居民、企业提供运动场所（图3-8）。

2）互助中心互动空间

社区活动中心的三楼空间是互助中心开展社区活动的主要室内空间场所。目前，打造了社区微中心。100多平方米的物理空间内，不仅有图书屋、咖啡馆、艺术角，还有俱乐部空间、社区营造展示、美食课堂美食厨房等（图3-9）。

图 3-8 社区网球场内举办的活动

图 3-9 互动中心互动空间场所

3）社区服务中心一楼空间

彩虹屋设在社区服务中心的一楼大厅，一个由社区妇女儿童倡导创办的慈善商店，储物格里面是居民们自发捐出的衣物（图3-10）。

图 3-10 社区服务中心一楼空间

一楼的室内羽毛球场馆是社区体育活动举办的重要场所之一，同时偶尔也兼做其他活动的举办场地。

4）社区服务中心二楼空间

小小建筑师课程、无敌少儿团、社区沙龙等活动的展开，使得多功能室内空间得到非常有效的利用。不同的时间段、不同的人群，不同的活动，丰富了社区居民的日常生活，提升了生活幸福指数（图3-11）。

小小建筑师课程所关注的不仅是课程本身，还包括了孩子们各方面的成长。孩子们在此不光学到建筑知识，还能从活动中学会团结、责任、自律、民主还有爱；无敌少儿团提高少儿综合素质的计划，利用寒暑假期，挖掘家长资源组织小朋友跳大绳、巧克力作画、包饺子等公益活动，现在还增加了放学后的少儿托管。社区沙龙关注成年人的文化交流。"社区学院"则主要针对老年人提供公益教育，如电脑、摄影、游泳等。

图 3-11 社区服务中心二楼多功能室

社区公益图书馆取名"明志书屋",开启了自助之风,累计捐赠藏书9000多册;70多平方米的公共空间里,阅读桌椅、沙发一应俱全,图书杂志都贴上了标签,分门别类放于沿墙的4面书架书柜里。由社区志愿者担当管理员的角色,面向社区开放。

3.1.2 南京市接点社区发展中心和社区总体营造

接点社区发展中心起步于南京雨花翠竹互助会以后,其创始人张涛在接点社区发展中心成立之初,对于翠竹互助会的发展模式有过学习和借鉴,特别是翠竹互助会促成社区居民广泛参与社区业委会选举以及其他议事活动的作用,给创始人很大启发。其发展历程如下:

2012年 创始人张涛发起时光潋韵业主委员会,2013年成立时光潋韵网球俱乐部。

2014年4月,成立接点社区发展中心,进驻雨花区社会组织孵化中心;10月,联合成立雨民公益联盟。

2016年,接点社区发展中心承接扶持殷富社区自组织社区服务中心、板桥街道社会组织服务中心。

2017年,在油坊社区利用公共建筑空间打造七彩童年馆,发起社区公益课计划。

2018年 承接扶持谷里街道金牛家园党群服务中心;同时承接栖霞街道等多个社区营造项目(如炼油厂社区环境"微改造")。

3.1.2.1 社区总体营造理念

与翠竹园社区互助中心倡导的四方平台有共性也有差异,接点社区发展中心倡导四维社区生态。接点社区发展中心重点关注共有产权边界内的社区,基于共有产权建设健康的社区生态。业委会——收集和执行公众决议;业主组织——连接业主成为熟人社区;物业公司——提供透明专业的服务;第三方——除业委会、业主组织、物业公司以外的所有机构统称为"第三方机构",包括社会组织、商业组织、政府机构等等,通过多样的第三方连接各类资本,为社区提供高效的增值服务(图3-12)。

接点社区发展中心的主要工作,就是以支持业主组织的方式建立人与人之间的连接,以促进社区生态的方式建立社区与多方社会资本、经济资本之间的连接,从而促成社区形成自我解决问题的能力。

社区是社会的细胞,业主组织是细胞的动力源。社区是一个由社会关系交织而成的网络,而社会关系有消极关系也有积极关

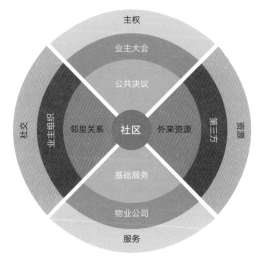

图 3-12 接点社区发展中心的四维社区生态理念

系，如何激发正向互动的社区关系，共同探求美好的社区生活，通过业主组织的建立可为社区注入正向积极的动力源。而要促进社区健康可持续发展，离不开持续的维护管理，因此在社区内形成积极的社区参与，并善于寻找第三方的支持，就极为重要。四维社区生态理念，立足共有产权的业主——包括业委会、业主组织，与物业公司形成良好合作，并积极争取第三方的外来资源，从而体现社区的"总体营造"。

社区营造的方法可以简单归纳为三步。第一步：激活，用社区活动将居民吸引出来。第二步：组织化，根据需求支持居民成立社区自组织，持续运营。第三步：组织专业化，社区自组织随着自治能力的提升，连接业主、链接资源的积累，可以发展成专业的社区社会组织，依靠自己的能力解决小区的问题（图3-13）。

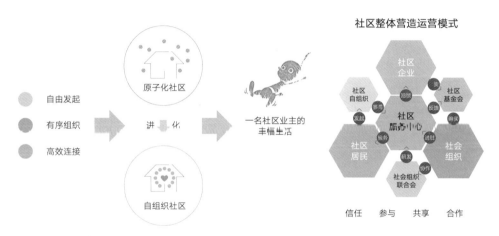

图 3-13 社区整体营造运营模式

3.1.2.2 社区总体营造中的公共空间利用和维护

在2013年南京翠竹园小区由社区自组织参与业主大会换届的事件影响下，张涛在成立时光澔韵业主委员会后第一件事就是推动成立了时光澔韵网球俱乐部。时光澔韵小区当时有一片户外球场，之前曾经被物业公司承包给商业机构。网球场常常被破坏，只有零星小区外的人来打球，业主意见很大。网球俱乐部成立后，请来教练在小区内开展培训，发展了第一批网球俱乐部会员。并在专家指导下，建立了网球俱乐部的相关制度和运营体系。球场交给网球俱乐部自管，由业主自己设定场地费、管理办法等。

四年来，时光网球俱乐部收费会员从4人增加到80多人，每年组织小区赛事，维护、完善网球场设施，为小区存下维修资金4万多元。而这还不够，时光网球俱乐部还在反哺小区，时光澔韵第二届业委会有一半委员来自网球俱乐部，多次参与维护小区公共利益，解决小区重大问题。在这个过程中，小区产生了第一批有公共参与意识的业主，成为社区治理推进的基础。

这种通过社区业主自组织利用公共空间、运营公共空间、维护公共空间的方式，体现了四维社区生态对于社区公共空间的积极作用。

3.1.3 小结

改革开放以后，城市社区逐渐从计划经济时期的单位型社区向治理型社区转变。这种转变过程中，社区中人与人的关系不再密切，呈现原子化的分离状态。无论是商品住房，还是保障性住房（不包括公共租赁住房），都是共有产权、有明确管理边界的小区形态。业委会、物业管理公司成为维护和管理小区的重要主体，而广大业主本身却由于关系冷漠无法对社区公众事务进行有效的参与和议事，导致业主与业委会、物业管理公司之间纠纷不断，却又无法找到好的解决问题的方法，一些小区特别是早期小区已经出现衰败迹象。

南京翠竹园互助中心和接点社区发展中心，都是针对共有产权领域的小区，探索具有中国特色的业主自组织和居民自治的道路，对于面广量大的城市居住小区的社区治理，具有重要的意义和推广示范价值。两者相比，在激活社区自组织、促进组织专业化方面具有共性，但是在提供支持型服务方面也存在一些差异。南京翠竹园互助中心更侧重将社区自组织和空间利用相结合；接点社区发展中心更侧重链接各类资源促使社区长期健康运营。社区社会组织的多元化发展，可以给社区自治提供多类型的支持，是好的发展态势。

在南京翠竹园互助中心和接点社区发展中心的支持下，南京诸多社区得以获益，一些社区的自组织得以萌生壮大，一些社区的业委会得以更为专业化，社区的公共空间得以充分有效的利用和维护，更培育了一批懂得议事规则、热心社区事务的居民和业主。

不过，值得注意的是，这些社区社会组织的成长环境需要维育，让其得以发挥最重要的促进社区自治、培育具有社区自治精神的居民和业主的作用。在实践中，社区社会组织和居委会乃至街道的关系有时比较微妙，由于社会组织还是比较依赖政府购买服务，街道和居委会是否能够起到与社会组织的联动作用，而非强制性过多干预，就非常关键。目前来看，社区社会组织越来越多地承接政府下达的直接任务，其原初关注培育社区自治的意图反而削弱。多元共治、协同合作，才是三社联动的推进器，否则将互相掣肘、抵消合力，最终伤害的是社会组织的积极性，滞缓社区治理的步伐。

社区治理需要不同类型的社会组织承担不同的社会服务。对于南京翠竹园互助中心和接点社区发展中心这样的支持社区自治和空间利用与维护的社会组织，政府应鼓励其发展主导业务，同时监督规范其运作，促进其更加专业化、高水平地开展相应服务。

3.2
市委组织带动的社区公共空间微更新

▶ 南京市由中共南京市委社会建设工作委员会发动社区公共空间微更新竞赛，体现了南京市委市政府对于社区发展的高度重视。该活动"以需求为导向，选取与群众生活密切相关的小微公共空间，以功能提升为核心，通过完善公共服务配套，重塑生活区域功能，提升小微空间人居生活品质；通过组织市民、专家和相关专业人士等多方群体参与试点项目更新方案设计，实现各方协同、多元共治，不断增强公众参与社会建设和治理的主体意识和自觉意识。"已经连续举办两届的社区公共空间微更新项目，有效提升和培育了基层社区组织的能力，是社建部门主导的社区建设型社区更新的典型范例。

3.2.1 南京社区公共空间微更新项目概况

2017年4月，南京市首次开展"微更新、微幸福"社区公共空间更新方案征集竞赛，中共南京市委社会建设工作委员会、南京市城市管理局和南京市社会科学院为共同主办方。选取了11个南京市社区公共空间为试点，面向社会居民、在地化团体、专业团体征集更新方案，以期通过社区公共空间更新方案征集竞赛，通过微更新改善小区的公共空间品质，创造具有归属感的社区。2018年南京市继续开展了公共空间更新方案征集竞赛，承办部门更多。除原有主办机构市委社建工委、南京市城市管理局以外，南京市规划局、南京市妇女儿童工作委员会也加入到社区微更新的组织中。2018年参与微更新方案征集竞赛的社区数量也大幅增加，达到34个。

3.2.1.1 项目组织特色

南京市社区微更新竞赛由市级部门联动启动之后，具体项目则是由各区广泛征集，然后在政府推动下予以实施。而具体提出项目的组织绝大部分是社区居委会，少部分是街道和社会组织。社区居委会是具有中国特色的社区基层自治组织，其重要性不言而喻。通过该项目的组织和开展，社区居委会实际上进行了深度学习，从开始的茫然不知微更新如何下手，逐渐懂得有序组织公共参与、确定合适项目，再到联动上下组织实施完成项目，能力得到了快速提升。这种自上而下适当放权、自下而上推动实施的"上下结合"模式，培育了社区居委会为民办实事的能力，让城市改造更有温度。

该项目还有效发动了南京市各类专业机构，参与计划设定、教学培训、方案设计、意见征集和方案评选的全过程，在社会上引起热烈反响和广泛支持，促进了专业力量和地方社区之间的合作，鼓舞了社区人民群众的热心参与和共商议事。

3.2.1.2 项目类型特征

2017年的11个项目中：主城区内7个，主城区边缘选点2个，外围行政区2个；位于老旧社区的8个，位于商品房小区的3个。全部都是社区公共空间，具体包括小区内部广场更新、社区公共空间广场更新、小区内景观长廊空间更新、小区内部多点整治、停车空间整理、社区支路墙绘、社区内花园更新等（图3-14）。

2018年的34个项目则覆盖了南京市域所有行政区：主城区内20个，主城区边缘选点3个，外围行政区11个。2018年的申报项目较2017年更为多元。从更新对象角度，包括废弃空间再利用、室外活动空间更新、室内空间功能更新；从空间用途角度，包括老年居家养老活动空间、儿童活动空间、书房、居民活动广场、社区花园等等。项目所在的社区类型更多样，包括拆迁安置小区、失地农民拆迁安置房小区、老旧住区、新建商品房小区、美好乡村示范点（图3-15、表3-1）。

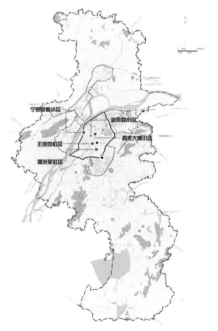

图 3-14 2017 年项目选点分布示意图

图 3-15 2018 年项目选点分布示意图

项目名称	数量	项目类型	所在社区
秦淮区	3	社区公共广场更新 小区内广场更新 小区内小花园更新	龙王庙社区（老旧小区） 紫杨佳园（保障房小区） 南航社区（老旧小区）
玄武区	2	小区内广场更新 社区公共广场更新	曹后社区（老旧小区） 紫鑫城社区（老旧小区）
建邺区	3	废弃空间——儿童娱乐空间 小区内小花园更新 社区小花园更新	沿河社区 话园社区（老旧小区） 莲花嘉园社区（保障房小区）
鼓楼区	2	闲置空间——多功能展厅 小区广场更新	凤凰街道 五塘村社区
栖霞区	5	小区广场更新 小区花园更新 社区后山公园更新 闲置空间——居家养老服务中心 儿童活动中心更新	齐民路社区 拆迁失地农民回迁安置房 奋斗社区（自管小区） 老旧小区 南湾营社区（保障房小区）
雨花区	3	小区内广场更新 闲置用房——书房 室外闲置空间——儿童活动空间	景明佳园社区（经济适用房） 古雄社区 翠竹园社区
江宁区	4	闲置用房——书房 会议室兼活动室——儿童活动空间 闲置空间——家风长廊 闲置空间——妇女儿童活动空间	下墟社区 泥塘社区 张溪社区 下墟社区（新建商品房小区）
浦口区	2	小区广场长廊更新 小区内中心广场更新	雨山社区（老旧小区） 团结社区（老旧小区）
六合区	3	儿童活动空间更新 社区公共广场更新 社区公共广场更新	横梁社区 方州社区 石庙社区（美丽乡村示范点）
溧水区	3	社区公共广场更新 非机动车停车空间更新 居民服务中心改造	财贸新村社区(老旧小区) 拆迁安置房小区 庆丰路社区（老旧小区）
高淳区	3	幼儿园室外空间改造 居家养老服务空间更新 老街书坊空间更新	古柏街道双保村(乡村社区) 河滨社区（老旧小区） 高淳历史文化街区（历史性社区）
江北新区	1	小区内广场更新	南苑社区（老旧小区）

从2017年、2018年两年情况总体看，项目分布以主城区较多，项目所在社区以老旧社区较多。之所以如此，一方面是主城区老旧社区问题较为突出，更新需求较大，另一方面从评比情况看，外围社区居委会的组织水平也较逊色于主城区，主城区社区居委会更为积极、更有能力。然而，需要提及的是，外围地区在2017年、2018年社区微更新工作带动下，认识到了该工作的重要性，在2019年因为南京市部分机构调整导致市级层面社区微更新项目停止的情况下，浦口区政府及政策研究室继续自主推进此项工作，并在南京若干高校的支持下取得了很好的成效。

3.2.2 2017 年社区公共空间微更新项目实施效果

2017年项目实施，后续对其实施效果进行调研，试图通过对相关设计方案与实施成果的对比分析、通过调研相关主体了解实施过程、访谈社区居民了解使用情况，发现项目实施情况的差异以及造成差异的原因，希冀对于微更新项目的可持续良性发展提出优化建议。

对主城区及边缘的7个项目进行实地调研，发现高度实施项目1个，中度实施项目3个，低度实施项目3个（含未按设计方案实施项目1个）。结合微更新项目的位置、实施情况、实施反馈信息采集量、项目价值等多方面情况，从11个项目中选取5个具有代表性的项目，进行实施评价与分析：宁惠新寓小区内广场更新、渊声巷小区内广场更新、王府园社区广场更新、曙光里社区公共广场更新、西家大塘小区内空间整治。

3.2.2.1 高度实施案例 —— 渊声巷小区内广场

（1）项目概况

场地情况：渊声巷小区地处南京市鼓楼区湖南路，位于南京市中心地段。场地位于渊声巷小区内，由于处于整个小区的中心，面积约400平方米，紧邻小区主干道（图3-16）。

社区环境：小区建于20世纪90年代，场地处于小区内。2017年，曾进行一次大翻新。小区没有物业，且基础设施陈旧，环境杂乱，缺少必要的停车空间以及居民活动场所。

项目目的：本次更新改造的重点在于解决该空间高差繁复不利使用、杂乱无章等问题。同时希望将此次社区广场更新改造作为

图 3-16 项目区位图示

触媒点，促使居民参与到社区活动中，实现人与空间的良性互动。

（2）设计要点

该项目实施的设计方案是以"活力·共享"为主题，方案采取问题导向的设计思路，总结场地现状所面临的三个主要问题，并提出相应的解决策略（图3-17）。

（3）实施情况

详见图3-18。

（4）居民使用情况

通过在周末、工作日不同时间点对于场地使用情况的实际调研，以及对不同年龄、职业的社区居民进行访谈，对场地的使用情况总结如下：

大多数居民对改造项目建设情况较为满意，表示与之前相比有较大好转；少数对改造表示不满，与图纸不吻合；有些居民表示儿童娱乐设施有一定的安全隐患，空间不好利用等（图3-19）。

改造前问题总结	设计对策要点
高差繁复，铺地老旧 1．原有场地共三级台地，过于复杂的高差将场地分割过于细碎； 2．台阶过多，给老年人带来诸多不便； 3．铺地老旧且生冷，不具有亲和力。	**简化高差，优化铺地** 1．将三层台地整合为两层台地； 2．一级台地局部架高地面，改善场地潮湿的同时界定活动空间； 3．选用室外防腐木作为架高部分的地面铺地。
边界缺乏亲和力 1．花坛占据了大量的空间，使得原本不大的场地更显局促； 2．硬质铺地所界定的场地边界缺乏亲和力。	**柔化边界，改善植被** 1．拆除场地中原有花坛的硬质边界，柔化场地边界； 2．缩小花坛的面积，增加场地活动空间； 3．保留场地中原有的乔木，并新增灌木。

设施老旧不完善 1．场地中原有宣传设施较为破旧且传统； 2．设施设置在场地边缘处，吸引力小； 3．缺乏游乐设施、休息设施。	**新增设施** 1．拆除场地原有的宣传设施； 2．在场地中新增休息设施、游乐设施以及宣传设施。

图 3-17 设计要点

设计要点及实施度	实施后实景对比
简化高差，优化铺地 场地进行了高差上的优化处理，将台地进行了整合； 场地的铺地材料选用室外防腐木，与设计材料相吻合。	 
实施完成度：90%	实施效果（左）设计效果（右）
柔化边界，改善植被，增加活动空间 增加了场地中的活动空间； 植被情况得以改善，在保留场地中原有乔木的基础上新增了灌木丛。	 
实施完成度：90%	实施效果（左）设计效果（右）
新增各类设施 1．拆除原广告宣传设施； 2．场地中新增了休息座椅、石凳等休息设施，儿童游乐设施，以及环卫设施； 3．施工中局部材质做了调整，如儿童攀爬设施由硬质木架改为软质绳索。	  
实施完成度：90%	实施效果（上）设计效果（下）

图 3-18 实施情况

			实施前	实施后	完成度	
设计要点	增加各类设施	环卫设施	缺乏	大大增强	90%	
		娱乐设施	匮乏	大大增强	90%	
		宣传设施	突兀	与整体协调	70%	
		休闲座椅	缺乏	满足	90%	
	空间品质优化	增加活动空间	缺乏	大大增强	90%	
		优化场地边界	生硬	增强	80%	
		优化场地材质	不亲和	大大改善	90%	
	园林绿化种植		单一	丰富协调	70%	
	居民满意度		30%	90%	90%	

图 3-19 居民满意度

（5）设计师的看法

• **实施前，**设计师对方案比较满意。调研期间居民积极热情，主动配合信息收集工作，因此方案的设计基于前期充分的调研与分析。设计策略也能够很好地满足居民的实际需求，解决现状的问题。

• **实施中，**设计师团队多次前往施工现场，与施工团队进行反复的交流、磨合，包括施工中的细节处理、材料的运用、色彩等等。

• **实施后，**设计师现场查看了实施情况。整体而言，实施效果达到了要求，但是没有十分满意，存在一些遗憾。施工方出于造价成本的考虑，将主要构件的材质由木制材料换成了钢结构。

• **现在谈设计：**设计在安全、无障碍等方面考虑欠缺，同时在材料选择上需要有更加细致的造价测算。

设计者：侯艺珍等

（东南大学风景园林系本科生）

（6）整体评价

总体而言，渊声巷社区广场空间的改造较为成功，将设计方案要点的绝大部分较好地落实到了具体的空间改造中。同时，通过对社区居民的采访，社区广场的实际使用程度较高，满足居民日常生活的使用要求。

经验：渊声巷社区广场方案得以良好实施，很大程度上得益于好的方案设计以及设计师团队的动态跟进。设计中选用较多的直线、折线等元素，施工难度不大，可操作性强，充分考虑了项目造价。在施工过程中，设计师团队多次前往施工现场，就具体的细节与施工方交流协商，并不断改进。

问题：由于时间紧迫，在细节上考虑不周，如无障碍、灯光设置以及施工细部等。此外，在管理方面有较大问题，存在居民私自占用广场空间的情况。

图 3-20 项目区位图示

3.2.2.2 中度实施案例一 —— 宁惠新寓内广场

（1）项目概况

场地情况：该项目位于南京市鼓楼区宁惠新寓，东至二板桥，西至郑和中路，北至南惠路，南至二板桥414片区。内广场位于小区中心位置，周围为板式住宅（图3-20）。

社区环境：该小区于1999年建成，共有六栋建筑218户居民。小区于2017年开展了老旧小区环境综合整治项目，对小区外立面进行了整体改造。小区广场位于小区中心位置，广场面积200平方米。

项目目的：项目意图解决小区原有公共空间混乱，设施缺乏，老人与儿童活动场地缺少等问题，以期达到梳理公共空间，满足居民活动需求，提升环境品质的目标。

（2）设计要点

此社区微更新改造设计强调了人性化、功能化、适老化的设计理念。试图在老旧小区的有限空间内满足居民多样的需求。通过对公共空间场地的综合布局、空间的复合利用以及弹性设计等方式与手法进行公共空间的微更新设计（图3-21）。

现状问题与居民需求		
公共空间被占用	公共活动空间较少，主要以中心小广场为主要活动空间，但小广场被占用停车，周边堆放了建筑垃圾。广场原设置长廊及凉亭现状尚可，但功能已缺失，长廊已成为非机动车停放空间。 **居民需求** 清晰地划分各功能空间，考虑居民健身、休闲、晾晒、停车等需求。	
设施老化	功能欠缺	景观不佳

图 3-21 项目现状问题与设计要点

设施老化	配套设施老化，广场周边休闲设施较少，宣传栏、座椅等设施严重老化无法使用。**居民需求** 需要能够进行棋牌等休闲活动的座椅设施；将有安全隐患的现有设施进行更新。	功能欠缺	现状空间功能使用混乱，停车、晾晒、休闲等功能均无法完全满足，无儿童活动空间。**居民需求** 公共空间有明确的功能划分，增加儿童友好设施。	景观不佳	小区的绿化面积也较为缺乏，植物种植杂乱无章，影响景观环境。**居民需求** 整洁的景观环境提升小区整体空间环境品质；通过绿植等景观要素自然地划分空间，增加围合感。

设计要点提炼	
调整功能分区	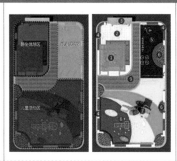 广场分三个功能区，静坐休憩区、成人活动区、儿童活动区。三个功能区动静分离，将活动与休憩进行区间分离。活动空间根据年龄层次不同，活动需求不同，分别设置成人、儿童活动区，避免二者活动流线的交叉，造成不必要的碰撞。同时，通过内广场四周的座椅设施进行空间围合，解决公共空间被停车占用的问题。
满足活动需求	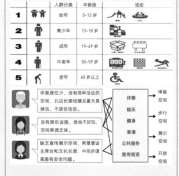 综合考虑居民年龄层次，及日常活动需求，合理进行广场设计。广场改造设计之后，做到能满足居民健身需求，儿童玩乐需求，邻里沟通需求。广场周边设置条石坐凳与绿化，以防止车辆驶入广场，同时也可防止儿童玩耍时跑到车行道造成事故。条石坐凳同时也为看护儿童的大人、小区居民提供休憩的功能。
儿童友好设施	 儿童活动区设置滑梯及小型器材，注重活动区域的气氛营造，儿童活动区地面选用色彩鲜亮的颜色，营造活泼的游乐氛围。

图 3-21 项目现状问题与设计要点（续）

（3）实施情况

宁惠新寓社区的社区微更新基本完成了设计方案中的设计想法，并且对该小区的居住环境提升、公共空间秩序营造都起到了重要的促进作用。虽然设计方案中的儿童友好设施最终在实施阶段中未能全部实现，但也基本满足了儿童活动的相关需求。在该方案的实施过程中，一些花坛、座椅等更加贴近实际需求的相关设施比方案设计更加细致、也更符合实际要求。这也说明了实施过程中，根据居民实际需求进一步优化了设计方案（图3-22）。

设计要点及实施度	实施后实景对比
功能分区 　　功能分区较为明显，有不同铺装材质的步道分隔。活动区域大小的分配相对合理，儿童活动区域更大，成人休憩区空间围合也更符合一些私密性的相对需求 完成度 80%	 实施效果（左）设计效果（右）
满足活动需求 　　实施成果中更加完善了方案设计中居民需求的部分，对座椅设施、花池进行了深化设计，宣传栏、垃圾回收点等更符合实际需求 完成度 80%	 实施效果（左）设计效果（右）
儿童友好设施 　　儿童友好设施并未按照方案实施，笔者认为其原因可能是受到经费限制的影响。儿童活动区域的聚氨酯地面铺装与儿童互动器材、滑梯等所需费用较高 完成度 20%	 实施效果（左）设计效果（右）

图 3-22 项目实施效果

（4）居民使用情况

在对该社区居民走访调研的过程中，许多居民都认为微更新项目切实提升了社区的公共空间环境质量，使用率也很高。在实地调研中还发现，社区居民还自发的对微更新后的一些设施空间进行了改造，譬如将凉亭加上了围挡，也有居民在广场角落放置了桌椅。这也反映出实施成果还有待进一步改进的方面。这些问题如果在项目实施过程中能够融入更多的公众参与环节，相信该项目会更加完善。

（5）整体评价

宁惠新寓微更新项目实施程度一般，不过居民满意度尚好，微更新改造确实解决了原有公共空间中的无序停车、缺乏休闲空间等实际问题。改造后社区居民使用率增加，使用效果有所提升（图3-23）。

微更新改造		实施前	实施后	完成度	
服务设施	休闲娱乐设施	缺少	一般	60%	
	环卫设施	缺少	基本满足	70%	
	社区服务设施	缺少	基本满足	70%	
	服务人数	严重不满足	基本满足	80%	

图 3-23 项目整体评价

	合理分区	较差	增强	80%	
空间品质	活动多样性	一般	增强	50%	
	儿童友好	缺乏	增强	60%	
	景观提升	较为满足	增强	80%	
居民满意度		20%	70%	70%	

图 3-23 项目整体评价（续）

经验：宁惠新寓社区微更新在实施过程中，根据小区内居民实际需求在一些方面针对性地深化了方案。例如解决小区内空间占用问题，休闲座椅的增设，景观花池的营造，宣传栏的布置等方面都较方案更加细致，体现了施工过程中根据实际情况对原有方案进行的优化。

问题：原有方案中的儿童友好设施虽为方案的亮点，但实施完成度较差。其次，项目后续的运营管理较为缺乏，居民自发营造的设施等缺乏合理监管。

3.2.2.3 中度实施案例二——曙光里社区公共广场

（1）项目概况

场地情况：社区公共广场位于曙光里社区中心，服务于曙光里、霞光里、晨光新苑、育仁雅居等多个小区，是社区居民日常休闲活动的场所（图3-24）。

社区环境：周边多为2000年前后建设的老旧小区。

项目目的：改造前，该社区公共广场的整体使用情况良好，是社区居民使用率比较高的日常休闲活动场所。因此，在优化广场服务设施的基础上，设计方案更侧

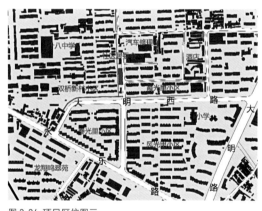

图 3-24 项目区位图示

重从空间品质优化的角度出发，基于不同人群的分析，进行人群活动的策划，更好地满足居民的使用需求。

（2）设计要点

该广场的主要使用人群为老人和儿童，且对广场的使用具有明显的时段性；其次，现状人群活动集中在场地长廊一侧，缺少互动；现状设施较简单，不能很好地满足活动需求，同时社区希望加强宣传栏效果。

方案保留了场地中间大面积的活动广场，同时采用一体化的设计手法，充分利用广场边界，复合多种功能，为居民打造一个可供各种活动的欢乐带。从设计创意上看，该方案是一个非常优秀的设计（图3-25）。

	早上 8:00~9:00	下午 4:00~6:00	晚上 7:00~8:00	节庆日

多功能性 — 老人晨练、打拳 | 孩子骑车、轮滑 | 老人广场舞 | 表演 观演/小型演出 互动区

老人：休息、聊天 看报
孩子：聊天、照看孩子 下棋 休息、聊天 聊天、照看孩子
打篮球 涂鸦 沙坑游戏 攀爬 沙坑游戏 大小、孩子一起围坐观赏

社区广场的使用具有明显的时段性，因此保留原中心开阔空间，同时在空间四周进行一体化的设计，在不同时间时段供不同人群使用

充分交互 — 现状人群活动集中在场地长廊一侧，缺少互动，通过场地四周一体化的设计，大大增加场地整体使用率

复合使用 — 儿童游戏沙坑+围坐座椅 休息座椅+可折叠下棋桌 儿童可调节篮球架+宣传栏 宣传栏+休息座椅

⚲ 儿童游戏区（攀爬+沙坑）　⚲ 老人休闲区（下棋+读报）　⚲ 儿童技能区（篮球+涂鸦）　⚲ 宣传展示区（LED屏、宣传板、照片栏）

单元空间的复合使用，提升空间使用效率；同时有利于老年人在满足自身活动的同时，对孩子的安全看护

图 3-25 项目设计要点

（3）实施情况

详见图3-26。

设计要点及实施度	实施后实景对比
空间多功能性 实施后场地原中心开阔空间得以保留，同时空间四周进行一定程度的设计，基本满足了不同时间段的人群使用 完成度70%	  实施效果（左）设计效果（右）
空间交互性 通过场地四周的设计，增加了座椅数量，场地整体使用率增加，互动性增强 完成度50%	  实施效果（左）设计效果（右）
空间复合使用 方案设计中较多考虑了单元空间的复合使用，并且融入了儿童的多元活动设计；基于复合空间使用的活动设计并没有落实到空间中，项目实施后的空间使用性仍旧单一 完成度0%	    实施效果（左）设计效果（右）

图 3-26 项目实施情况

（4）居民使用情况

大多数老年居民对改造项目建设情况较为满意，表示改造项目将座椅数量大大增加了，设施也进行了更新，整体更加美观；少数对改造表示不满，认为项目实施与设计图纸不吻合。

（5）设计师的看法

- **实施前**，设计师对于自己的方案比较满意。方案的设计基于充分的前期调研与分析，设计策略也能够很好地满足居民的实际需求，同时设计师对于方案的落实有很高的期望值。

- **实施中**，设计师收到居委会方提供施工图纸的请求，由于专业领域的限制，设计师仅提供了设计图纸及三维草模，并建议居委会方寻找专业的施工团队完成施工图。

- **实施后**，设计师自发去现场查看了项目的实施情况，整体而言，对实施情况表示不满意。项目的实施效果与方案的设计有较大出入，原设计中对于活动的设计没有付诸实施。

- **现在谈设计：**对于施工层面的成本计算、造价难易程度方面，考虑比较欠缺。

设计者：黄玲等

（东南大学城市规划系本科生）

（6）整体评价

总体而言，曙光里社区广场空间功能有所提升。但是和设计方案相比，有较大差距，方案的一些精华没有被实施。但居民的总体满意度较高，认为改造后社区广场使用程度有所增强，基本满足了日常生活的使用要求（图3-27）。

			实施前	实施后	完成度	
设计要点	服务设施	环卫设施	缺乏	基本满足	40%	
		娱乐设施	缺乏	较为单一	30%	
		宣传设施	突兀	与整体协调	70%	
		休闲座椅	缺乏	基本满足	50%	
	空间品质	多功能性	一般	增强	70%	
		空间交互	一般	增强	50%	
		复合使用	较差	没有提升	0%	
	居民满意度		30%	70%	70%	

图 3-27 项目整体评价

经验：项目选址好，能够同时为周边多个小区提供服务，且靠近社区服务中心；另一方面广场紧邻社区支路，交通便捷，因此广场的实际使用状况良好。

问题：设计尽管创意很好，但是方案中所运用的曲线元素较多，对施工质量要求高，实施相对困难；另一方面，在方案实施过程中，缺乏施工队伍与设计师的动态反馈。

3.2.2.4 低度实施案例——西家大塘小区内空间整治

（1）项目概况

场地概况：西家大塘16～44（双号）小区东临鸡鸣寺，西接南京市第十三中学，北依明城墙、玄武湖。小区紧邻台城路与西家大塘路，交通便利（图3-28）。

社区环境：周边配套齐全，生态、教育、医疗等资源丰富，交通便利。住宅区始建设于1980年代，3幢7层板式住宅楼受地形限制形成曲尺平面，占地面积约7000平方米。

项目目的：随着居民生活水平的日益提升，社区存在诸多问题。停车空间不足，车辆无序停放；缺乏有序管理，没有统一物业；居民公共活动空间不足等等。社区希望借助微更新竞赛的平台对社区进行更新改善。

图 3-28 项目区位图示

（2）设计与实施情况

该项目所实施的设计方案，立足于前期充分的调研分析，包括机动车、非机动车停放情况、社区不同层级的绿地环境、社区人口特征分析等。方案通过对公共空间的细致功能划分，进行详细的方案设计。在方案评选环节，该设计方案由于非常全面细致，得到评委的高度评价，社区居委会也由于设计师的认真负责而对此极力推荐。

然而，通过实地调研发现，该项目的实施率非常低。下面按照实施情况对六个空间区域进行分类评价，并通过与设计者及相关工作者、居民的访谈，了解方案实施困难的原因。

1）部分实施项目——中心花园（图3-29）。

区位图示	改造前
 小区中心花园空间	 中心绿地分南北两块，北半边绿地治理较好，南半边绿地荒芜，植被稀疏杂乱且植物配置不佳。
设计方案	实施后
近期方案 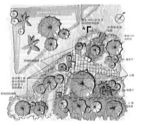 对植物配置进行优化改善	  中心花园实施后实景
远期方案  考虑了绿地景观的联系性、整体性	 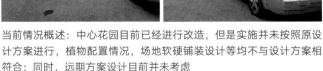 当前情况概述：中心花园目前已经进行改造，但是实施并未按照原设计方案进行，植物配置情况，场地软硬铺装设计等均不与设计方案相符合；同时，远期方案设计目前并未考虑

图3-29 项目实施部分——中心花园

2）未实施项目一——楼前花园改造（图3-30）。

通过访谈得知，该处场地下为化粪池，在此上设休息座椅居民的接受程度不高。同时，此场地存在公共空间私用化的顾虑，场地的实际使用度不高。因此，该空间并未按设计方案进行改造落实。

3）未实施项目二——北通道改造（图3-31）。

根据现场调研，与改造前场景以及设计方案效果图对比分析，场地中仅增加了几把休息座椅。通过访谈得知，该墙面改造因存在小区与十三中墙面公用的问题，涉及主体较多，沟通复杂，因此并未按设计方案进行落实。

区位图示	改造前	
 小区1号楼的楼前花园	 改造前，花园的植被种植较为单一，没有休闲座椅，使用情况较差	
设计方案		当前情况
 方案一	方案二	
设计要点：对三块草坪分别进行设计，调整花坛位置；保留原有绿化景观，同时为老年居民提供活动场所；设两个停车位，临近东侧单元入口增设一个带状花坛		

图 3-30 项目未实施部分——楼前花园改造

区位图示	改造前	
	 小区北通道是住户出入小区的必经之路，承担重要的交通以及休闲功能。存在单调闭塞、通风不畅、自行车随意摆放等诸多问题。	

图 3-31 项目未实施部分——北通道改造

设计方案		当前情况
效果图	要点一：墙面设计——墙上设置摆放盆栽花架和挂件	
效果图	要点二：设壁灯及电瓶车充电设施，结合灯具设置座椅	
	要点三：划定专用停车区，控制车辆停放	

图 3-31 项目未实施部分——北通道改造（续）

4）未实施项目三 ——亭子空间更新（图3-32）。

根据现场调研对比分析，并未按照设计方案进行项目落实，而且原景观亭被拆除了。通过访谈得知，小区整治出新中的电线下地项目，需要增设地面配电间，无处可放，只能放置于此，导致仅有的景观亭空间被小区的供电设施所占用。

区位图示	改造前	设计方案
小区东北角的休闲亭子	位置偏僻，通风不畅，空间局促，使用率较低，同时一定程度上挤占了原本紧张的停车空间	
当前情况		
实施场景图，亭子被拆除后，场地被供电设备所占用。		将亭子抬高，形成二层空间，不仅为居民提供了更别致的休闲活动场地，而且一定程度上缓解了车位紧张的状况

图 3-32 项目未实施部分——亭子空间更新

（3）设计师的看法

• **实施前，**设计师对于自己的方案比较满意。方案的设计基于充分的前期调研与分析，设计策略也能够很好地满足居民的实际需求，同时设计师对于方案的落实有很高的期望值。

• **实施过程中，**设计师持续跟进、协调各方，也不断改进自己的设计方案以适应动态的需求。但最终的实施情况并不乐观。整个方案只实施了很少的部分，并且实施情况与设计方案有较大出入。

• **具体问题：**原本希望依托小区整治出新项目，将微更新项目与小区整治的设计相结合，也依托整治施工方完成所有项目。但是，存在几个方面的问题导致实施情况不佳。

1. 小区整治出新项目并没有任何规定要求其必须完成微更新项目。因此，小区整治的设计主体并不重视，施工方也就不可能按照微更新方案施工。

2. 项目进行过程中确实遇到一些之前未曾想到的问题。如化粪池、新增配电间、围墙共用等事项。

3. 微更新与小区整治此类项目相比，处于弱势地位。原本希望依托、整合资源来实施，但是却没有达到原本的设想。

设计者：陈洁萍等

（东南大学风景园林系教师）

（4）原因分析

一个设计如此细致、设计师如此用心也愿意不断调整方案的项目，最后的实施效果却令人遗憾，其中原因是值得探究的。首先，原本以为依托政府的小区整治项目，可以使得该项目确保实施，可是无论微更新项目设计师如何用心、社区居委会和主管领导如何重视，小区整治项目的程序和微更新项目的程序并不兼容，导致无法逾越的实施障碍。可见，在没有建立有效的机制体系的前提下，依托小区整治项目，将微更新项目与其相结合的做法，反而阻碍了微更新项目的顺利实施。整个微更新项目的实施过程中，涉及主体过多，程序过于烦琐，使得项目无法有效率地进行或进一步优化，很多好的设计想法无疾而终。

3.2.2.5 未按方案实施案例——王府园社区内广场

（1）项目概况

场地情况：王府园社区位于城南靠近夫子庙，东临太平南路，西连中山南路，南接慧园街、锦绣坊，北接白下路。小区共有出口7处，属于开放式的管理。现有31栋居民楼，共有居民1350户，约3650人（图3-33）。

社区环境：王府园小区花园位于小区中

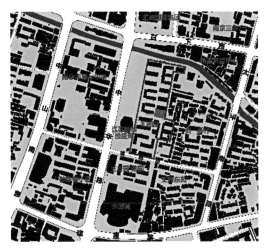

图 3-33 项目区位图示

心位置，占地面积约为1000平方米。此花园广场是1980年代回迁安置居民期间设置的休闲活动场所，2010年小区更新时曾对花园广场进行了简单的改造；安装了体育健身器材，在小区周围设置木椅供居民休憩使用。小广场占地面积约为400平方米。西南和南面紧邻机动车道，东侧是小区卫生所，北侧接一层住户院子围墙。

项目目的：广场空间休息座位较少，缺少各种活动空间，北侧长廊低矮且没有雨棚。缺少游乐设施，空间单调乏味，开敞空间沦为居民晾晒场地。另外，该广场空间缺少宣传展示空间。广场空间被占据停放非机动车。项目意图解决小区原有活动空间单调无趣、设施老旧等问题，期望更新活动空间与相关设施，满足居民不同活动的需求，进一步提升环境品质。

（2）实施情况

该项目并未按设计实施。由于该小区之前曾有过更新改造，自身基础较好，此次微更新只进行了一些局部的改造提升。究其原因有多方面，首先设计方案的改造力度偏大，资金无法满足。其次场地自身条件较好，有一定基础，通过一些微小的改造调整就可以有较好的提升。但是从不同角度出发的方案设计还是为社区微更新工作提供了更加多样的设计思路与思考方式，对今后的社区微更新设计的发展有启发作用，也对王府园小区后续改造提供了设计创意（图3-34）。

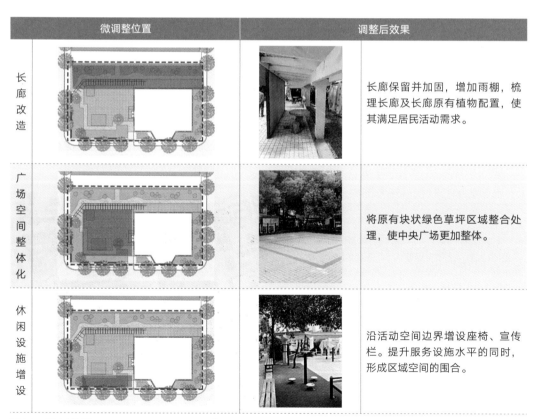

	微调整位置	调整后效果
长廊改造		长廊保留并加固，增加雨棚，梳理长廊及长廊原有植物配置，使其满足居民活动需求。
广场空间整体化		将原有块状绿色草坪区域整合处理，使中央广场更加整体。
休闲设施增设		沿活动空间边界增设座椅、宣传栏。提升服务设施水平的同时，形成区域空间的围合。

图3-34 项目实施情况

调研中发现，该社区自行更新实施的改造更加关注居民的实际需求，譬如由于地面高差导致的局部积水的处理、功能区域划分的整体化、长廊的雨棚加装等。这些细节的改造虽不起眼，但也的确提升了小区公共空间的使用体验，还大大降低了复杂设计带来的施工难度。居民满意度总体较好。

（3）整体评价

王府园小区在社区微更新实施中，基本未按原有设计方案进行更新。但是，实施方案还是吸收了设计中的长处和一些方法，社区自行在有限资金条件下针对问题进行了调整。此次微更新实施更加针对居民实际需求，并节约了实施成本。

不过，社区与设计者之间确实存在交流不足的问题，如果在设计之初就明确告知资金有限，那么设计者或许能够提供更加务实的方案。

3.2.2.6 实施情况小结

总体而言，2017年南京市公共空间微更新项目的实施情况在不同项目之间的差异较大。实施程度较高的如渊声巷社区广场项目，实施完成度达90%。实施程度较低的有西家大塘公共空间更新项目，牵涉主体复杂，实施困难。同时存在个别社区更新实施未按照设计方案落实的情况。但此次政府主导，联合各方，自上而下和自下而上相结合所推进的微更新项目是有意义的，它们都不同程度地改善了社区公共空间，方便了居民日常生活（表3-2）。

项目实施情况小结 　　　　　　　　　　　　　　　　　　　　　　　　　　　　　　　表 3-2

项目名称	实施情况	经验	问题
1．渊声巷小区内广场	高度实施	● 方案设计较好 ● 设计团队动态跟进	● 细节考虑不周 ● 管理情况不佳
2．宁惠新寓内广场	中度实施	● 根据居民实际需求针对性深化设计	● 儿童友好设施实施不佳 ● 运营管理不佳
3．曙光里社区公共广场	中度实施	● 项目的选址较好	● 设计对施工要求高 ● 施工过程缺乏监管
4．西家大塘小区内空间整治	低度实施	● 方案设计细致 ● 设计师动态跟进	● 程序烦琐，问题处理效率低 ● 某些主体重视程度不够
5．王府园社区内广场	未按方案实施	● 实施中针对问题进行调整	● 设计之初缺乏与设计者的交流

3.2.3 2018 年社区公共空间微更新优秀项目分析

2018年初在准备开展新一轮微更新活动时，2017年微更新项目的某些实施问题已经露出端倪。因此，2018年在评选对象上从2017年的方案评选转换为"中期方案评选+终期实施效果评选"，评价标准也更加清晰，针对实施后项目的功能性、创意性、参与性以及表达性四个方面。

2018年的项目不仅更多，组织机构和开展方式也更为多元。有街道和社区居委会组织的项目，有社会组织承办的项目，区政府层面组织的项目，还有社会组织与政府共同组织的项目等等。经过终期评选，有12个项目被评为优秀。优秀微更新项目最终实施的成果，往往不仅取决于方案设计水平，或是施工方的建造水平，而是项目背后多方主体的合作效果、全环节工作机制起到了重要作用。只有在多主体合作、有效机制支撑下，才能真正涌现出好的设计、保证好的施工。这是社区微更新不断提升质量、走向可持续发展的关键。

2018年项目并未完全杜绝2017年出现的一些问题，但是由于新的组织方式和评选导向，2018年的优秀项目中出现可喜的三类不同的项目，各自具有一定的适应性，值得推广。

3.2.3.1 优秀设计师主导，区、街道和社区全环节协同的项目

2018年秦淮区吸取了2017年方案优秀但实施大打折扣的教训，区政策研究室和社建办公室加大了对基层的指导力度。首先，通过咨询东南大学社区规划领域的王承慧教授，在街道和社区征集上来的若干项目可能中，首先确定了三个各有代表性的社区公共空间选点，分别是：新中国成立后为中国电子产业发展做出巨大贡献的熊猫电子厂老旧小区（归属南航社区）；2010年后建设的高容积率、开放空间匮乏的大型保障房社区；老城区老旧住区密集地带的生活性道路旁社区小广场。三个选点项目的实施将为同类地段的社区微更新提供示范。

项目具体操作方面，决定采取选择通晓设计和施工的优秀设计师主导全过程的方式。在王承慧教授推荐下，对社会事务有热心、同时有丰富设计和施工经验的优秀青年设计师甘昊组织了一个设计团队，团队成员全部具有东南大学背景，分别在设计和技术等领域具有专长。在社区居委会的有效在地组织、居民的热心参与下，设计团队进行了精心的设计，不仅解决了原有的问题、满足了居民的需求，还使得南航社区重新焕发了历史人文魅力，大型保障房社区的儿童乐园则配备了高科技互动设施，老城区道路旁小广场则成为老幼喜爱、人气旺盛的社区活力点。秦淮区的此次微更新，不仅解决了实际问题，更由于设计的优良为社区带来了优质的公共空间，提升了社区魅力，增加了居民的社区自豪感。设计在此的作用极为突出，这不是一般的设计，而是公共参与和专业设计的完美结合。设计师在其中付出了巨大努力，在项目设计过程中，为使社区和居民清晰了解方案，制作了VR实景渲染，以及动画展示，通俗明白地向参与者讲述方案，以便参与者更好发表意见。在项目实施过程中，设计师全程参与、协调工作，处理施工中出现的各种意想不到的问题，避免了施工方因施工中实际问题而修改方案，保证了最终效果。

仅以南航社区为例，该项目场地从东到西分别为花园、围墙与废弃的垃圾中转站。目前存在设施老旧、损坏，空间规划不合理的情况；围墙阻挡了居民与秦淮河之间的视线；西侧废弃的垃圾中转站有改造重新利用的潜力。此外，场地的交通停车问题亟待梳理。基于这样的现状，规划师提出三者串联设计、整体规划、分步实施的概念。通过优化花坛的位置与构

秦淮区南航社区河边公共空间更新前　　　　　　　　　　秦淮区南航社区垃圾站更新后

秦淮区南航社区三树花园（基本建成）　　　　　　　　秦淮区南航社区微展廊（在施工）

图 3-35　南航社区更新前后对比

造，增加了花园的实际使用面积，把花园打造成"三树花园"；结合围墙与花园，打造一条优雅的钢连廊并串联东西两侧；化墙为廊，将其打造成宣传与展览的阵地，联系党群的纽带；此外，结合"转角遇见美"阅读计划，并联系此社区为熊猫电子厂宿舍区的实际情况，将废弃垃圾中转站改造为一个集阅读与展览为一体的"时光书屋"，回溯往昔、享受当下、展望未来。针对老旧小区停车矛盾尖锐的问题，设计中通过精密计算和多次调研、座谈，保证了原有车位数量不变，并优化了行车路线，实现了人车分离，保障了居民活动安全（图3-35）。

3.2.3.2　社会组织主导，社区居民自主设计制作的项目

2018年还涌现出与前者操作方式完全不一样的项目，就是没有主导设计师，居民在社区组织带领下自主设计和施工的项目。此类项目不多，这里以雨花区仁恒翠竹园天空梦工厂项目为例。

翠竹园互助中心与志愿者们推动了一个名为"天空梦工厂"的新项目，由翠竹园的孩子、家长、东南大学建筑系志愿者共同设计，打造一个"孩子们心中的梦想乐园"。利用社区服务中心三楼平台的闲置场地，构筑包括树屋、天空农园、攀爬乐园、社区剧场、无敌运动场在内的综合活动场所。"天空梦工厂"不仅是孩子们的"梦想乐园"，也是社区全体居民梦想成真的成果。

翠竹园"天空梦工厂"更新前实景　　　　　　　　　翠竹园"天空梦工厂"更新后效果.

图 3-36 "天空梦工厂"项目更新前后对比

　　社区自组织的项目更加能够切实了解居民实际需求，能够更客观地代表部分居民的意愿与利益。在社区微更新的相关公共事务处理过程中，社区自治组织还积极主动保持与居委会、业委会和物业管理方的沟通交流，成为社区微更新项目中居民广泛参与的催化剂，更能实现社区微更新居民自主改善居住空间环境的意义（图3-36）。

3.2.3.3 区政府与社会组织联动策划经营的项目

　　在全部社区微更新项目当中，还出现了一些区政府直接起作用的项目，通过引入多方主体和社会资源等，共同进行社区营造。鼓楼区凤凰街道"任意盒子"共享空间，就是通过政府与社会组织联动策划经营，吸引各方资源投入与更紧密合作，从而实现社区公共空间的活力新生。

　　"任意盒子"坐落于鼓楼区凤凰办事便民服务中心入口处，房屋面积约为50平方米。此处原为"凤凰街道人民来访接待中心"，使用率不高。从地理位置上看，此处临近街道便民服务中心，居民前来办事无一例外会关注到，而且处于街道辖区的中心区域，辐射功能较好，若加以更好地利用，可成为服务辖区居民的枢纽。街道恰好也在进行综治中心升级改造工作，于是将来访接待中心迁移。

　　在考虑如何使用该空间时，街道工委经过多番考量，认为凤凰街道辖区内人文资源丰富，但缺少展示和交流的平台，于是诞生了"任意盒子"的理念，将其功能定位为小型展厅、社区展览馆、实体朋友圈、高端展览的社区延伸点。

　　在运营设计上，以服务外包的形式，由社会组织——南京鼓楼凤凰文化服务中心承接运营。凤凰文化为此组建了一个专业度高、实现力和执行力强的运营团队，组织开展一系列具有知识性、艺术性、观赏性、参与性、社会性、在地性的展览和活动。"任意盒子"的展览以7天为一个单元，室内展一般一至两个展览单元，每周一、二闭馆，周三至周日展出。"任意

"任意盒子"更新前实景   "任意盒子"更新后效果

图 3-37 "任意盒子"更新效果

盒子"开放期间，在提供参观相关服务的同时，也接受凤凰街道及周边地区居民和单位的策展申请，凤凰文化会根据展览的内容质量、社会意义、主办方的性质等因素综合考量，免费进行展览设计和布置。目前该空间大受欢迎，进行展览必须提前多日申请预约（图3-37）。

3.2.4 小结

社区公共空间微更新是希望通过发动基层社区，将社区既有衰败或弃置的公共空间或设施进行小改造、微更新，提升社区空间品质，满足人们日益提高的生活需求，切实提升人民群众的获得感和幸福感。虽然是一件看上去不是很难的、微小的事情，但是真正做好却是非常不易的。

从政府角度来看，市委社建工委起到了关键的启动作用；各区、街道作为行政主体在对社区进行支持方面起到重要作用，而从实际情况看，作用的差异性较大，与行政主体的能动性和对此类项目的重视程度相关。

从基层社区来看，有的社区并没有认识到空间提升的重要性，虽然是在"空间"上投了力量和经费，但是设计品质较低、施工粗糙、没有美感。有的社区则过分强调宣传功能，忽略实用性，在项目细节方面（如无障碍、设施性能）考虑不足。有的社区没有想到一个小项目也有可能引发很多意想不到的问题，如调整停车引发的矛盾、施工过程中出现的需要与相邻产权单位的协商等，由于没有充足能力和应对程序，导致方案搁浅。

从参与主体来看，愿意参加的设计方多为热心公共事务的高校师生或青年设计师，有热心、有专业知识，但是在方案的统筹考虑上差异却较大。善于组织公共参与的、能够协调好设计和施工全环节的设计师在少数，一方面和具有这种全能力的设计师本身就较少有关，另一方面，和政府以及社区的支持机制比较匮乏也有关。还有一个关键问题，认真负责的设计师要投入巨大精力和时间，却基本上没有收益，这种机制能持久吗？而实施主体的贡献差异就更大了，在没有好的约束机制和监督机制下，实施主体对于此类小项目往往会简化行事。见图3-38。

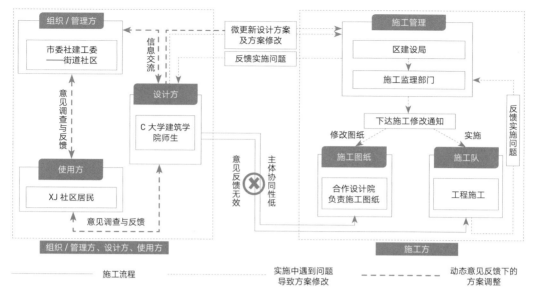

图 3-38 以某项目为例的流程与问题

另一个非常关键的问题在居民参与，居民大多数还是被动参与，缺乏积极主动参与。这与缺乏制度性的社区参与制度是有关系的。参与人数都不多，目前出现的社区组织自下而上组织的参与也都是特定人群参与。

因此，对于未来社区公共空间微更新的开展，无论是开展竞赛发动的方式，还是常态社区自主启动的方式，都需要在制度和机制方面进行建设。见图3-39。

首先，街道和社区层面应充分考虑社区居民的意见和需求，切实以社区居民的生活改

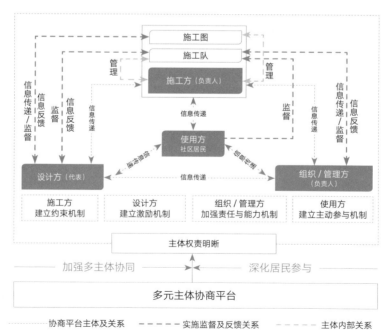

图 3-39 社区微更新实施机制优化

善为己任。通过良好的政策支持、资金保障、实施主体培育等，保障资金少、微利的微更新项目得以良好落实。街道社区需加强主体责任与能力机制，加强上下衔接、各部分沟通协调的能力，提升街道和社区决策与实施的能力。尤为重要的是，要围绕项目设计和实施，减少设计师的工作繁重度和压力，让真正好的同时又有针对性的、在资金允许范围内的、可操作性的优秀方案脱颖而出，通过约束和培育好的实施主体将好方案予以良好实施。

其次，要认识到设计价值。好的设计给社区带来的空间品质提升，不仅仅体现在功能满足，还在于文化建设，在于深远的社区自豪感的建立。为了吸引好的设计力量，应在区级、街道级层面建立激励机制，给好的设计以充分的认可，尊重设计师的智慧和劳动，给设计师提供充足的支持，使其免于将精力耗损于不必要的工作中；只有这样，才能在未来持续吸引好的设计力量参与这种微利项目中。而参与此项活动的设计师，应进行充分细致的前期调研，以居民的实际需求为导向，提出具有针对性的设计方案；同时需加强设计团队的协调能力，以及全过程参与指导。在后期的施工过程中，和居民一起监督实施情况，同时根据新情况对设计做出必要的即时调整。

再次，最终的效果是通过施工来实现的。对施工团队应建立约束机制。微更新项目一般涉及资金较小，却较为烦琐，实际中屡屡存在施工队伍配合程度不佳、施工质量不高的情况。应在委托时明确施工方责任，重视施工过程中的监督机制。由于是微利项目，市、区政府可以与国企背景的施工队伍建立合作关系，通过以人民为中心的思想确保项目施工质量。

最后却也是极其重要的是居民参与机制的建立。社区居民是微更新项目的直接受益者，应建立主动参与机制，强化居民的主动参与意识，改被动参与为主动积极参与，制定居民参与的议事规则，对设计进行有效的需求反馈，并对施工情况进行监督。

4

第4章 引导社区发展和空间治理的专项规划

4.1
行政区住房和社区发展规划

▶ 　　行政区的政府职能包括执行国民经济和社会发展计划，管理本区域的各项公共行政工作，其中涉及文教体卫和民政等各项基本公共服务，也涉及城乡建设及财政计划的制定。行政区发展规划是基于本区域的发展概况、现状问题、实际诉求，进行发展定位、空间布局、建设重点等内容的规划。和全市范围相比，基于行政区更易摸清家底、梳理存量用地和研判发展诉求。住房规划是行政区发展规划的重要专项。从2003年《国务院关于促进房地产市场持续健康发展的通知》（国发〔2003〕18号）一直到2016年国务院法制办发布的《城市总体规划编制审批管理办法》（征求意见稿）中的要求变化可以看出，居住空间规划管理要求住房规划能够对住房供应结构的合理化、住房建设量的预测和动态控制、对保障性住房量的保证等方面起到指导作用，使土地市场和房地产市场更为透明且实现有计划管理。然而，在存量发展背景下，这种以建设规划为主的编制理念，对大量既有住区发展没有指引，在引导存量社区发展方面缺少抓手，亟需探索新方法。

　　玄武区发展规划编制中，提出社区发展与住房建设相结合的编制理念，对住房和社区发展规划进行了探索，体现在：①加强加深基础信息研究；②总体策略与分项指引相结合；③住房建设与人口调控相结合；④更新改造与特色营建相结合；⑤多元参与与政策机制相结合。

4.1.1 规划编制思路

　　以往总体层面的住房建设规划存在以下几方面问题：
　　（1）重总量轻细项，缺乏需求导向的策略指引
　　既有的住房建设总体规划侧重关注住房建设数量、建设时序、空间布局和住宅户型结构等，主要是落实发展目标进行分区分类和指标上的引导，可以看出这种自上而下的约束控制缺乏对于社区、小区等单元层面的需求指导。考虑到行政区总体规划的特殊职能，在住房建设方面还应当结合需求导向进行策略指引。

（2）重空间轻社会，缺乏以人为本的规划思考

城市总体规划源于对城市工程建设的指导，因此传统的总体规划更多是指物质空间规划，缺乏对于社会空间方面的指导。伴随国家部门调整和城市居住用地矛盾变化，行政区总体规划对于住房建设的指导也要关注与人相关的职住关系、社区治理和社区服务等。

（3）重发展轻保护，缺乏特色空间的保护评估

在经济效率主导的城市建设中，大量的老旧住区被更新改造为单一功能的现代住区或者商业服务功能。然而，无论是中华人民共和国成立前的居住历史地段还是中华人民共和国成立后的计划经济体制下的工人新村和单位大院，其历史价值、社会价值和空间特色需要评估，在未来发展中以适当方式传承。

基于上述问题的反思，本次住房和社区发展规划编制突破了既有住房建设规划的窠臼，强调存量发展引导、社区发展引导和特色发展引导。首先加深了住房和社区基础研究，厘清问题；继而结合南京市住房转型发展政策和玄武区城市总体空间结构优化，提出住房和社区发展总目标，制定相应总策略，最后分解到住房发展策略和社区发展策略两个方面（图4-1）。

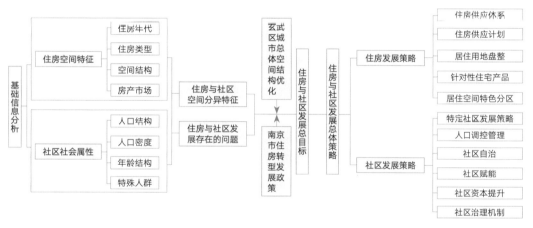

图 4-1 住房和社区发展编制思路图

4.1.2 南京市玄武区住房和社区现状分析

4.1.2.1 住房现状特征

玄武区2000年前建成的旧住区占比接近六成，并且分布于各个街道，面大量广的老旧住区将成为以后的城市整治、更新和提升的主要对象。各街道或多或少存在亟待改造的棚户区，但是保障性房源十分紧张，拆迁工作压力大（图4-2～图4-4）。

从住房类型上看，玄武区总体上住房以房改商品房为主，其中占比最大的几个社区主要集中在环玄武湖的锁金村街道以及玄武门街道。呈现老城街道、外围街道两个圈层的住房分异特征（图4-5、图4-6）。

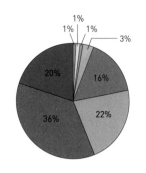

1% 1% 1% 3%
20% 16%
36% 22%

- ■ 1900~1950 年　　■ 1951~1960 年
- ■ 1961~1970 年　　■ 1971~1980 年
- ■ 1981~1990 年　　■ 1991~2000 年
- ■ 2001~2010 年　　■ 2011~2017 年

图 4-2 玄武区各年代居住区占地面积比例

4.1.2.2 社区现状特征

玄武区社区基本以户籍人口为主，新街口地区以及老城边缘地区有少量流动人口为主的社区，还有相当多的外围社区是流动和户籍人口混合型社区。

玄武区已迈入严重老龄化阶段，其中老龄化率大于20%的社区一共42个，老龄化率10%~20%的社区个数为14个，老龄化率低于10%的社区个数为3个。老城内特殊人群较多，同时户籍空挂现象明显。玄武区户籍空挂情况占比达13%，其中新街口街道户口空挂情况严重，占比达16.21%。玄武区低保边缘户以及低保户密度最高的社区主要集中在老城内的新街口以及梅园新村街道，其他街道个别社区密度较高（图4-7~图4-10）。

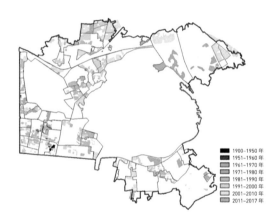

图 4-3 玄武区各年代居住用地现状分布

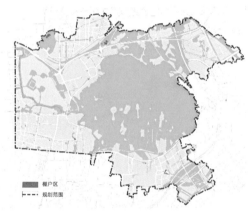

图 4-4 玄武区棚户区现状分布

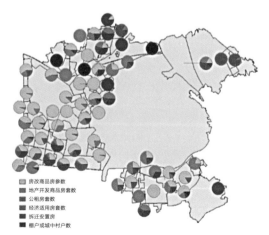

图 4-5 玄武区现状各社区住房类型比例

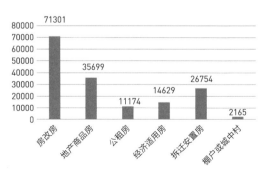

图 4-6 玄武区各类型住房数量条形图（单位：套）

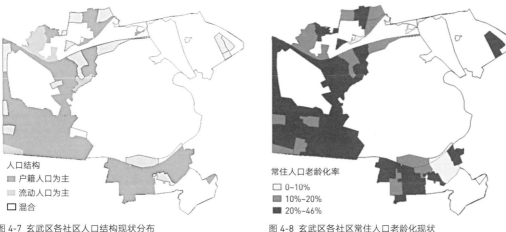

人口结构
■ 户籍人口为主
□ 流动人口为主
□ 混合

图 4-7 玄武区各社区人口结构现状分布

常住人口老龄化率
□ 0~10%
■ 10%~20%
■ 20%~46%

图 4-8 玄武区各社区常住人口老龄化现状

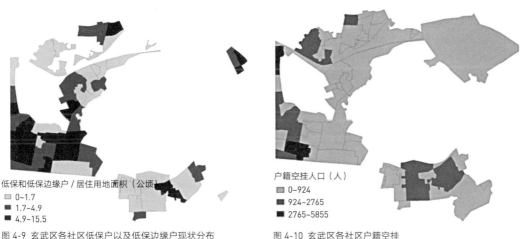

低保和低保边缘户／居住用地面积（公顷）
□ 0~1.7
■ 1.7~4.9
■ 4.9~15.5

图 4-9 玄武区各社区低保户以及低保边缘户现状分布

户籍空挂人口（人）
■ 0~924
■ 924~2765
■ 2765~5855

图 4-10 玄武区各社区户籍空挂

4.1.2.3 居住人口密度空间特征

玄武区各街道常住人口密度最高的街道为新街口街道以及梅园新村街道，总体上人口呈现以新街口为中心的圈层式密度分布特征。

玄武区户籍人口密度以城中片区的新街口街道、玄武门街道和梅园新村街道最高，其他街道存在部分社区户籍人口密度较高，同时各个街道均有户籍空挂情况。

玄武区流动人口密度各个街道均存在部分社区相对密度较高，其中大行宫社区、高楼门社区、板仓社区、晏公庙社区、仙鹤门社区流动人口密度最高（图4-11～图4-13）。

4.1.2.4 社区分异的空间特征

老城+环湖街道：以房改商品房为主和住房混合结构的社区占据绝对多数。有的社区近5年出现居住人口下降的趋势，其中玄武门街道人口减少的社区较多；不过，除了这些人口减少的社区之外，其他社区人口还是比较稳定或者也逐渐增加。居住人口以户籍人口为主，只有极少数流动人口比例较高，呈现混合人口结构。常住人口密度普遍较高。

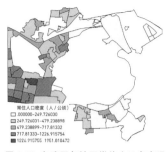
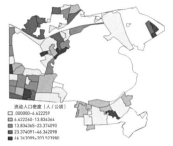
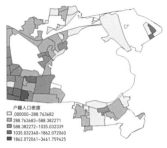

图 4-11 玄武区各社区常住人口密度现
状分布

图 4-12 玄武区各社区流动人口密度现
状分布

图 4-13 玄武区各社区户籍人口密度现
状分布

（注：数据来源于各街道人口数据统计，人口密度根据各社区相应人口总量除以社区内居住用地占地面积而得）

外围街道：与环湖和老城街道相比，保障性住房和地产开发商品房明显增多，居住人口增加趋势明显，流动人口明显增加、居住人口呈现混合结构的社区明显增多。此外，亟待改造的棚户区也较多。常住人口密度除少数社区较高外，普遍适中，有不少社区甚至是低人口密度。低保户和低保边缘户密度相对老城和环湖街道较低。

4.1.2.5 问题小结

社区老龄化严重：玄武区内除了一个社区之外，所有社区均为老龄化社区，其中 71% 为严重老龄化社区，即老龄化率超过20%。

人口密度差异大：老城人口密度太高、外围人口密度低，居住环境差异大。流动人口集聚于某些社区，社区管理压力大。新街口街道与梅园新村街道户籍空挂情况严重。

老旧住房环境差：住房类型以房改商品房为主，居住建筑以及居住环境老旧化严重，特别是高密度老旧社区人居环境较差。

棚户区改造压力大：各街道或多或少存在亟待改造的棚户区，但是保障性房源十分紧张，拆迁工作压力大。

新房供应体系单一：红山街道以及孝陵卫街道新建住房供应体系单一，缺少多样化住房供应渠道。

历史特色未凸显：锁金村街道、玄武门街道以及梅园新村街道部分特色社区缺乏价值评定，长效更新机制不明。

4.1.3 玄武区住房和社区发展总体目标和策略

总体目标分别覆盖住房供应、空间布局和社区发展，对玄武区住房和社区发展提出四大目标：①通过多层次住房供应体系将玄武区打造为"和谐宜居标志区"；②通过细化居住特色分区确保玄武区"山水城居高品质"；③通过公交导向的住区空间布局实现"公交导向促高效"；④通过系统化的社区更新计划推进"存量发展可持续"。

玄武区住房和社区发展提出三大策略：①多方平衡合力发展，需要处理住房供应、人口调控、产业布局、市场调控以及政策制度等多方面的关系；②可持续性协调发展，根据资源环境承载能力和社会经济发展需求提出合理的住房建设模式和消费模式，注重社会治理和社区发展；③特色营建内涵发展，强调居住与环境的特色融合，打造具有地段特色的街道和社区。

4.1.4 玄武区住房发展策略

（1）优化住房供应体系，规范住房租赁市场

建立包括商品住房、共有产权住房、棚改安置房、租赁住房等多种类型，一二三级市场联动的住房供应体系。扩大商品住房市场有效供应，增强政府市场调控能力。增加共有产权住房与中小套型普通商品住房供应，满足居民自住需求。加强保障性住房建设，提升基本居住需求保障水平。

（2）制定住房供应计划，控制居住用地供应节奏

在落实远期规划控制人口总量的前提下，以合理需求为导向，以稳定房地产市场为原则，保持相对平衡的住房供应规模。市级层面应当进一步完善对于政策性住房和商品房的供应量的比例规定。结合玄武区各个街道的具体住房以及人口情况，确定未来不同类型的住房建设量。同时根据发展理念，确定分期控制的住房建设量，满足长远发展需求（图4-14）。

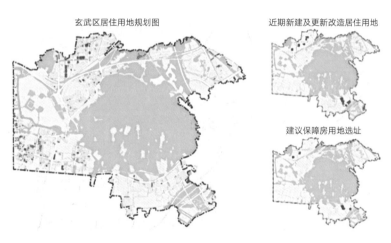

图 4-14 玄武区居住用地规划及住房供应

（3）探索居住用地盘整机制，推进棚户区改造和老旧小区持续更新

玄武区居住用地盘整应当首先考虑对于现状三类居住用地的更新以及未来二类用地的更新方向。改造三类居住用地，完善棚户区改造政策，改善居民居住条件。积极推进危旧房改造、简易楼拆迁、城中村边角地等的整治改造。制定适宜的棚户拆迁安置政策。二类居住用地根据建设年代分时期确定更新、改造、拆除的应对方式。根据区域配套条件和房屋质量实际情况，持续改善老旧住区的住房条件、服务设施和居住环境，开展老旧小区抗震加固、建筑节能改造、养老设施改造、无障碍设施补建、多层住宅加装电梯、增加停车

位、环境综合整治和适老化改造等工作，提升环境品质和公共服务能力。

（4）衔接玄武区发展趋势，提供针对性住宅产品

根据人口结构的发展趋势，提供适量的、拥有便捷公共交通和完善公共服务的人才公寓；探索建设具有南京特色、国际视野、开放包容、幸福美丽的国际社区，如银城东苑社区；建设或改造一批适老性住宅，提高社区适老性设施建设标准，重视适老性住宅的内部功能和细部设计，实现全区新增住宅适老性达标率达到100%，倡导适老性住宅与普通住宅混合布局，为老年人提供多层次交往与多样化生活（图4-15、图4-16）。

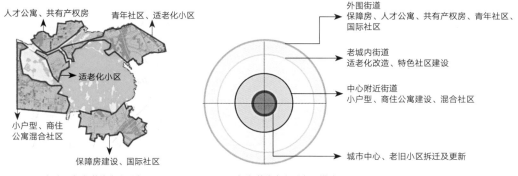

图4-15 玄武区各街道住宅类型布局　　　　图4-16 各街道住房类型布局模式

（5）引导居住空间特色分区，营建高品质宜居空间

在玄武区整体空间特色格局基础之上，考虑居住空间的周边资源和内在资源，明确分区特色，运用城市设计引导空间形态、公共设施、街巷体系和开放空间，形成内涵深厚、特色鲜明的玄武区宜居空间。新建居住区推广街区制，建设小街区、开敞式、有活力的社区。研究大单位和军事单位的大型封闭生活区的开放措施。

其次，研究特色地段价值评判方法，针对未来急需更新改造又具有历史人文价值的居住地段，提出特色分区保护，并提出针对性更新策略。玄武门街道公教一村社区民国时期由建筑大师杨廷宝先生设计，现在虽然建筑不复存在，但是保留了部分原有格局，应在全面适老化基础上，突出空间特色。锁金村街道的锁金村社区是1980年代典型住区，街道尺度宜人、富有生活气息，现有社区宜以幸福特色小镇为理念打造特色生活区。梅园新村街道北安门社区宜保留1980年代典型住区——后宰门住区的原有格局，发扬社区的特有文化。

4.1.5 玄武区社区发展策略

（1）特定社区发展策略

特定社区发展策略包括老龄化社区发展策略、国际社区发展策略以及智慧社区发展策略。其中老龄化社区发展策略主要涉及适老化打造和养老服务支持，国际社区发展策略主

要涉及构建国际友人共建共享的社区治理机制，智慧社区发展策略主要涉及智慧化物业管理。

（2）人口调控社区策略

从保障生命财产安全的角度，加大群租管理力度，提升居住生活品质，健全分区域差异化的人口调控机制，实现部分地区人口规模减量与其他地区人口规模增量控制相衔接。强化规划、土地、财政、税收、价格等政策调控作用，加强以房管人、以业定人。强化主体责任，落实人口调控工作责任制。疏解玄武区内人口密度较高社区，如大行宫社区、高楼门社区、板仓社区、晏公庙社区和仙鹤门社区的人口，与此同时大力发展租赁住房，特别是在外围街道丰富多元化住房供应渠道，完善各类配套，提升居住品质，承接中心地区疏解人口，通过差异化人口调控和住房发展机制，达到居住品质共同提升的目标。

（3）社区营造策略

在建立多方参与机制的基础上，探索社区自治的城市更新方式。利用多方社会资源，搭建专业人员参与住宅更新、环境整治等社区可持续发展的工作平台。引入规划师、建筑师、景观师、艺术家、专业高校等专业支持力量，探索建立社区规划师制度。

（4）弱势群体扶助和赋能策略

加大对于弱势群体扶助的覆盖面以及力度，基于社区特殊群体的需求以及能力，引入适宜的扶助策略。营建弱势群体友好环境，加强家庭服务、就业培训和就业咨询，在社区层面通过各类公共服务支持、社会组织共同参与，对弱势群体赋权增能。

（5）合作提升社区资本策略

通过对各社区资源的梳理，将社区资源充分利用与体制机制创新协调相结合，通过多方合作提升三类社区资本。社会资本：设立议事会，社区和企业合作，社区和高等级设施合作，社区和军队合作，医疗机构和社区养老结合，积极推进社会组织参与社区工作；经济资本：盘活街居资产，政府、市场和社会合作，用盈利补贴非营利事业；人力资本：积极推进志愿者和社会兴趣团体建设（图4-17）。

图 4-17 玄武区不同社区策略空间分布图

4.1.6 小结

在新的政策背景和矛盾转变背景下，传统规划表现出较大的不适应性，难以对未来城区住房和社区发展提出有效指导。加强加深基础信息研究，协调总体与细项、住房与人口、发展与保护、公众与政策等关系，成为住房和社区发展规划编制的重点。

（1）加强加深基础信息研究

住房及社区发展规划涉及规模预测、指标分配及年度计划，同时考虑城市存在社会、经济、人口、用地方面的复杂性，加强基础信息（居住开发情况、现状用地、历年住房供应、人口现状）的收集和研究可以保证规划的准确性和针对性。

（2）总体策略与分项指引相结合

既要制定总体发展策略，确保回应大多数人需求，解决共性问题，也要制定各社区的分项指引。总体策略需要涵盖居住用地规模、空间布局、建设政策、住宅类型、分配政策等，而分项指引具体结合各社区发展需求和人口结构等情况，提出适应老龄化、绅士化、少子化等趋势的发展策略，同时结合前瞻发展方向，制定促进智慧社区、国际社区、社会融合的发展战略。

（3）住房建设与人口调控相结合

住房建设涉及用地供应、住房类型和住房建设标准。考虑到老城区发展空间有限，人口密度大，对住房用地供应须控制一定速率，并以盘活存量用地为主，运用适当政策疏解人口密度过高的居住用地；外围地区在盘活存量之外，在生态红线等允许范围内，结合人口未来发展适当新增居住用地。住房类型方面，以中小户型的住房供应为主，并大力推进多元化租赁住房市场。从宜居的角度出发，处理好住房与产业、绿地、交通等关系，充分考虑职住关系，提高住宅开发的兼容性，推进居住用地综合立体的开发方式。

（4）更新改造与特色营建相结合

旧区更新不应该简单以建筑质量和建筑年代进行一刀切的方式拆除更新，应当结合旧住区的风貌特色、社区环境、历史价值，进行相应的保护价值评估，对于有着历史价值和社会价值的住区，应当采取适宜方式进行质量提升和功能优化。

（5）多元参与与政策机制相结合

由于存量背景下的住房需求是复合多元的，以往的基于单一供应模式的住房政策难以适应未来的发展。满足居民多样化的需求是城市住房政策的基本目标，住房政策是基于公平正义的价值原则，令社会成员能够共同分享城市发展成果的分配机制和协调机制。因此，基于居民参与的政策制定能够系统识别社会需求与当前不足，根据居民的身份情况以及实际需求构建不同群体的住房发展需求评估体系，在评估的基础上，建立一个多层次和多元主体共同参与的住房政策体系。

4.2
面向空间治理的公共空间规划

▶ 2015年中央城市工作会议强调城市工作要树立系统思维，要统筹规划、建设、管理三大环节，提高城市工作的系统性。会议提出"抓城市工作，一定要抓住城市管理和服务这个重点，不断完善城市管理和服务，彻底改变粗放型管理方式，让人民群众在城市生活得更方便、更舒心、更美好"。目前我国的城市工作体系中，规划—建设—管理三大环节不协调、不对接的问题依然存在，单线条的部门对接与传导方式严重制约了规划实施与城市管理运作；城市空间管理依然是一大难解的命题，其合理性、系统性、科学性都有待进一步论证；城市管理执法末端的空间矛盾有增无减。城市空间管理领域的理论框架、技术方法、操作机制，是未来必须加以重点探讨的命题。

玄武区发展规划编制中，积极探索了面向城市空间治理的规划方法和引导方法，构建了从问题识别与空间识别到空间导控的治理引导模式。

4.2.1 空间治理导控对象和技术路线

通过土地利用性质管控建设的方式不能从根本上解决空间使用中的矛盾。将用地性质、空间功能以及行为外部性三个方面的空间利用主体两两对应进行分析，可以得出6大类型的主要矛盾冲突（表4-1）。

各类空间冲突类型的逻辑分类　　　　　　　　　　　　　　　　　　　　表4-1

	用地性质	空间功能	行为外部性
用地性质	属于传统的城市规划管理范畴	—	—
空间功能	空间未按照用地设定的功能使用	不同功能在同一空间中不兼容，相互干扰	—
行为外部性	用地与行为不存在直接冲突关系	空间功能设置符合要求，但其外部性与周边相关行为发生冲突	不同行为活动在同一空间场所发生冲突

其中用地性质之间的矛盾是传统规划学科讨论的范畴，同时一般来说，具体行为和用地性质之间也不存在直接的矛盾冲突，其冲突必然通过空间功能等维度表达出来。如很难直接去界定某类用地上不能发生集聚行为，但可以界定其用地中不能存在诱发集聚的功能存在。在此逻辑下，可以将建成空间的矛盾冲突归纳为四个类型：

一是用地与功能冲突：即空间功能与规定的用地性质不符，如小区住宅内部空间用作办公、商业、物流等空间的行为。

二是功能与功能冲突：即功能与其相对应的用地性质并不冲突，但是其功能兼容上存在一定的问题。如在同一块商住混合用地中，底层商业的油烟、噪声等对相邻空间的居住功能产生干扰。

三是功能与行为冲突：即功能本身符合用地性质，但其诱发的行为对其他空间的功能或行为产生了干扰。例如，在沿街商业店面中，沿街店铺排队行为与道路交通发生冲突等。

四是行为与行为冲突：即在同一空间中发生的不同行为相互产生干扰。如摊贩的占道经营、路边停车、路边广场舞与行人交通的冲突等。

一般来说，前两种冲突多发生于用地单元内部或建筑内部空间，后两种冲突多发生于城市公共空间中。从管理与执法权限的角度出发，前两类属于物业管理的职权范围，后两种属于城市管理的职权范围。因此，本研究重点应对的是多发生于城市公共空间的后两种矛盾冲突。

（1）对周边产生较严重干扰的地块单元空间以及建筑空间。本研究将会系统归纳梳理各类用地单元内的具体功能对周边空间的干扰情形，并按照冲突的类型与级别分类设置导控的规则。该类空间应该包括行政办公、商业商务、居住、工业与物流等各类用地。

（2）行为活动失序，易发生冲突的城市公共空间。本研究将从行为分类的角度出发，对各类行为产生的空间干扰进行判定，并按照冲突的类型与级别设置导控的规则。该类空间应当包括道路空间、街巷空间、广场绿地空间以及其他重要建筑附带的公共场地。

对玄武区这样的特大城市中心城区来说，在增量用地基本告罄，城市发展进入以质量为导向的存量阶段的背景下，其空间治理规划主要应瞄准三大目标：

（1）通过提升微空间环境品质提升城市空间价值。即通过整合建筑空间之外的如标识、设施等公共空间要素，解决各项微空间要素混乱低效的难题，提升城市物质空间质量。

（2）通过优化空间功能分配改善城市公共空间秩序。通过明确各类空间的使用规则，构建各类空间行为活动的"共识"，引导城市空间的合理使用。

（3）通过多方协调共治的路径保障"共享时代"空间权利平衡。改变以往单向地通过城管执法维护城市空间的方式，在新的共享时代来临背景下，通过多元主体的协调缓解空间矛盾，治理"新城市病"，满足城市发展过程中不断产生的新空间需求（图4-18）。

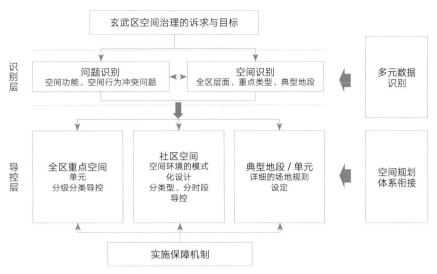

图 4-18 不同需求与强度的空间活动分类示意图

4.2.2 空间治理问题识别

该规划对于产业型、商业型、公共活动型、交通型、景观型等空间场景进行了全面的问题识别，本书主要对其中的社区生活型空间场景研究进行介绍。

研究选取老虎桥、进香河集贸市场以及锁金村社区中心三个典型地段作为研究对象。其中，老虎桥路段是典型的老城区生活型街巷空间，进香河集贸市场是沿城市次干路分布的重要社区公共设施，锁金村社区中心则是典型的开放街区内部的社区活动中心，其空间特征均具有一定的代表性。因矛盾相对较少且空间单元较为封闭，具有独立物业管理权限的封闭式商品房小区地段不纳入本次研究范围。

通过对老虎桥地段的典型空间活动断面观察可知：上午早高峰期间，空间行为以交通行为为主，以及少量街边商业经营行为；午间休息、下午下班高峰冲突较为剧烈，主要表现为水果店、熟食店等门店引发人群集聚与排队，阻塞路面交通；晚间活动冲突相对较少，主要为路面停车混乱问题（图4-19）。总体来看，社区型街巷的空间冲突，主要是有限空间内各类交通行为与社区商业引发的停留行为的矛盾。如街边店面延伸建筑前区或占用道路进行经营、餐饮门店的外带销售行为在道路上集聚大量排队人群等严重阻碍了该区域机动车通行与行人通行。此外，由于缺乏明确的街边公共场地使用规则，堆放杂物、路边违章停车、自行车摆放随意等问题也多见于此类空间。

通过对进香河集贸市场地段的典型空间活动断面观察可知：其早高峰时段的空间行为以交通行为为主，冲突相对不明显；中午和下午的餐前时段，集贸市场的购物人群往往易与交通人群产生相互干扰，并伴随存在一定的自行车停放阻塞人行道空间问题；晚间时段，主路沿线活动强度降低，主要空间冲突存在与小区内部街巷中，表现为停车空间不足

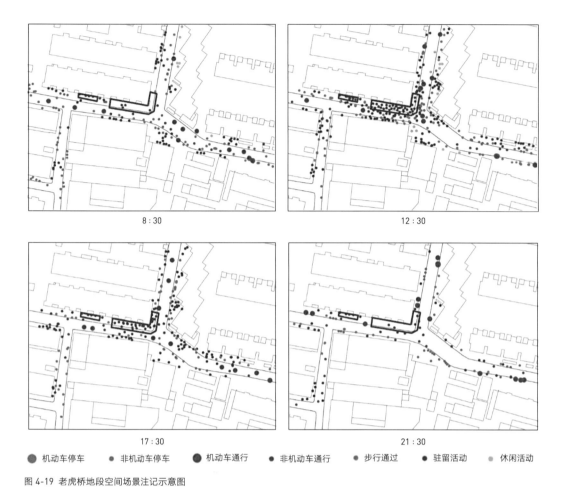

图 4-19 老虎桥地段空间场景注记示意图

且停放缺乏秩序，影响空间品质与风貌（图4-20）。总体来看，社区集贸市场这类重要的社区服务场所集聚人流的能力往往较强，为冲突高发区段，其周边空间需要力度较大的空间导控。与其毗邻的社区空间，也易因为物流运输、商业集聚等原因发生停车混乱等问题。

通过对锁金村社区中心路段的典型空间活动断面观察可知：由于路边空间总体较为充裕，该区段没有发生较为激烈的空间冲突，但在不同时段，其停车、商业、交通以及休闲活动的局部冲突特征仍然呈现出一定的规律性。一是连续路边停车空间不仅影响沿线商业门店的经营行为，也影响行人的步行选择，步行通过人群大多选择在没有停车区一侧路面行走；二是停车空间与社区中心主要出入口、社区活动广场主入口距离过小，阻碍休闲与集会场地使用；三是停车沿路或街角的公共场地利用不充分，往往成为机动车或自行车随意停放的空间（图4-21）。

总体来看，社区生活性空间内部多发空间冲突的地段包括以下三类：一是社区服务中心、社区集贸市场等人流集聚较多的空间，尤其是其主要出入口周边地段；二是社区服务商业高密度集聚的街巷空间，尤其是易形成占道经营和外带窗口排队的门店周边；三是没有明确用途的街角与街边空地。

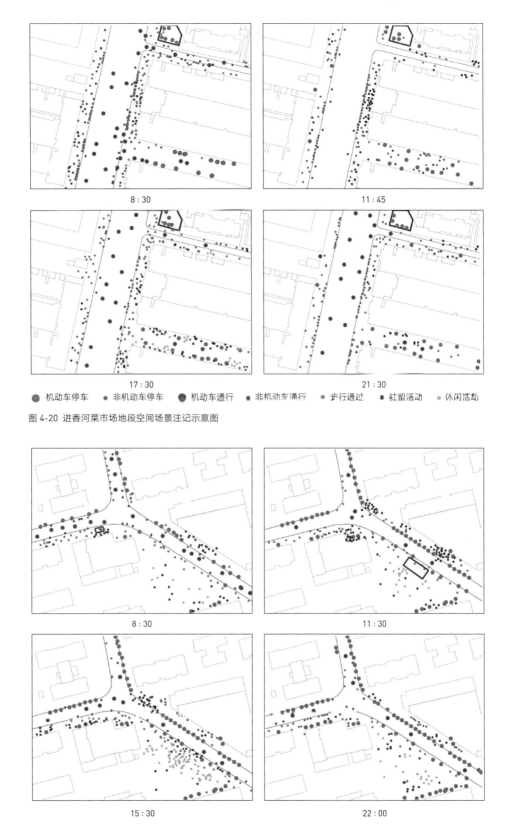

空间行为活动冲突类型主要包括建筑延伸功能行为活动与通过性行为活动的冲突、不合理的道路停留活动与通过型行为活动的冲突、多方式多流向通过型行为活动之间的冲突、不合理的车辆停放以及公共设施布置影响空间使用效率等四大类（表4-2）。

玄武区社区生活型空间治理问题识别一览表 表4-2

社区生活型空间	建筑延伸功能行为活动与通过性行为活动的冲突	不合理的道路停留活动与通过型行为活动的冲突	多方式多流向通过型行为活动之间的冲突	不合理的车辆停放以及公共设施布置影响空间使用效率
	社区商业挤占街巷空间	摊贩吸引集聚人流影响空间秩序	—	路边停车影响通行与公共活动空间矛盾

4.2.3 空间治理规划引导

4.2.3.1 总体原则

面向城市建成区公共空间这一主体，空间治理的主要目的，是在充分保障空间利用合理性、空间利用效率以及空间活力前提下，采用管制与引导结合的模式，对空间活动、空间场景、空间行为进一步优化。在制定相应空间规则之时，应把握以下原则。

（1）负面清单控制

城市是一个复杂的巨系统，承载了极其丰富多样的空间行为活动，同时，丰富的空间多种类型以及有趣的城市空间，是城市活力与品质的集中反映。治理视角下，规划作为一种干预手段，不可能准确预测所有不同类型空间行为活动所产生的正负空间效应。合理的引导和适度的管控有利于抑制某些空间行为活动的负外部性，而过度的管控往往会使空间变得单调和机械，不利于城市空间活力的提升。因此，在对建成区城市公共空间进行规划引导时，在遵循一般各类空间行为规律的情况下，对具体空间的具体问题应采用具体分析的手段，寻找空间冲突的核心症结，并以负面清单的形式对其进行导控，简化引导的流程与事项，避免控制过度与引导泛滥。

（2）空间供给区分

根据前文研究可知，空间治理引导的直接对象，是公共空间的建筑前区（或地块功能的延伸区）、通行与活动区域以及微空间设施停放空间这三类空间模块。在不同的建成空间环境下，如何科学划分这几类空间，实现合理的公共空间供给，是空间治理在规划层面面对的核心技术问题。因此，依据各个空间场景的不同条件，对同样的空间业态和空间行为，必须采用不同的导控方式，实行分区域、分路段的规划方法。

（3）功能异时分配

空间行为活动具有高度的偶发性和异时性特质，因此，对公共空间的导控，尤其是一些空间活动变化较大且呈现明确规律的空间，需要对同一空间的不同时段进行分时引导。一方面，可以在空间使用的"热点"时段加强导控，更加有效保障空间的实际运营，提升具体时间段内其主要功能的发挥；另一方面，可以在其使用的"冷点"时段，适度放宽其活动类型，更加充分地发挥具体空间的价值。

4.2.3.2 导控体系

规划引导空间治理的主要手段包括两个维度，一是从物质空间本体引导的视角出发，采用场地划分、界面引导、设施布局调整等方法，通过对既有空间本体进行优化进而避免行为活动冲突；二是从行为空间的视角出发，对没有固定用途的既有公共空间场地在不同时段、不同场景之中的利用模式进行合理安排，避免空间中出现行为活动冲突（表4-3）。

空间治理引导体系的内容与措施   表 4-3

引导系统	具体引导措施	引导类型
城市界面与功能前区引导系统	划定不同功能业态与空间条件下的建筑前区范围	分区引导
	明确建筑前区允许利用方式	分区引导
	明确某些特殊路段的建筑前区使用时段限制与方式	分时引导
	明确各类型出入口的设置原则	分区引导
	明确出入口周边区段空间的退让原则	分区引导
	明确近地面层建筑附着物、构筑物的设置原则	分区引导
公共设施整合布局系统	明确各类微空间环境要素的总体布局原则与不同空间条件下的差异化设置原则	分区引导
	提出建议性的空间设计与利用方式	设计引导
公共场地地面标识系统	明确交通性活动引导标识系统的类型与空间设置原则	分区引导
	明确经营性活动引导标识系统的类型与空间设置原则	分区引导
	明确经营性活动空间的分时段使用原则	分时引导
	明确社会活动引导标识系统的类型与空间设置原则	分区引导
	明确社会性活动空间的分时段使用原则	分时引导

由于承载的功能类型不同，各类空间单元外围的公共空间所承担的空间功能与空间活动存在显著的差异。从功能行为活动的视角来看，城市内以道路为骨架的公共空间一般可以纵向切分为建筑前区（功能延伸区）、通行与活动区、公共设施区三部分。其中，社区生活型空间集公益型服务、生活型服务、交通功能、休闲活动功能等方面功能于一体，因此需要统筹协调三类功能区在公共空间中的配置（表4-4～表4-6）。

功能空间"主导-兼容"行为活动引导 表4-4

	$H<1.5$米	1.5米$<H<3$米	3米$<H<5$米	5米$<H<10$米	$H>10$米
社区生活型空间	交通	交通—驻留	交通—驻留	交通—驻留	交通—驻留—休闲

功能空间分类一览表 表4-5

空间类型大类	空间类型中类	空间类型小类					
		$H<1.5$米	1.5米$<H<3$米	3米$<H<5$米	5米$<H<10$米	$H>10$米	有独立场地
社区生活型空间C	生活型街巷C1	C11	C12	C13	C14		—
	集贸市场路段C2	C21		C22	C23	C24	C25
	社区中心路段C3	C31		C32		C33	C34

功能空间治理的基本准则 表4-6

C	C1	C11	禁止使用建筑前区，禁止设立非机动车停车区等连续的设施带
		C12	仅允许在凹空间使用建筑前区，禁止设立非机动车停车区等连续的设施带
		C13	建筑前区宽度不得大于1米，设施带长度不得大于5米，宽度不得大于1.5米
		C14	建筑前区宽度不得大于2米，设施带长度不得大于10米，宽度不得大于1.5米
	C2	C21	禁止使用建筑前区，禁止设立非机动车停车区等连续的设施带
		C22	仅允许在凹空间使用建筑前区，禁止设立非机动车停车区等连续的设施带
		C23	建筑前区宽度不得大于1米，设施带长度不得大于5米，宽度不得大于1.5米
		C24	建筑前区宽度不得大于2米，可结合设施带酌情设置专门的非机动车停车区，设施带长度不得大于10米，宽度不得大于1.5米
		C25	保证场地内出入口与主要交通流线通畅
	C3	C31	禁止使用建筑前区，禁止设立非机动车停车区等连续的设施带
		C32	仅允许在凹空间使用建筑前区，酌情集中设置非机动车停放区
		C33	建筑前区宽度不得大于2米，可结合设施带酌情设置专门的非机动车停车区，设施带长度不得大于10米，宽度不得大于1.5米
		C34	保证场地内出入口与主要交通流线通畅

4.2.3.3 社区层面导控模式

社区层面的空间治理的主要目的是：在衔接全区总体治理策略的基础上，以路段尺度为空间规划精度，明确各个空间的功能—空间行为属性，制定相对较为明确的空间使用策略，并为具体的地段层面的精确导控提供支撑。

其具体方法为，以社区为基本空间单元，以社区内的道路网络为公共空间骨架，根据每条道路街巷自身的空间条件以及沿线功能业态，判定其道路功能空间属性，并以空间供给条件为依据，分别按照社区生活型空间、公共设施型空间、商业型空间、交通型空间、景观型空间以及多功能混合型空间的治理模式，确定其公共空间的分区与分时使用规则，以负面清单的方式明确空间中的禁止或限制行为。

以南京市玄武区北门桥社区空间单位为例，该社区位于新街口繁华区域东北角，东起洪武北路，南靠长江路文化街，西至中山路，北临珠江路电子一条街，兼具城市中心区、居住社区、产业街区、单位大院、特色街道于一体的空间单元（图4-22）。本研究制定的导控图则中，根据各场地的空间约束条件，对其进行了单元式的划分，共划分为61个空间区段，并依据不同空间区段的主要功能导向，参考前文制定的治理规则确定相应的治理策略。

其中，以交通功能为主导功能的区段，一般为交通流量较大且空间供给高度不足的地段，其对应的治理措施应包括：严禁使用建筑前区与停放设施，限制沿街立面功能业态类型，保持交通空间通畅等。具有交通空间属性，且兼容一定强度的停留功能的区段，一般为公共空间相对充足的商业路段或社区生活服务路段，其对应的治理措施一般包括：限制建筑前区的使用，优化停车等设施空间的布局，按照时段灵活调配公共活动空间的使用等。同时兼容交通—停留—休闲功能的空间，一般为空间供给较为充足，具有一定街角广场属性的开阔空间，其治理的主要手段为对空间场地进行合理的空间切分并明确各类活动的空间使用规则（图4-23、表4-7）。

以北门桥社区特殊意图区的分图则为例。分图则一（图4-24）对珠江路—中山路交叉口路段进行空间导控。该空间的特征为机动车、非机动车、步行通行流量"三高"，且沿线均为空间较为狭窄的商业路段，因此必须合理解决交通行为与商业引发的停留行为之间的矛盾。因此，多采用限制建筑前区使用与限制可移动设施停放的手段保障狭窄的路段通畅。在有条件的路段，允许建筑前区的有限度使用，并设置潮汐变更线，在交通高峰时要求取消建筑前区的使用权。

图 4-22 北门桥社区在玄武区社区空间划分中的区位

	建筑界面线	▲	主要街巷、院落出入口
	道路缘石线	▨	特殊意图区
	场地切分线	**A**	特殊意图区编号

图 4-23 北门桥社区空间治理引导图则总则

区段功能

表 4-7

区段编号	空间分类	主导—兼容功能	区段编号	空间分类	主导—兼容功能
A-01	B-31	交通	D-03	C-11	交通
A-02	B-31	交通	D-04	C-11	交通
A-03	B-31	交通	D-05	C-13	交通—停留
A-04	B-32	交通	D-06	C-13	交通—停留
A-05	B-32	交通—停留	D-07	C-13	交通—停留
A-06	B-32	交通	D-08	B-12	交通—停留—休闲
A-07	C-11	交通	E-01	B-34	交通—停留—休闲

区段编号	空间分类	主导—兼容功能	区段编号	空间分类	主导—兼容功能
A-08	C-11	交通	E-02	C-11	交通
A-09	C-11	交通	E-03	C-11	交通
A-10	C-11	交通	E-04	B-12	交通—停留—休闲
A-11	B-32	交通	E-05	B-12	交通—停留—休闲
A-12	B-32	交通	E-06	B-12	交通—停留—休闲
B-01	B-12	交通—停留	E-07	B-12	交通—停留—休闲
B-02	B-12	交通—停留	F-01	C-12	交通
B-03	M-12	交通—停留—休闲	F-02	C-14	交通—停留
B-04	B-12	交通—停留	F-03	C-11	交通
B-05	B-31	交通	F-04	C-11	交通
B-06	B-31	交通	F-05	C-12	交通
B-07	B-32	交通—停留	F-06	C-12	交通
B-08	B-32	交通—停留	G-01	B-33	交通—停留
B-09	B-32	交通—停留	G-02	B-33	交通—停留
C-01	D-32	交通—停留	G-03	B-33	交通
C-02	B-32	交通—停留	G-04	B-31	交通
C-03	C-11	交通	G-05	B-33	交通—停留
C-04	C-11	交通	G-06	B-32	交通
C-05	C-11	交通	G-07	A-12	交通
C-06	C-11	交通	G-08	A-12	交通
C-07	C-11	交通	G-09	A-12	交通
C-08	C-11	交通	G-10	C-13	交通 停留
D-01	B-11	交通—停留	G-11	C-13	交通—停留
D-02	C-14	交通—停留			

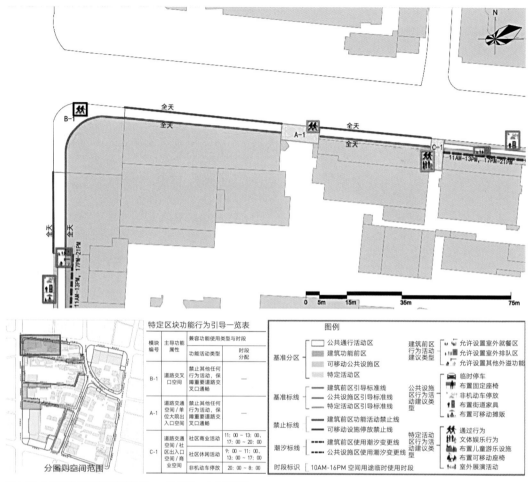

图 4-24 北门桥社区空间治理分图则一：珠江路—中山路路段

4.2.4 小结

玄武区是南京市的中心城区，是南京现代化国际性人文绿都标志区之一，国家重要的科研、电子、信息、文化、商务中心，也是华东地区现代服务业基地，南京市委、市政府及军队机关所在地。在经历了漫长的城市发展历程后，目前玄武区已经迈入城市发展与建设的存量时代，增量空间基本告罄。在强调"城市修补、生态修复"的当下，城市更新与空间环境整治逐步成为玄武区城建工作的重点。玄武区的城市空间管理工作还具有以下几个特征：一是建成年代较早，空间矛盾尤为突出。区内既有丰富的古代历史遗存，也有从民国到现代的各个时期的建设项目。由于旧的空间类型无法满足新时期的空间需求，众多的老旧小区、背街小巷、公园广场往往是各类矛盾冲突的高发地段，也是城市管理中的难点地段。二是空间构成单元多样，区内轨道交通系统与公交系统发达，政府，高校、军队、企业等各单位大院分布较多，景区、园区穿插其中，带来了丰富的空间管理实践经验。三是城市对内服务功能与对外服务功能交织存在，除一般性的生产、生活、公共服务功能外，作为重要旅游目的地与创新集聚地，玄武区经常要承担大规模的潮汐式人流集散，功能空间冲突愈发凸显。四是作为较为繁荣的老城地段，区内有限的空间饱受共享单车、快递网点等新型城市空间需求的冲击以及停车难等传统难题的困扰。

以玄武区为样板研究城市的空间治理，具有高度的典型性。玄武区发展规划编制中，对于面向空间治理的规划引导探索，具有重要的实践意义和应用价值。城市治理，需要多元共治的体系建构，也需要规划专业的引导和支持。规划专业支持，将为多元共治奠定协商的基础，否则，无目的、无导向的协同可能反而会陷入无法达成共识的困境。在这一背景下，规划专业的创新性探索、规划管理敢于承担具有高度专业性的协商平台的勇气，将十分关键。

第5章 助力社区赋能的
社区研究和规划

5.1
东南大学社区规划教学探索

▶ 基于一定组织基础之上的社区资本提高与能力提升，以多元共同体的形式参与范围更广的区域决策与发展，对于改善社区福祉、促进社会整合具有积极的推动作用。中国城市已经逐渐步入存量发展时期，对于面广量大的城市住区，如何协商共谋可持续发展，社区是一个不可替代的适宜平台，社区规划正在以各种方式悄然进入规划建设领域。

城乡规划专业教育必须基于学科发展、社会服务和人才需求的综合要求。城乡规划学科属于应用型学科，和社会经济发展密切相关。城乡规划教育，当然也必须跟进社会经济发展不断进行调适，才能培养出适应社会需求的人才。近年，笔者团队在研究生教育和本科教育均进行了社区规划领域的教学尝试。

东南大学城乡规划专业研究生教学于2016年首次开设"住房和社区发展规划"理论课，并每隔两年设置一次研究生规划设计studio——基于社区发展的住区更新，将城市住房、住区规划与城市社区发展相结合，引导学生建立将相关制度政策、住区物质载体与社区的社会构成和决策相关联的思维，是新型城镇化背景下规划教育转型的新尝试、新承担。

从studio教学组织模式上看，由高校主动发起、高校与社区组织合作建立教学情境，同时兼顾研究生教学和服务社区的双重目标。由于是高校结合教学要求主动发起的研究和规划，并没有关联实际的资金资助和项目计划，然而，高校要进行此类教学，必须与真实的社区在地组织合作，因此，尽管教学过程是相对独立的，但也是与在地组织合作的成果，教学成果也成为给予合作方的礼物，成为助力其推进社区发展的工具；由于高校擅长研究、视野广阔，最后的教学成果可以为在地组织补充社区知识信息以及考查社区的新视角。教学特色见表5-1。

2016年开展的研究生studio以"东南大学校东社区"为调查研究对象，2018年开展的研究生studio以"南京工人新村"为调查研究对象，分别是单位社区社会化转型社区的典型、计划经济时期建

教学组织特点	教学重点内容
1. 高校发起和主导教学过程，特别是社区调研具有独立性，强调深入分析研究是规划的必要基础 2. 与在地社区组织合作，教学成果助力其推进社区发展	1. 拓展住区认知。了解社区形成演变及其制度背景和机制条件，了解社区物质要素权属关系、运作方式以及社会要素组织关系、运作能力 2. 训练社区调研。运用各种调查方法与各种身份的人、机构和组织进行对话，梳理其观点和诉求的异同，判断分歧、问题及其原因 3. 综合性策略提案。发挥规划职业素养，运用政策分析、空间策划和设计提案能力，提出既扎根社区又具有创意的社区发展愿景和综合性更新策略
能力培养要求	
1. 将职业规划师素养与社区规划师意识结合 2. 同时拥有城市宏观视野和扎根社区的立足点 3. 将细致入微的体察和发展理念的创新结合 4. 将物质空间品质提升和软性机制转型优化结合 5. 警惕陷入自以为是的精英主义、狭隘的社群主义以及习惯性的预设甲方	

设的工人新村转型社区的典型。东南大学校东社区，由于还有学生住宿功能，学校仍拥有不少校产，因此尽管职工住房多数已经私有化，街道也在此设置了居委会，但是也正因如此，校方和居委会管理职能都较为弱化。对社区福祉最为关注的是另一个在地组织——业委会，由于业委会主任和不少业主都是东南大学教授，故2016年教学主要依托与东大社区业委会的合作，教学成果成为助力业委会的工具。南京工人新村，是南京解放后第一个以统建方式建设的工人住房新村，具有重要的历史价值，后陆续重建，但仍然维系了当年规划的肌理特征。改革开放后，伴随工业发展转型和空间迁移以及住房商品化浪潮，大多数住房也已私有化，但是并没有跟进完善的商品住房管理体系，物业管理薄弱，目前对其承担维护管理责任的是居委会。居委会主任等人员对工作充满热情，对于高校递出的橄榄枝十分欣喜，故2018年教学主要依托与工人新村居委会的合作，教学成果成为助力居委会的工具。

本章最后一节介绍了本科阶段的社区规划师实习的尝试。该实习持续了三年时间，最近由于学校教学计划和学期设置的调整，在时间上无法妥善安排，故暂时取消。作为该实习的组织者，经历的学生和社区的双向反馈应该说是忧喜参半。实话实说，实习过程中存在部分学生不乐意的情况，而地方在安排实习时也存在和教学目的差距较大的情况。但是，发展趋势还是明显的，学生自己的重视程度一年高过一年，提交的实习成果质量每年均有提高。地方社区方面，一些社区主体意识和能力比较优秀，能够为学生提供有质量的实习指导，学生在这些社区的实习效率和效果令人惊喜。

5.2

东南大学校东社区研究和更新行动规划——助力业委会

5.2.1 发展概况

▶ 　　东南大学校东社区始建于1950年代，位于东南大学校园东侧，目前是一个包含东大学生、教职工和城市居民的混合社区。社区总用地面积14.18公顷，总建筑面积15.75万平方米，其中公房建筑面积（学生公寓和公共性质的用房）4.8万平方米，已出售给职工的住宅10.9万平方米。成套的住房1747套。目前有学生约4600人，出租户约123户，流动人口250人，户籍人口5950人，其中老年人比例约30%。

5.2.1.1 东南大学校东社区建筑体现了历时多年建设的年代多样性

　　东南大学东社区内的建筑呈分批建设的态势。随着学校规模的不断扩大，为满足教职工和学生的生活需求，东南大学文昌桥社区经过多次的新建和更新改造，既有1950年代和1960年代建设的老公房，还有1980年代建设的学生宿舍和活动中心，以及1990年代为改善职工住房条件拆除新建了一批多层住宅。

5.2.1.2 东南大学校东社区体现了单位社区逐渐社会化转型的空间复杂性

　　自1998年住房制度改革后，历经1998年和2004年两次单位福利住房私有化，由单位制社区转型而成。2000年后南京市于此处设立社区；2009年东南大学进行后勤社会化改革，业主委员会成立，选聘物业公司进行管理。在这一过程中，"单位制"逐渐消解，东南大学社区由高校单位大院转变为城市混合社区，其建筑权属、居住人群、管理组织从单一向多元转变。目前建筑权属主要有学校产权和私人产权，但如果从楼栋来看，由于存在部分楼栋中的部分住房未私有化（约300套），因此存在着混合产权的楼栋。此外，由于历史原因，还有一些无产权但被占用的建筑（图5-1～图5-3）。

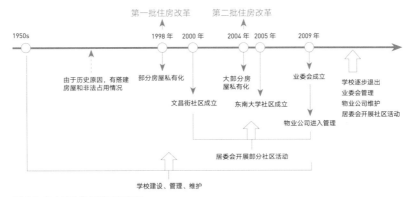

图 5-1 东大校东社区发展时间轴

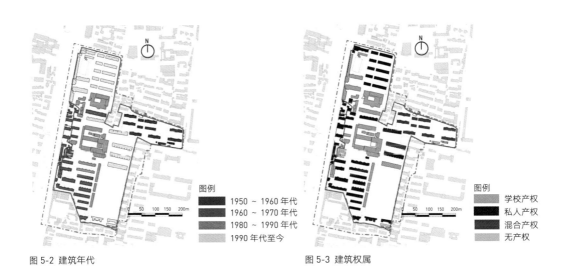

图 5-2 建筑年代

图 5-3 建筑权属

尽管包含东南大学、业主委员会、物业公司和社区居委会四大管理主体，但目前运营管理存在较多问题。同时，东大社区区位资源优越，具有丰富的文化底蕴，凝聚着老一辈教职工的记忆。

5.2.2 现状分析

5.2.2.1 物质空间

（1）社区边界

社区整体南北向长达500多米，东西向长达400余米。房改前单位大院性质的社区，自成体系，与外界社区的联系较弱，围墙是分隔社区的主要手段。随着社区社会化，在经济因素作用下，沿街面的围墙开放性增强，其余地段延续封闭性。社区目前具有四个主要出入口，社区围墙各区段呈现不同的开放性。社区东侧及南侧有围墙围合，无出入口，较为封闭，降低了运动场等设施使用的便利性（图5-4）。

（2）建筑功能

该社区功能以居住为主，其中包括一般家庭住宅和学校集体宿舍；商业建筑主要沿太平北路和小区西侧主出入口分布，社区内部商业客源主要是学生群体，故业态以餐饮为主；学校食堂和澡堂在社区内部主要道路两侧，必须持有校园卡才能使用（图5-5）。

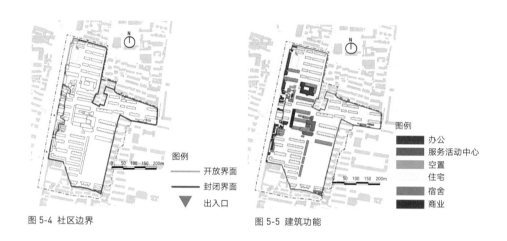

图 5-4 社区边界

图 5-5 建筑功能

（3）交通状况

社区内部道路均为人车混行，道路宽度在8～12米。学校负责基础设施的施工改造，路面开挖现象严重，但路面修复不够及时。沿路绿化也不尽理想。

社区内有一处集中停车场，但远远不够，停车占道现象严重。业委会收取停车费，通过物业公司控制外来车辆投机停车，但效果不尽理想。总体上，管理方缺乏有效的管控和优化手段。

由于社区占地面积大，且紧靠城市主干道太平北路，因此不少行人、自行车、电瓶车从社区内部借道穿越，居民对此意见较大（图5-6）。

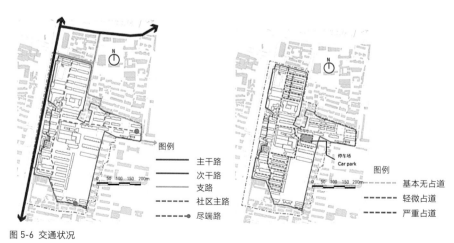

图 5-6 交通状况

（4）公共设施

校东社区的教育和医疗卫生基本公共服务主要由社区外的城市公共设施和学校服务设施提供，文化、体育、社区管理和服务、社区商业则由社区内外的城市公共设施和学校服务设施共同提供。社区内公共设施及其管理运营方式见图5-7、图5-8。

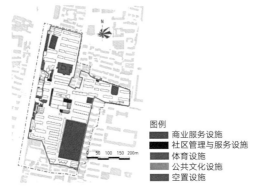

体育设施	商业服务设施	文化设施	社区管理与服务设施
小营操场 门球场	文园宾馆 路边个体经营户（零食餐饮、服装、超市、电器维修等）	教工活动中心 大学生活动中心	社区居委会 物业管理办公室 业主委员会

图 5-7 社区内公共设施

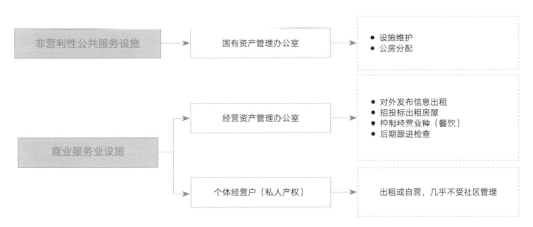

图 5-8 社区内公共设施管理运营方案

社区内尽管用地紧张，但是仍存在闲置设施。游泳池：因建设地铁需要进行建筑控制，但一直未有使用上的安排。原幼儿园：原幼儿园择址新建，此处便空闲下来，目前已经成为垃圾堆放场。大学生活动中心一层：每周末只开放一次，供学生进行舞蹈等活动，平时不开放，利用率低。

由于早期学校只关注学生和在职的教工，因此目前来看，缺乏老年人服务设施，也缺乏社区整体需求的考虑，管理薄弱，有闲置现象。

（5）开放空间

现状共有5处较为集中的开放空间：游泳池（现状已废弃），小游园，门球场，活动中心前小广场，操场。公共空间零散分布，没有形成完整的体系，缺少相应的活动设施和公

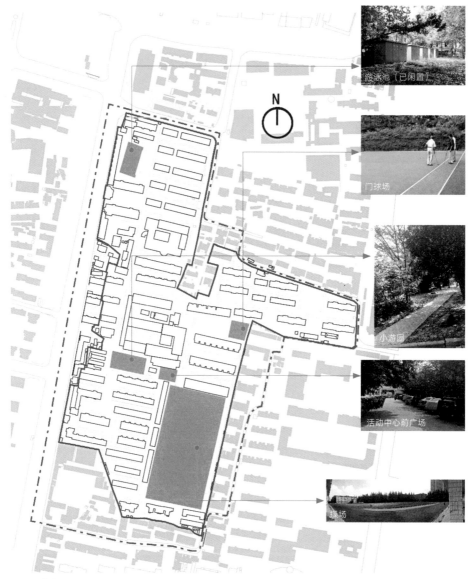

图 5-9 开放空间

共家具。其中，门球场服务特定人群，操场则为范围更大的社区居民使用，由学校管理，其中的健身设施由体育局提供和维护；小游园、广场主要为社区内居民使用，但由于缺乏引人驻留的休闲设施，多成为通道型空间，由物业公司进行日常管理。社区中的树木仍由学校后勤绿化队进行管理（图5-9）。

5.2.2.2 社区管理

东大校东社区主要有东南大学、业委会、物业公司、社区居委会四个管理主体，各自职责见表5-2。由于现有产权以及房改遗留问题，东南大学在校东生活区仍然担当重要的管理主体职责。在相关事务管理上，也有能力强弱的区别。从管理资金来源看，学校仍然承担重要资金来源的角色，既有对于学校产权建筑的维护资金，也有对于住宅楼专项维修基金的管理，还有作为业主之一的物业管理费用交纳；业主和使用者是另一重要资金来源，主要是作为停车位、社区空间、住宅楼使用者交纳相应管理费用；也存在少量情况，就是楼栋住户达成共识、自筹资金维修的情况。

校东社区管理主体及其职责 表5-2

管理主体			性质	职责
东南大学	总务处	国资办、绿化与物业管理办公室等管理部门	国有资产管理部门（非营利）	• 基础设施及环境更新（道路、操场、水电气网、绿化修复） • 住宅维修基金使用 • 学校所属住房和校舍的管理（分配、租赁和维护）。
		后勤管理集团	企业化经营（自主经营、独立核算）	• 学生宿舍以及澡堂、食堂的保洁、维修等
		资产管理经营处	国有资产经营部门（营利）	• 学校所属商业门面的租赁经营管理
	业委会		业主自荐（业主大会选举难以进行）	• 停车费收取和管理 • 选聘、监管物业公司 • 组织安排设施更新维护（如小区绿化改造、监控更新等）
	物业公司		私营企业	• 公共区域保洁（室外道路、绿地区域、住宅楼公共区域）、安保、停车管理、门卫门禁管理
	社区居委会		政府基层机构	• 人口管理、社区服务、社会福利及保障、调解民间纠纷等，侧重体察民情、维护社会稳定。

东南大学对于社区整体管理在逐渐退出，对于社区整体获益的设施更新和低效用地激活的动力不足。业主委员会关注私有化后的住房，对于社区整体利益十分关注，但是欠缺居民强有力的支持，比如仅有一半的楼栋有楼长，居民参与度低。物管公司则反映物业费收缴率低，作为私营企业也难以提供高质量的服务。而居委会则或多或少有对学校这一大单位的依赖倾向，在社区社会化转型过程中产生的养老等福利服务方面供应不足（图5-10、图5-11）。

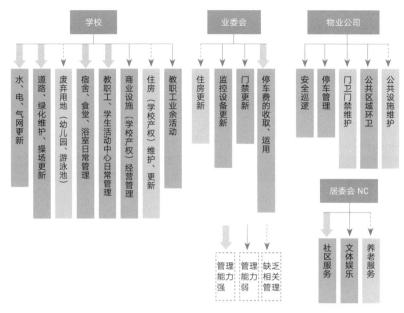

图 5-10 社区管理主体及其能力强弱

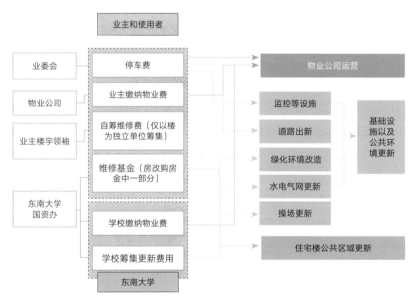

图 5-11 社区管理资金来源

5.2.2.3 居民满意度

根据社区内的不同特征，将其划分为四个片区进行问卷的发放与分析。四个社区中，临城市干道、住房年代较新的两个片区的二手房比例较大，东部住房年代最久、混合产权建筑最多的片区住房的市场换手率最低。调查发现，居民总体的社区满意度还是比较好的，说明优良的区位条件和周边环境起到了重要作用。但是具体到住房满意度、交通满意度、公共空间满意度，就明显比总体社区满意度要低，对住房的不满主要体现在设施老化、无电梯、公共卫生差等，对交通的不满主要体现在缺乏停车位、停车管理不足、路面质量差和照明不足等，对公共空间不满主要体现在绿化维护差等方面。具体到四个片区也呈现出不一样的满意度和诉求。对公共设施的满意度调查则体现出较明

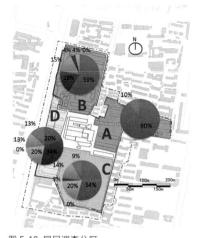

图 5-12 居民调查分区

显共性，即对东大管理的设施了解程度低，对物业管理不满意程度高（图5-12、表5-3）。

居民调查分区特征 表 5-3

片区	特征
A区	住房年代最久； 老龄化现象突出； 人员构成稳定，社区邻里关系及交往也更为密切； 该片区居民更加愿意主动为社区建设提出建议
B区	住房年代较短； 高收入家庭占比最高； 占道停车问题最为突出
C区	住房年代较久； 各项交通问题均较为突出； 更希望开展体育类活动
D区	住房产权构成最为复杂； 老龄化现象突出； 居民交往及融洽度最低； 交通满意度最低，主要集中在路面质量差问题上

5.2.2.4 学生与社区的关系

宿舍满意度：除了对宿舍本身无独立卫浴、阳台等意见较大外，认为社区环境嘈杂、环境复杂，存在安全隐患。

设施满意度：对商业服务设施了解度高，满意度也比较高。对活动类设施利用少，满意度低，对于学生活动中心使用也较低。在低效设施如何激活的问题上，学生普遍反映需

要游泳池、室内健身设施，并希望进一步提升操场设施。

公共空间使用：学生多利用校园内和社区周边的公共空间，在社区内公共空间活动频率低。

学生与居民的相互评价：以接触不多、彼此没有什么意见为主。但在参与社区活动意愿上，明显发现学生有较高的参与意愿，只是现实并没有提供参与机会（图5-13）。

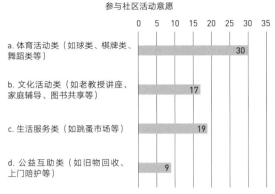

图 5-13 学生参与社区活动意愿

5.2.3 问题解析

社区物质空间更新和维护的内容见图5-14。

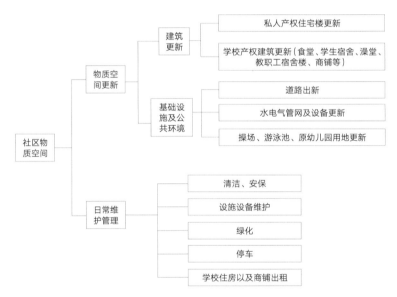

图 5-14 社区物质空间更新和维护的内容

5.2.3.1 物质空间更新面临的问题

私人产权住宅楼更新：和普通商品房相比，维修基金积累少，目前维修基金由学校管理，需要使用时要向学校申请。此外，也可以申请地方政府的老旧小区整治项目，比如平改坡等项目，但是由于学校主体的存在，此类项目设置很少。还有一种情况，是楼栋业主达成共识，自筹经费进行维修，但在缺乏楼栋领袖或邻里关系紧张的情况下，是很难成功的，这种成功案例很少。

校产建筑更新：学校对于学生公寓和教职工宿舍履行更新的责任，但对于私产和校产混合的楼栋，出现问题时则由学校国资办裁定是动用维修基金还是另行筹资。

基础设施：目前社区内道路出新，以及水电气等基础设施升级均由学校出资并负责实施，但是长远将交由城市水电气等公司负责，道路交由物管公司负责。目前由学校收取水电气等费用已经十分困难，因为存在住房再次售出的情况；而居民也反映学校收取费用和专门公司比较存在不合理现象。

公共环境：学校产权的操场、游泳池和幼儿园等用地由学校管理，但是对于其中的闲置用地，学校缺乏更新动力。其他社区绿地广场由物业公司管理。

5.2.3.2 日常维护管理面临的问题

清洁、安保和小型设备维修：这些属于物业管理日常工作，但由于物业费用收缴率低，管理面积又达14公顷，所以物业公司的服务质量有限。此外，存在学校产权建筑的保洁领域和物业管理保洁领域划分不明晰，存在推诿现象。

绿化养护：目前需要资金额度较大的行道树养护等工作仍由学校承担，但是学校打算退出该项服务，然而，资金有限的物业公司难以承担这个职责。

停车管理：停车收费是业委会的经费重要来源，用于补贴其他公益性支出。但是居民对于允许外来停车收费存在不满，认为加剧了社区居民停车不足的状况。而物业具体实施停车管理，存在管理不到位的情况。

5.2.3.3 问题原因分析

东南大学校东社区经历多年的建设、发展和转型，目前已演变为一个高度多重混合的社区——建筑年代多样、建筑权属多样、建筑功能多样、管理主体多重、学生和居民混合、居民属性多元、内部交通和穿越交通混杂等等。混合蕴藏着活力。但是越混合，越需要有效协调和管理，否则混合会陷入混乱，走向责任推诿、管理无序的境地。

经历过房改之后，学校将逐步退出对社区的整体管理，原有的单位职能将由城市基层政府、基础设施供给公司以及居民自组织承担起来。这是一个不可逆转的趋势，也是符合社会发展的趋势。但是，学校仍然是社区中的业主，拥有大量建筑，学生居住于此，在这样一个产权混杂、空间混合的社区中，难以简单脱离社区管理；同时，对于历史遗留问题，也有寻找解决办法的责任。业委会最为关注社区整体利益，但是对于一个14公顷的大型社区，物业管理本身难度就大，加上尚存在难以收缴物业费的问题，物业管理水平难以提高，居民对管理信任度低、加剧了收缴率低的问题，形成恶性循环。居委会承担社会化的基本公共服务，但是也存在依赖学校的情况，对于养老服务等投入不足。

上述是既有管理主体面对这样一个单位转型社区面临的问题。然而，社区实际上拥有优越的区位资源、优质的文化和人力资源，而对这些资源利用不够充分，潜能未能激发，则是深层次的原因。

5.2.4 行动规划策略

5.2.4.1 采取行动规划策略

行动规划是以问题为基础、愿景为导向，聚焦行动项目计划和实施路径，以积极解决存在的问题，并持续渐进地趋近发展愿景。

东南大学校东社区目前的状况是深陷于各主体责任退缩，不可能通过蓝图式规划一蹴而就解决所有问题。而通过新的、循序渐进的行动建立起新的责任体系和协作机制，是更合适的发展方式。通过采取行动规划策略，可以深度挖掘潜力资源——来自政府的政策支持，学校的师生资源和校园文化；联动协同共同发展——与城市发展有机结合，上下联动，并着重强化居民参与的短板；设定系统又创新的行动计划——把握积极因素，转化为即可进行的行动，在此基础上持续探寻发展机会，吸引更多资源落实更多行动项目。行动规划的具体特征见图5-15。

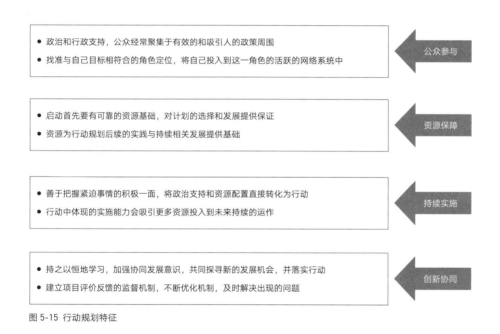

图 5-15 行动规划特征

5.2.4.2 行动导向与愿景

规划行动基于在地性资源基础：一是单位大院尚存的优点：熟人社会，早期建设留下的丰富的内部公共设施条件；二是东南大学具有的集聚效应：知识人才的集聚，师生群体拥有的活力潜质；三是所在的优势区位：社区拥有极其便捷的交通区位，优质的景观资源。在前述问题分析基础上，体现问题导向的发展策略，最终确定以"活力·融合·知识"为导向，以"与社会融合的知识型活力社区"为愿景（图5-16）。

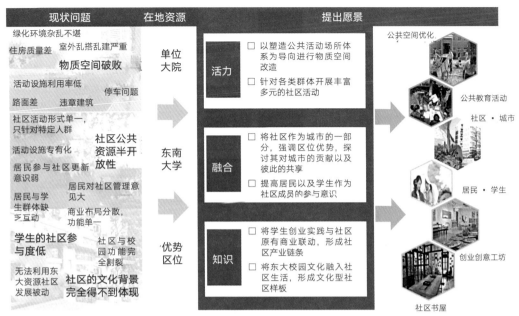

图 5-16 东南大学校东社区发展愿景

5.2.4.3 行动条件与模式

行动实施的同时，进行机制的优化，这样才能推进行动计划的持续进行。

（1）主体能力提升

居民方面：首先应普及社区组织管理机制以及各方权责，明确自己的权利，打通居民参与社区管理的渠道；其次逐步提高居民社区参与意识，理性把握话语权与监督权；一个积极理性的社区居民有责任参与到社区更新改造行动中来。

学校方面：作为社区历史上的管理主体，应有效逐步解决种种历史遗留问题。以后作为社区最大的业主，应主动承担相应的责任，对于社区未来的管理应给予合理的建议。

直接管理方：包括居委会、业委会、物业公司在内的直接管理方应各司其职并通力合作，明确各类管理事务的细则，按规定办事。建立社区公共信息平台，保证管理的公正透明。

政府方面：校东社区作为由单位制转型的社区，随着社区人员的复杂化，社区正在逐步走向开放，政府对于社区的更新与发展，应担负起引导责任，并制定相应政策予以支持（图5-17）。

图 5-17 东大校东社区主体拓展示意

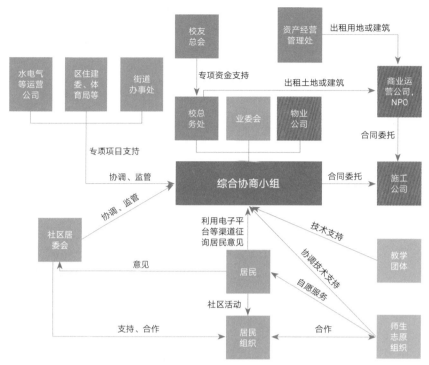

图 5-18 东大校东社区主体关系网络构建

（2）社会资本拓展

为了更好地推进社区的更新与发展，应在既有主体基础上，拓展社会资本。一方面体现在主体的拓展，鼓励、吸引更多的有利于社区的主体进入，提升社区发展的支持力量；另一方面，主体之间建立协同合作的关系网络，由综合协商小组作为媒介和平台，基于互惠共赢的理念，不断推进行动计划的进行（图5-18）。

（3）资金渠道拓展

增加资金来源渠道，通过公共项目吸引东南大学、区政府及市场投入更新资金，并利用市场运营实现资金循环。加强居民议事，促进居民组织住房更新资金自筹渠道。加强资金管理的监管措施，推进社区账务公开水平，从而增强居民对相关责任部门的信任度。

做到稳定既有资金，加强相关资金诸如物业费收缴等，并积极拓展资金渠道，包括从地方政府争取资金、通过社区与市场合作新增资金，以及构建合法渠道筹集社区基金等（图5-19）。

（4）合作经营模式

根据不同的项目类型——权属、营利性、服务要求等，采取不同的合作运营模式，达到政府、市场、社会、社区、居民的多元合作目的，最大化激发资源，为社区发展带来利益（图5-20）。

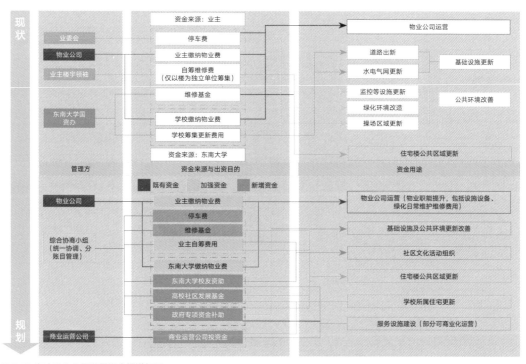

图 5-19 东大校东社区发展资金渠道拓展

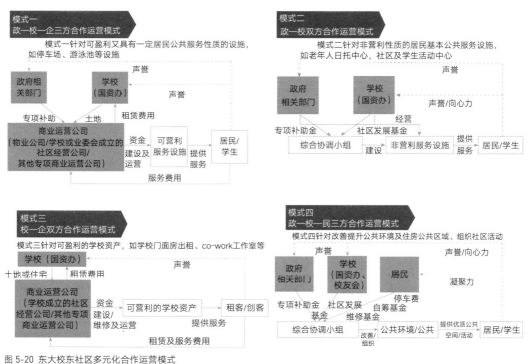

图 5-20 东大校东社区多元化合作运营模式

5.2.5 行动项目库及其实施路径

5.2.5.1 项目分类

通过调研分析，了解到学校、政府、租户、业主和学生等多方利益团体的满意度和需求，主要涉及住房条件、交通便捷、绿化环境、社区活动等多个方面。基于本次规划行动导向和愿景——活力·融合·知识，积极从主体拓展和关系网络构建方面去拓展社会资本，基于强化政府、市场与社区的合作以多维度筹集资金，相应地在"融合发展"和"知识型社区"方面设定了新的项目。如融合发展，将涉及融合型活动中心改建、操场升级与地下停车场建设等；而知识型社区，将涉及兰园历史建筑保护与更新、co-work工作室建设和新建人才公寓等。项目分类见图5-21。

图 5-21 对应活力、融合和知识的项目分类

5.2.5.2 项目难度评估

从项目的资金数量、持续时间、责任方所获利益，以及对居民生活的影响等因素进行评分，根据项目得分依次分为微更新、中更新和大更新三类。这样的分类在一定程度上反映了项目实施的规模和难度。评分依据见表5-4。总得分3～4分为微更新项目，5～7分为中更新项目，8～9分为大更新项目。

项目难度评价依据 表5-4

评分	资金规模	持续时间	责任方获利情况或协同难度
3	100万元以上	12个月以上	责任方获利较少或协同难度大
2	20万~100万元	3~12个月	责任方有一定获利或协同难度一般
1	20万元以下	3个月以下	责任方是主要利益方或协同难度小

以宅间绿地更新为例，评分过程如表5-5所示。该更新项目最终得分为4分，属于微更新项目。

宅间绿地评价过程 表 5-5

项目	更新方式	责任方	利益方	需要资金	持续时间
宅间绿地更新改造	学生参与设计，居民和学生共同更新，市绿化维护队提供技术支持和必要帮助	居委会，业委会，物业管理公司，居民	居民，业委会	20万元	3个月左右
		协同难度一般			
对应得分4		2		1	1

依据难度的项目分级空间分布如图5-22所示。

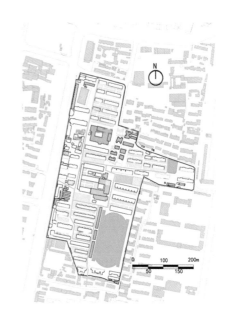

微更新项目	中更新项目	大更新项目
住宅楼道出新、增设门禁等	增设住宅电梯	需要动用维修基金的住宅楼改造
美丽阳台/宅院评选活动	大学生活动中心和社区活动中心合并	学校食堂改造
宅间绿地更新改造	建立居家养老服务体系	新建老年人日托中心
街道家具更新	游泳池	砼除部分建筑和外来非法居民
空置公房出租		新建住宅
日常社区活动	社区围墙边界和出入变化	兰园片区保护与更新
东南大学学生公益实践基地	门球场前停车场改为社区公园	操场改造，地下停车场新建
门球场		
业委会、物业与居委会办公地点合并	西侧沿街办公楼整修，作为可对外出租的工作室	基础设施更新
小游园改造	社区道路系统修缮	西主入口新建co-work工作室

图 5-22 依据难度的项目分级空间分布

5.2.5.3 实施路径

社区更新是一个多元而复杂的动态过程，其实施情况和效果受到主要责任方、资金、参与人员等多方面因素的影响。因此，需要建立一个多维的、弹性的、可持续的更新实施体系。

项目责任方，是项目实施的责任主体，其履责效果直接关系项目成败。项目责任方主要包括政府、学校、社区直接管理者等。针对不同项目责任方建立明确的项目库，且对其项目更新职责进行细化明确。在项目责任方有意愿进行更新，资金问题解决且其他相关条件成熟时，对应更新项目开始实施。由于多项目更新责任方的存在，多项目可以同时实施，同一项目也可以多路径实施（图5-23）。

需要指出的是，项目实施过程中应有监督管控主体，项目实施完成后应有运营管理主体，这些不在本次规划研究范围，但也是非常重要的。

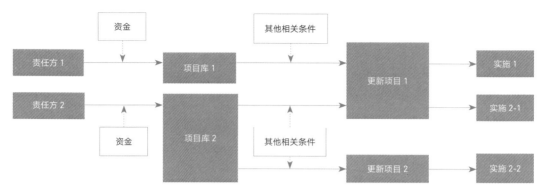

图 5-23 基于责任方的项目实施路径

5.2.5.4 更新时序

社区更新是一个漫长持续的过程，因此更新时序是一个不可回避的问题。如何确定项目更新顺序不仅仅要考虑项目资金情况，还要考虑责任方利益、之前更新项目产生的影响、居民反馈以及对后续更新的影响等多个方面。

总体上，完善社区基础设施、使社区跟上当代城市建设的基本标准，是社区挽回衰败局势的第一步，即便有投资较高的项目也应争取尽早实施。然后，从融合发展和知识型社区的定位，基于触媒理念，选取能够激发活力、实施后能带来较大利益的项目进行实施。之后，逐步完善各层级社区网络，实现社区系统的全面更新（图5-24）。

当然，在更新时序总体阶段性目标基础上，现实状况下也可以根据具体情况和条件，灵活实施项目计划（图5-25~图5-28）。

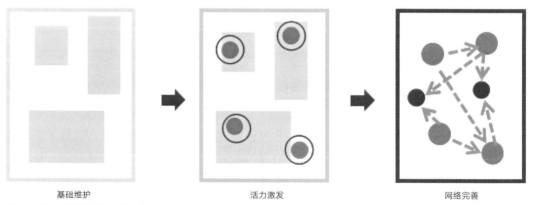

| 基础维护 | 活力激发 | 网络完善 |

图 5-24 社区更新时序的阶段性目标

图 5-25 校东社区更新理想实施模型——近期

图 5-26 校东社区更新理想实施模型——中期

图 5-27 校东社区更新理想实施模型——远期

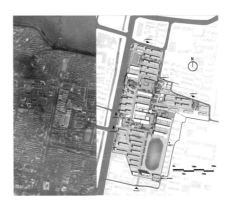

图 5-28 校东社区更新理想效果

5.2.6 小结

东南大学校东社区最终将走上多主体协同的社会化管理之路，东南大学目前是业委会成员之一，已经并且在未来还将继续脱离事无巨细的管理方角色，真正成为业主之一，当然，东大作为业主也是一个拥有较多产权建筑和较强能力的大业主。

本次教学成果最大的应用价值，就是呈交给业委会的独立研究报告。高校师生在第三方视角下，进行发展演变分析、现状分析、问题解析，全方位梳理了相关基础资料，进行了调研判断，这是给予可能不断变更人选的业委会以资料基础；基于融合发展、创新共治的思路，提出采取行动规划策略，以"活力·融合·知识"为导向，以"与社会融合的知识型活力社区"为愿景，设定行动条件和合作模式，通过项目难度评估制定分类分级分时序的项目库，并设定适宜的实施路径，这些策略建议成果对于业委会系统性、有计划地开展工作有启发性，是对业委会工作的重要支持。

目前，南京市政府对于校地融合发展寄予厚望，以期推进创新名城建设，实现高质量城市发展。东南大学所在行政区玄武区也紧锣密鼓地实施玄武硅巷战略，将环东大地区设定为东大科研创新优势引领的重要发展片区。然而，在这个过程中，校东社区潜力并未被重视，校东社区暂时也没有提出依托这一机遇发挥潜力、解决问题的策略。而在地方政府、东南大学、社区多主体之间互相理解、真诚合作的基础上，确实有新的发展机会可以探寻。本次studio中，并未讨论城市规划调整的可行性，是因为学校、业委会乃至居民不由分说地强烈反对。然而，城市规划的局部调整也有可能带来社区适度开放、更合理的社区边界重划、新的投资机会以及遗留问题解决的契机，这些可能性连共同讨论的机会都没有，部分是因为对于变化带来共赢的信任度低，部分是因为缺乏共同讨论、协同发展、寻找新机会的机制和能力。

只有建立在共同担责、共同分享机会的发展理性基础上，才能提升社会互信，带动社会资本的拓展，从而更合理地配置资源，形成更健全的社区资产，真正迈向"活力·融合·知识"的发展目标。

5.3
工人新村社区研究和公共空间更新引导——助力居委会

5.3.1 发展概况

▶　　工人新村社区始建于1950年代的芦席营工人新村，初建时多为2～3层住宅，该小区于1980年代后期大部分进行了重建，被6～7层的住宅楼替换；只有其东北侧的芦席营82号仍保留了初建时的工人住房。经历住房改革以及之后的若干次社区区划调整，目前工人新村社区管辖范围内，除去企事业单位，成片住区有：工人新村小区（8.6公顷）、金贸花园小区（4.2公顷）、芦席营70号（1.0公顷）。本次规划工作以工人新村小区为规划范围，以工人新村社区为研究范围（图5-29）。工人新村社区中，房地产开发商品房850套，全部位于金贸花园小区（2000年代初建设）；房改房2565套、房管所公房85套，全部分布于工人新村小区（1950年代初建，1980年代重建）和芦席营70号（1990年代建设）。

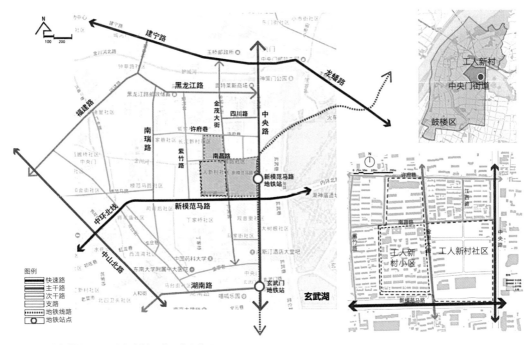

图 5-29　工人新村小区和工人新村社区的区位和范围

5.3.1.1　工人新村体现了南京在中华人民共和国成立后统建型工人住房发展历程

1952年，南京市政府在全市建设140栋工人宿舍，其中芦席营工人新村2层砖木结构楼房36栋330户，总建筑面积2.4万平方米，建成后优先由市劳模、厂矿优秀工人居住，是南京为促进工业发展、以统建方式建设的第一个工人新村。计划经济时期，大多数工人住房为单位配建，因此该类统建工人住房并不多。建成后，众多单位与企业的职工陆续入住工人新村，主要有720厂、734厂、糖烟酒公司、五交化公司等，形成一个集合工人社区。

1987年，工人新村经历拆除重建，体现了有计划的商品经济住房的典型特点，由政府企业进行统一开发建设，但仍由各单位对职工进行分配。1950年代初建时的2~3层住宅全部被拆除，重新建成了5~7层的板式及点式住宅楼，空间肌理在原来基础上发生了一定程度的变化，建筑形式和功能也更多样化。新建建筑面积共9.96万平方米，其中住宅31栋、1675户、8.82万平方米，配备工人新村小学、幼儿园等公共服务建筑等1.14万平方米。1980年代末1990年代初，因为拆除而暂时搬迁的居民陆续回迁至工人新村。同时，新建的工人新村建筑面积增加，由此为更多单位与企业职工提供了分配住房。在工人新村有分配住房的单位多达十几家，包括了国企、国家机关、教育部门等多种职能部门。

1994年后，随着住房制度改革实施，工人新村大部分住房经由私有化归个人所有。工人社区的单位管理属性开始瓦解，外来人群开始进入。但工人新村中还保留有较多原工人家庭（占总户数70%~80%），起到一定稳定剂的作用，流动人口比例并不高，社会关系相对稳定；从2005~2017年各类人口数量来看，常住人口、户籍人口、流动人口规模总体变化不大。由于工人新村历史悠久，原工人职工家庭还大量居住于此，因此老龄化严重（老龄化比例达21%），还体现出空巢独居老人多，大家庭数量也较多的特点（图5-30～图5-32）。

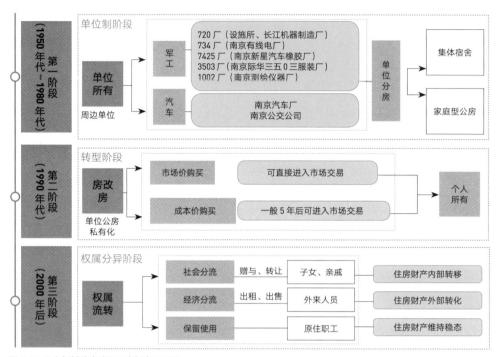

图 5-30 工人新村住房建设和产权变更历程

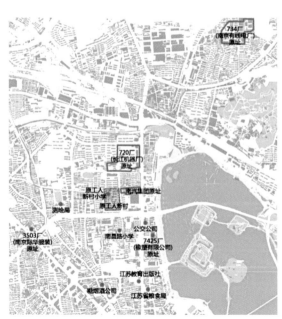

图 5-31 工人新村与住房归属单位空间示意

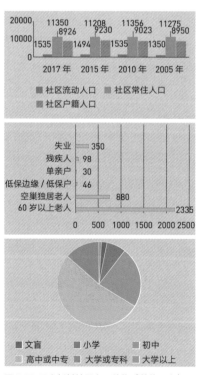

图 5-32 工人新村社区人口结构（单位：人）

5.3.1.2 工人新村社区管理体现了统建型工人住区社会化转型的特点

1994年后住房制度改革与福利住房私有化进程加速，工人新村原单位逐渐退出管理职能。2000年，工人新村一村、二村、许家桥三个居委会合并为工人新村社区居委会。

2007年社区党委成立，长江新村居委会撤销后金贸花园小区也被并入管理范围，将南至模范马路、东至中央路、北至南昌路全部并入，社区管辖范围扩大至现有范围。

在2000年代，工人新村社区从服务驻区单位、服务社区居民群众入手，发动驻区单位、社区居民广泛参与，有力促进了文明和谐社区建设。工人新村社区先后被评为全国创建文明社区示范点、全国模范人民调解委员会、江苏省文明社区、江苏省绿色社区、江苏省和谐示范社区、江苏省民主法制示范社区、南京市先进老年人协会、南京市"六好"社区管工委、南京市关心下一代先进集体等一系列荣誉。2007年社区党委书记当选党的十七大代表。数位党和国家领导人先后到社区参观考察并给予高度评价。

然而，在南京市工业发展转型的大趋势下，工人新村驻区企业以及工人新村内住房原归属企业也随之转型，部分企业自身发展衰退、部分企业迁移他处发展，导致企业对社区的关注和投入迅速降低。这种背景下，社区可以从中获取的支持和资源也日渐减少。进入2010年代，工人新村社区难以延续之前的辉煌。

工人新村小区目前的社区管理格局是：住房原单位仍然持有维修基金，负责住房维修出资，没有业主委员会；物业管理公司负责日常维护，但物业管理费用收缴率低；居委会对小区事务综合协调，和街道一起积极为工人新村小区争取区级小区整治的项目机会。由于居委会办公和社区服务用房，就位于工人新村小区内部，也方便居委会开展相关工作。工人新村小区由于历史原因，至今难以形成合理的社区管理框架，居委会面临的困难是巨大的。

然而，值得强调的是，即便社区管理面临困难和挑战，社区党建和居委会的优良传统仍然传续至今。工人新村基层社区的负责人和团队始终秉持服务社区、服务人民的初心，在新形势下积极探索新的社区管理和治理方式。这也是本次研究生社区更新设计studio得以在工人新村社区予以进行的基础条件，studio团队的调研和规划设计的全过程都获得了基层社区的大力帮助和支持，他们是高校团队进入社区的中间媒介。相应地，studio团队成员也精心工作，希望工作成果能够反馈给居委会，感谢他们对于高校教学的支持和合作，努力提高成果的有效性，以助力居委会的日常工作。

5.3.2 空间特色

2018年工人新村所在街道和社区争取到了工人新村整治项目，由区级财政解决所需资金，这对于改善工人新村住房和环境条件，是一件重大的利好项目。此类整治项目，通常有一套正规的流程，有设计单位、施工单位以及相应的监督管理。对于提高住房性能、改善基础设施，将决策交由专业团队是毋庸置疑的，然而在公共空间提升方面，由于较少体现社区的参与，经常会出现不尽如人意的情况。比如，某些小区广场更换了老旧的铺地材质、增设了锻炼设施，可是却损毁了居民喜爱的树木、减少了居民休憩的空间，甚至一些居民喜爱的承载记忆的空间元素也被去除。

工人新村居委会希望能够对整治提出一些具体要求，却不知道如何才能将要求提的更专业，不知道如何才能将社区要求顺利地整合进整治项目中。因此，居委会希望本次studio能够提供公共空间提升的策略和建议性方案。

出于有效支持居委会工作的考虑，本次studio的规划工作重点放在公共空间规划引导。第一步的工作就是对于工人新村这样一个具有历史意义的社区，对其空间特色进行研究，团队希望在把握其空间特色和针对性问题的基础上，再提出综合性的策略提案。

5.3.2.1 区位条件经历从边缘区向城中优势地区的转化

中华人民共和国成立初期，南京城市建成区基本都在南京老城之内，1949年4月旧城内农地尚占土地面积的27.35%，特别是城北地区有大量未建设用地，这些边缘用地成为城市建设特别是工业建设的首选空间。城北中央门内外，成为南京制造工业的集聚地，市政府为了解决工人住房问题，统筹建设了工人新村居住区。其时，该居住区周边除了工业厂房之外，商业服务业等其他功能较少，中央门外即是长途汽车站，该地区属于典型的城市边缘地区。

2000年之后，随着南京快速城市化、城市建设进入快速扩张期，城墙内用地很快填平补齐，一些转型工业开始迁移、用地功能退二进三，老城内土地开始置换。工人新村周边也迎来新的发展契机。工业用地逐渐减少，被置换为居住用地、商业用地、办公用地等。交通条件日益改善，中央路、新模范马路均升级改造，地铁一号线在附近也设有站点。工人新村临近的玄武湖公园、环城墙步行带、金川河滨水绿带均不断优化环境，公共设施体系也不断完善。该地区已经成为交通十分便捷、功能混合多元、环境优美的城中优势地区（图5-33）。

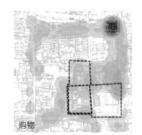  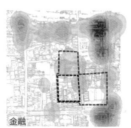 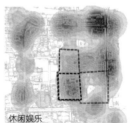

购物　　　　　　餐饮　　　　　　金融　　　　　　休闲娱乐

图 5-33 工人新村周边公共设施 POI 集聚图

5.3.2.2 用地功能体现早期单一地块大型居住区的典型特征

1950年代的工人新村虽然服务于多个厂矿企业，但是一个集中于单一地块的居住区。基于便民服务的考虑，小学等公共设施分布于住区中心，住宅楼分布于地块四周。

工人新村规划实施时，用地南部紧邻金川河的两栋民国时期建筑被保留下来，至今仍然保留。

1980年代末期进行重建时，公共设施按照新的配置要求建设，但也充分利用原有的公共设施基础进行了改建和扩建，诸如幼儿园、文化馆、菜场和粮站等，小学增容了6个班级，原有的区工业用房也进行了扩建。新增了居委会用房约800平方米，建立了劳动和社会保障站、文化站、图书室、茶访室、科普教室、老年活动室、议事厅、多功能厅等，集办公、会议、党员活动、老少之家、居民服务为一体，是一个多功能的办公办事机构。社区还建立了"幸福驿站"睦邻中心，引进社会机构为社区老人提供专业服务。除此，新增了垃圾站、变电站、增压站等基础设施，新增的商业建筑主要在北部沿街底层设置。

重建的工人新村既延续了原有社区中心在内的格局，又体现了市场经济导向下商业沿街分布的趋势。此时，对于环境也有了较高的要求，金川河沿线进行了驳岸整治，小区内也设置了休闲广场和雕塑小品。

此后，工人新村又经历了2007年的小区出新，商业业态随着市场的变化而变化，社区中心功能也随着社区管理改革而变化，但是用地和功能的总体格局并没有改变（图5-34、图5-35）。

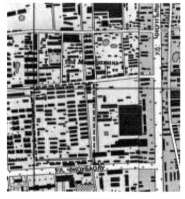

图 5-34 工人新村各时期建筑肌理
（图片来源：1950 年代设计平面引自"苏则明. 南京城市规划史［M］. 辽宁大学出版社. 2016：437"，其他根据历史地图绘制）

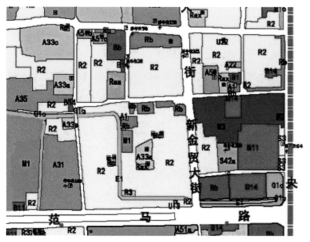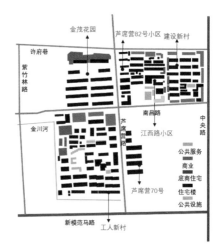

图 5-35 工人新村现状用地和建筑功能

5.3.2.3 空间形态反映注重经济实用的住区规划时代特征

1980年代末期工人新村重建时，住宅全部为多层单元楼栋，形式有条式、点式、蝶式和锯齿形若干种。住宅楼栋群体按5个组团设计，并用白色、棕色、灰色予以区分；以行列式组合为主，体现均好性，南北间距按照1：1.1比例控制；局部有东西向住宅和锯齿形住宅，以契合道路边界。道路呈现内部层级环线结构，将组团予以串联，并凸显出内部的社区中心（图5-36）。

工人新村重建规划设计，可以看出进入有计划的商品经济阶段，住区规划设计在经济适用条件下对于美好生活的追求。从关键指标上看，户均住宅建筑面积53平方米、绿地率18.75%、人均公共绿地0.57平方米/人，最大的集中绿地面积是2278.25平方米。以《城市居住区规划设计标准》GB 50180—2018中相关标准衡量，工人新村的居住水平和公共空间水平是非常集约的。但是，无论是住宅形式、组合方式，还是公共空间的布局方面，又体现出对于丰富性的追求（表5-6）。

工人新村相关指标与目前标准的对比　　　　　　　　　　　　　　　　　　　　表 5-6

工人新村	城市居住区规划设计标准 GB 50180—2018
人均公共绿地：0.57平方米/人	五分钟生活圈公共绿地：1.0平方米/人 旧区街坊内集中绿地：0.35平方米/人
集中绿地最大规模：2278.25平方米	五分钟生活圈公园最小规模：0.4公顷
绿地率：18.75%	多层I类街坊绿地率：25%～30%

注：工人新村2600余套住房，符合五分钟生活圈规模。

工人新村的公共空间并没有大型集中绿地，而是由分布于建筑之间若干小型广场和绿地组成，承担文化广场、健身空间、棋牌空间等不同功能。总体呈现分散化、集约化和丰富性的结合特征，是后续公共空间优化所需要予以重视的（图5-37、图5-38）。

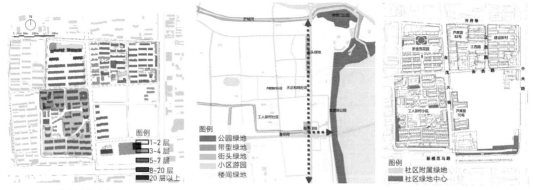

图 5-36 工人新村建筑高度及五个组团　　　　图 5-37 工人新村绿地系统

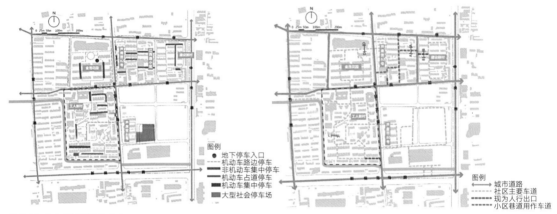

图 5-38 工人新村道路和停车

5.3.2.4 存在问题及原因分析

工人新村无论是 1950 年代初建还是 1980 年代重建，在当时都是精心设计的，体现出当时的时代特色，紧凑集约的布局于今天来看仍是十分有效的，也符合新时期集约化住房发展的导向。

然而，工人新村由于经历了社会化转型，存在历史遗留问题，负责其维护、维修的原有责任主体逐渐退出，资金积累匮乏，尚未形成新的有效的社区管理和治理机制。这导致若干方面的问题。

住区内部物质空间方面：住房和公共空间年久失修；停车问题日渐严峻，侵占了有限的公共空间；随着老龄化日渐严重，公共空间的适老化不足；文化氛围衰退，原仅有的一些文化元素既跟不上新的时代，也无法反映工人新村曾经的历史价值；住区中还有闲置用房处于废弃状态，实属资源浪费。

住区和城市关系方面：由于住区内有公共设施，因此住区无法进行封闭式管理。尽管有出入口，但实际上小区内部道路其实是开放的。而目前也并没有建构更好的管理模式，导致居民的住区安全感不足。住区外围金川河和住区内局部有开口，但是感知度不高，滨河绿化和工人新村的整合度不够。

住区长效发展动力方面：工人新村由于历史原因，居民力量分散，难以形成业委会，可以说社区管理三驾马车缺了一驾，而这样一个大型社区，本身就难以形成有凝聚力的唯一业主组织。目前社区管理主要由居委会负责居民事务和物业管理的协调，只能保证最基本的日常管理和维护。此外，住区长效发展需要的资金也极为匮乏，维修基金分散在原单位，物业费又难以收齐，居委会每年可以支配的用于社区发展的资金也很少。

5.3.3 公共空间更新引导

居委会对于公共空间更新提升的愿望，首先来自于居民长期的需求反馈，其次是希望抓住近期整治项目的契机，使得居民切实受惠于空间的改善。本次研究生studio，也是首先希望能够直接帮助到居委会，提出具体的公共空间优化项目和方案，并在整治中予以实现，使工人新村重新焕发风采。然而，作为高校团队，希望达到的目的还不仅如此，我们希望能够给居委会提供一个适应于工人新村的公共空间更新导则，毕竟一次整治不可能解决所有问题，而居委会可以设置一个长远规划，在有资金和条件许可的情况下，持续不断地进行公共空间提升工作。

研究生studio团队的工作路径是，在之前全面认识工人新村演变的基础上，仔细梳理其公共空间的布局特色和问题所在。然后基于居民需求和工人新村的优势特色，设定公共空间发展愿景。以愿景为导向，制定适宜工人新村公共空间要素框架和菜单，可以说这是一份学习资料，也是一份设计导则，可以根据设计的具体情况选取其中的菜单要素，来进行具体的公共空间更新设计。最后，通过与居委会、居民共同的社区漫步以及公共会议，确定了几个迫切需要更新的点位，进行了具体的方案设计。

5.3.3.1 公共空间梳理

由于工人新村反映了建设时代的规划特点，其公共空间布局相应地也呈现出分散化、小型化和丰富性的特质。对其进行全面梳理后，发现工人新村公共空间可分为中心广场、小口袋花园、线形空间和边角空间等四类型，不同程度存在着诸如设施老旧、利用率低、遮蔽性弱、被停车占用，甚至有未经设计完全闲置的情况。也就是说，工人新村不多的公共空间并没有被充分利用，亟需通过新的设计予以更新，为居民提供更优质的公共空间（表5-7）。

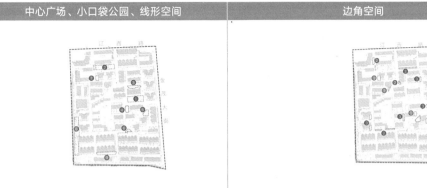

	序号	名称	现状照片	类型	问题梳理	改造意见
中心广场、小口袋公园、线形空间	1	文化广场		中心广场	设施破旧、活动文化性低	舞台横幅 活动场所 智能展示墙 增强文化氛围
	2	健身广场		中心广场	设施破旧	休憩空间修缮
	3	居委会东侧绿地		小口袋公园	利用率低	增设设施小品
	4	棋牌园		小口袋公园	遮蔽性弱	半封闭空间 结合布置公厕
	5	东门场地		小口袋公园	绿化凌乱，无活动空间	小游园（配置植被、小品、设施）
	6	健身小游园		小口袋公园	较少停留	增设桌椅等可供休憩
	7	硬质场地		小口袋公园	闲置无人停留	设计成为主题小游园

	序号	名称	现状照片	类型	问题梳理	改造意见
中心广场、小口袋公园、线形空间	8	金川河休闲广场		线形空间	绿化多、活动空间与设施少	增加活动与休憩设施
	9	楼间空地		线形空间	停车、违建占用	界面整治 合理划定停车空间 合理布置绿化设施
边角空间	1	硬质铺地型		边角空间	闲置空间 无人活动 晾晒被子占用	配置休闲设施与小品（座椅、宣传墙、路灯、狗舍等）
	2	商铺结合型		边角空间	空间利用混乱 违章停车侵占 绿化品质差	增加绿植与花坛 划定停车范围 合理停放非机动车
	3	边角绿地型		边角空间	绿化凌乱 垃圾堆放 卫生条件差 停车占用	植物配置与修建 配置垃圾收集设施

5.3.3.2 目标和愿景

公共空间更新的目标，首先是要满足长期以来公共空间和居民生活需求之间的匹配不足的问题，并解决在公共空间紧张情况下依然有空间利用低效的问题，在适应性利用、高效利用和持续经营的理念下不断提升公共空间的活力。其次，工人新村作为具有历史价值和社会意义的城市社区，长期以来衰退的工人文化氛围也希望借由未来的持续更新得以再度激活。虽然城市产业结构不断升级转型，但是制造业已经进入新的发展时期。中华人民共和国成立初期第一个五年计划、第二个五年计划下奋斗拼搏的工人文化永远值得被赞颂，值得今人学习，而工匠精神对新时期下制造业的发展仍然具有决定性的意义。最后，在低碳生态可持续发展理念下，老旧住区整治也要体现绿色发展理念，营建绿色生态的公共空间。基于上述综

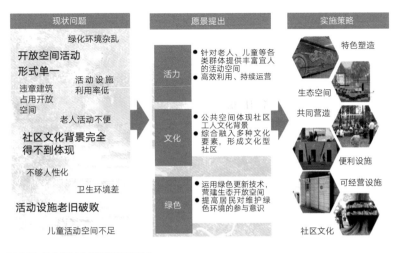

图 5-39 工人新村公共空间发展愿景

合目标，设定工人新村公共空间更新的愿景是"活力宜居·文化传承·绿色生态"（图5-39）。

5.3.3.3 设计要素框架和菜单

在目标愿景的引领下，对未来公共空间更新设计了要素框架，包括四大类三级：特色要素——主题要素和空间要素，功能性要素——儿童设施、适老设施、体育设施、停车设施、休憩设施、便民设施和市政设施，生态要素——绿环境优化、水循环、环境营造，以及可经营要素。在上述框架下共设置39项子要素菜单。这份要素框架和菜单，作为一份设计导则，可供居委会以及其他社区主体在日后长期工作中，根据具体情况加以选用（图5-40、表5-8）。

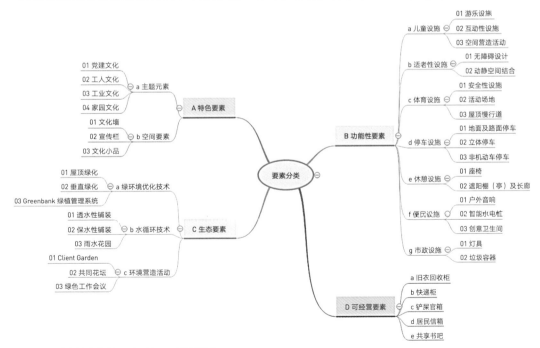

图 5-40 工人新村公共空间更新引导——要素框架

A 特色要素

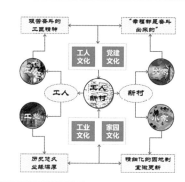

a 主题元素

1. 工人文化。
2. 党建文化。
3. 工业文化。
4. 家园文化

b 空间要素

01 种植墙

■整体绿化

b-1 文化墙

社区内部有大量墙体未被利用起来，已有文化墙未能充分体验社区特色文化和调动社区居民的积极性，参与文化墙建设。

■绿化构架

文化墙更新策略如下：

1. 墙+绿化：可以分为整体绿化和增加绿化构架两种。
2. 共绘墙：组织社区居民共同营造绘画墙、黑板墙、涂鸦墙、历史引线图

02 共绘墙

■绘画墙

■黑板墙

■历史引线图

■涂鸦墙

A 特色要素

03 设施墙　　　　　　　　　　　　　　　04 智能墙

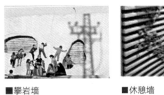

■攀岩墙　　　　　　　■休憩墙

■信箱墙　　■智能墙

05 党建墙

b-1 文化墙

3. 设施墙：墙体结合一些社区活动进行改造，如改为儿童攀岩墙、增加座椅改为休憩墙。

4. 智能墙：结合高科技智能屏实现社区墙体信息化。

5. 党建墙：弘扬社会主义核心价值观、奋斗精神。

6. 多材料墙体：结合老旧社区内已有的一些材料，打造红砖墙、瓦片墙等较有特色的墙体

06 多材料墙

■红砖墙　　　　　　　■瓦片墙

■石墙　　　　　　　　■栅格墙

A 特色要素

07 工人、工业文化墙

b-1 文化墙
7. 工人、工业文化墙：结合工人新村社区工人工业文化特征，弘扬艰苦奋斗的工匠精神

01 智能宣传栏

b-2 宣传栏
社区宣传栏主要分布在沿道路两侧或重要公共建筑周边。主题包括安全教育、社区活动宣传，以及党建宣传等方面。

宣传栏更新策略如下：
1. 社区宣传栏智能化。
2. 社区宣传栏美化

02 美化宣传栏

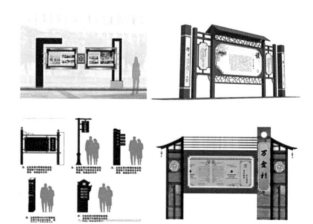

03 宣传栏功能+

■宣传栏 + 秋千　　■宣传栏 + 座椅

b-2 宣传栏
3. 与其他公共设施、空间相结合。座椅+宣传栏、快递柜+宣传栏、长廊+宣传栏

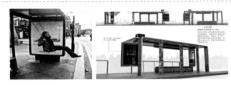

■宣传栏 + 停车

01 文化宣传小品

■工人雕塑　　　■工业器械雕塑

b-3 宣传小品
工人新村社区小品设施数量少，现仅有1处文化小品设施；造型文化特色不鲜明，识别性不强；小品周边公共空间整体较为消极。

小品设施改造策略如下：
1. 增加小品数量，在其他主入口或结合口袋花园、中心广场等设置新小品。
2. 围绕社区主题元素提升现有小品设施形象。
3. 整理现有小品周边公共空间，清退居民乱搭乱摆的菜箱及晾衣绳，合理安排停车空间，提升小品设施周边空间开敞度与活力

■党建文化宣传雕塑　　■家园趣味性雕塑

02 复合功能小品

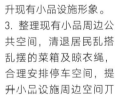   

B 功能要素

01 游乐设施

■传统儿童游乐设施

02 互动性设施

a 儿童设施

工人新村的儿童设施主要包括传统儿童游乐设施、互动性游乐设施、针对儿童的空间营造活动三类。

1. 注重儿童游乐设施的互动性与灵活性，应避免过于表面的游乐形式，给儿童留有足够的灵活度和想象空间，促进社区内儿童及居民的交流和互动。

2. 将设施与活动相结合，将活动举办与空间营建相结合，一举两得。同时也增加了儿童及居民对社区的关注度

■使用灵活度

■自由攀爬　　　　　　■想象空间

03 空间营造活动

■植物种植　　　　　　■儿童园艺

■墙体涂鸦　　　　　　■菜园体验

01 无障碍设计

■无障碍坡道　　■无障碍装置

b 适老设施

1. 注重无障碍设计细节，避免出现不必要的高差。

2. 老年人活动场地分为娱乐活动区和休憩区。动态区地面平坦、利用植物降噪；静态区林树荫、建筑廊道等形成座席空间，保障视线廊道的通畅。

3. 完善标识系统，方便老年群体出行活动

■爱心轮椅　　　■标识系统

02 动静功能结合

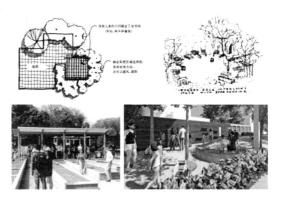

01 全民健身设施

c 体育设施

工人新村现状康体设施较为完善，使用情况良好。

1. 未来体育设施的增设应更具有针对性（老人、儿童），避免高差、硬质铺地的出现

■专用地面材料

■添加扶手　　　■健身器械

c 体育设施

2. 动静结合，留有活动场地，并配合已有植物布置座椅等休憩设施。

3. 同时合理利用公共平台空间，增设设施与场地，服务于居民生活

02 活动场地

■乒乓球场地　　■广场舞　　■平坦、无高差、专用铺地

03 慢行道

■慢行道　　■跑道

01 地面及路面停车

d 停车需求

工人新村需要解决的停车问题主要为机动车停车需求以及非机动车的停车。在社区规划中机动车的停车方式主要为集中停车、宅前及宅后停车以及沿道路停车等；现状非机动车主要停车方式可以分为集中停车及临时停放，在社区规划中可以设计独立的车棚及构架，也可以结合公共及休憩空间，设置非机动车的停车空间

■停车位与绿化相结合　　■停车序列

■生态停车　　■60°停车位划定　　■停车地面材料

02 立体停车

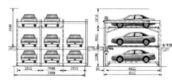 

■升降式停车（地面）　　■立体式机械停车

■简易式停车　　■智能停车管理系统

03 非机动车停车

■开放式停车棚　　　　　■半封闭式停车棚

■生态型停车架　　　　　■简易停车架

01 座椅

e 休憩设施

工人新村的休憩设施主要包括座椅、遮阳亭以及长廊的设计。应结合环境规划来考虑座椅的造型和色彩，力争简洁适用。室外座椅的选址应注重居民的休息和观景

■路边座椅　　　　　　■组合型座椅

■与树木及花坛相结合

■景观型座椅、创意座椅

■下沉式座椅

02 遮阳棚（亭）与长廊

■遮阳亭、景观棚　　　　■组合型

■景观长廊、风雨廊

e 休憩设施

室外座椅的设计应满足人体舒适度要求，普通座面高38～40厘米，座面宽40～45厘米，标准长度：单人椅60厘米左右，双人椅120厘米左右，3人椅180厘米左右，靠背座椅的靠背倾角为100°～110°为宜。遮阳亭及长廊主要结合面积较大的开敞空间设置，需要协调功能性使用，并且达到一定的景观效果

01 户外音箱

■景观音箱

f 便民设施

宜在距住宅单元较远地带设置小型音箱，适时播放轻柔的背景音乐，增强轻松气氛。音箱外形可结合景物元素设计。高度在0.4～0.8米为宜，保证声源能均匀扩放

02 智能水电桩	03 创意卫生间

f 便民设施

智能水电桩为户外居民活动、电动车等提供电源；为植物景观、设施清洁养护提供水源。

在社区中结合特定的公共空间应设立1~2个便民卫生间，以满足居民生活需求

■智能水电桩

■创意卫生间

01 灯具

g 市政设施

工人新村的市政设施主要包含灯具以及垃圾容器等设施。

社区中灯具主要分为两种，一种为结合道路设置的路灯，强调照明效果；一种为结合景观设计的柱灯、地灯以及墙灯等，主要强调景观效果以及夜间的基本照明，满足一定的设计要求

■路灯　　　　　■柱灯

■低灯柱（景观）　　　　　■地灯

■景观型灯具

■座椅灯　　　　　■墙灯

02 垃圾容器

g 市政设施

社区中的垃圾容器一般设在道路两侧和居住单元出入口附近的位置，其外观色彩及标志应符合垃圾分类收集的要求。

垃圾容器分为固定式和移动式两种。普通垃圾箱的规格为高60～80厘米、宽50～60厘米，放置在公共广场的垃圾箱规格要求较大，高宜在90厘米左右，直径不宜超过75厘米，可结合其他便民设施共同设计

■创意型垃圾桶

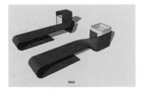

■与座椅相结合的垃圾容器

C 生态要素

01 屋顶绿化

■休闲屋顶 ■生态屋顶

a 绿环境优化技术

1. 屋顶绿化

既有休闲娱乐的场所又有生态种植的形式。

休闲屋顶、生态屋顶、种植屋顶

■种植屋顶

02 垂直绿化

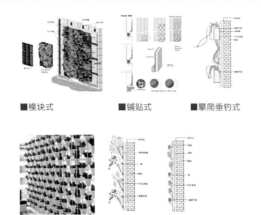

■模块式　　　■铺贴式　　　■攀爬垂钓式

■摆花式　　　■板槽式　　　■口袋式

a 绿环境优化技术
2. 垂直绿化
模块式、铺贴式、攀爬垂钓式、摆花式、板槽式、口袋式。
3. Greenbank绿植管理系统
保存树木：对于景观、环境价值高的树木进行保存。
移植树木：无法保存的树木，尽可能地通过移植来使用。
循环利用：被迫砍伐的树木，作为新的资源，再加工为长凳、景观小品等

03 Greenbank绿植管理系统

■武藏野市樱堤团地保留樱花树　　■移植作业

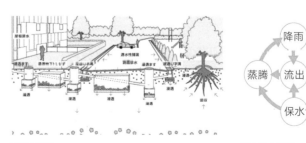

■树木循环改造

01 透水性铺装

b 水循环技术
对地下水的培养，降低环境负荷
1. 透水性铺装
（1）通过培养地下水，确保河流的平常水，保全自然的水循环系统。
（2）使地区的雨水流出总量、峰值流量减少，减缓市政管道压力，防止城市发生水灾

■雨水渗透　　　　　　　　　■自然水循环

b 水循环技术

2. 保水性铺装

在下雨天，在铺路里的微细的缝隙里积存雨水，放晴的日子里，储存的水分每到一段时间就蒸发掉，从而使路面的表面温度下降。

02 保水性铺装

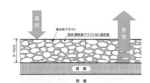

■道路断面

■保水性铺装示意图

3. 雨水花园

低影响、低成本、低维护，营造可观可玩可用的生态空间。

（1）雨水再利用路径

（2）台地

（3）低维护植物

（4）节能型材料

（5）明快的色彩

03 雨水花园

■雨水花园台地

■雨水路径剖面图

c 环境营造活动

地区的人们一边享受着与自然环境的接触，一边培养对地区自然和地球环境友好的生活，并希望能够帮助他们继承社区和地区的历史。

1. Client Garden

期待着日常生活的自然变化和四季的变化，面向社区客人，一起参与营造与分享收获的喜悦。

01 Client Garden

■上野台团地社区小菜园（出售农作物）

2. 共同花坛

住在小区里的志愿者共同营造，给行人提供了明亮的美丽景观。

02 共同花坛

■大阪府池田市团地 社区志愿者共同建设花坛

3. 绿色工作会议

组织居民们开展"绿色研讨会"。并以防灾为主题，举行"制作公园研讨会"，以及以艺术为主题的研讨会，自然观察会等活动，由室内空间的维持和管理的居住者参与，也成为加深对社区和地区自然的理解的契机

03 绿色工作会议

■多摩平の森团地 花森俱乐部

D 可经营要素

未来工人新村社区的可经营要素主要包含旧衣回收柜、快递柜、铲屎官箱、居民信箱以及共享书柜等设施。 旧衣回收柜及快递柜作为可以从外部引进的可经营性的便民设施。 铲屎官箱是为社区的养犬居民提供宠物用纸的便民设施，同时对社区环境卫生有一定保护作用。 居民信箱及共享书柜作为社区居委会管理、社区居民共同经营的便民设施，为居民提供反映建议的渠道，并促进居民间的交流。共享书柜通过居民捐赠，为居民提供读书场所，定期举办读书活动，增进交流	a 旧衣回收柜  　　b 快递柜  c 铲屎官箱（宠物便便箱） 　　d 居民信箱  e 共享书柜 

5.3.3.4 近期更新项目及方案

出于整治项目资金不能一次性解决公共空间的所有问题，居委会决定结合本次项目先解决最迫切的问题。居委会、居民和教学团队在多次共同讨论和社区漫步之后，基于公平正义的原则，优先选择为老、为小项目，优先提升代表工人新村形象的文化广场，优先解决群众长期反映的停车杂乱以及平台花园破败不堪的问题，共选择了五个点位进行了方案设计，分别也代表了不同的公共空间类型——中心广场、小口袋花园、线形空间、边角空间和屋顶平台入口花园（图5-41）。

在方案设计过程中，均再次认真解读存在的问题，在此基础上，有针对性地从菜单中选择相应要素，在设计中予以灵活运用。本次提供的方案给居委会在整治项目中提供了极好的参照，方案中精华部分也被吸收进整治方案，起到了实践服务基层社区的积极作用。这里仅以服务于老人的棋牌乐园为例，

图 5-41 工人新村公共空间更新设计点位选择

说明要素框架和菜单的应用效果。

"棋牌乐园"的主要使用人群是老年人，活动时间约为下午2点至5点，进行下象棋、打扑克牌等休闲活动。然而现状存在诸多问题。老人在此活动时间长，但是现有遮蔽面积过小；边上即为废品收购站，环境不卫生；铺装排水性差，且缺乏无障碍设施；活动老人多为老工人，然而此处没有任何工人文化气息；等等。为应对这些问题，综合选取了若干要素，在现状基础上进行了提升设计。方案精彩之处，在于巧妙扩展了原有廊架、增设文化要素、精心设置无障碍以及适老座椅，巧妙植入小型公厕等。虽然方案并没有完全实施，但是最重要的扩展廊架、无障碍设施和铺装得以实施，为在此活动的老人切实提高了空间品质（图5-42～图5-44）。

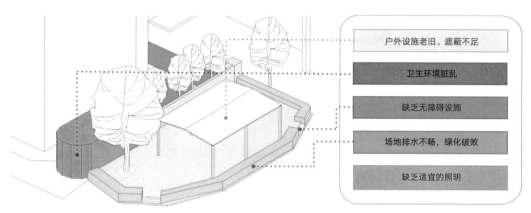

图 5-42 棋牌乐园问题分析

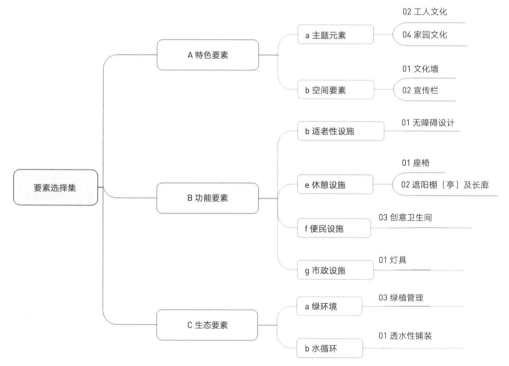

图 5-43 棋牌乐园更新要素选择

更新前　　　　　　　　　　　　　　　　　　更新后（方案并未完全实施）

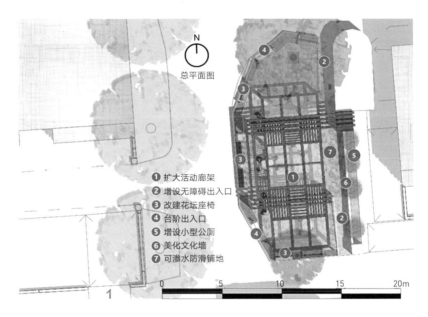

总平面图

❶ 扩大活动廊架
❷ 增设无障碍出入口
❸ 改建花坛座椅
❹ 台阶出入口
❺ 增设小型公厕
❻ 美化文化墙
❼ 可渗水防滑铺地

0　　　5　　　10　　　15　　　20m

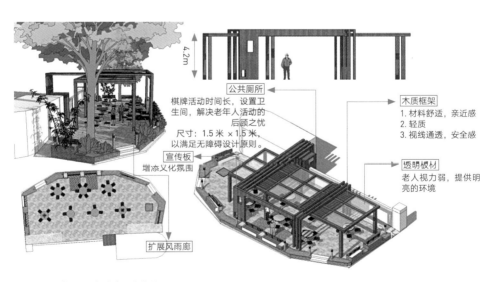

4.2m

公共厕所

棋牌活动时间长，设置卫生间，解决老年人活动的后顾之忧
尺寸：1.5 米 × 1.5 米，以满足无障碍设计原则。

宣传板
增添文化氛围

木质框架
1. 材料舒适，亲近感
2. 轻质
3. 视线通透，安全感

透明板材
老人视力弱，提供明亮的环境

扩展风雨廊

图 5-44 棋牌乐园更新方案及实施效果

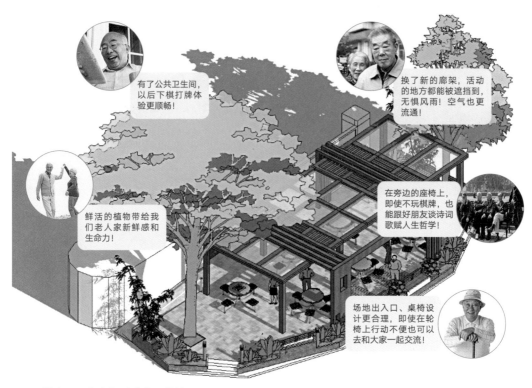

图 5-44 棋牌乐园更新方案及实施效果（续）

5.3.4 小结

所有的原单位制福利住房小区都将迈入多主体协同的社会化管理之路，工人新村社区同样如此。但是这一过程不是一帆风顺的，转型过程中每个社区面临的问题和挑战有共性之处，也有众多差异。对于工人新村而言，其建设和发展模式决定了它拥有较大的规模，原归属多家单位决定了业主关系小范围密集、大范围分散，社区经济空间权属的分散导致社区经济的发展并没有有益于社区整体发展。这些问题需要时间逐渐解决，在这一过程中，具有中国特色的基层党委和居委会的作用是非常关键的，如何在基层协调各方利益主体，探索适合工人新村的业主组织以弥补社区管理缺失的一方，探索适合工人新村的政府、市场和社区协同发展的社区治理模式，基层居委会如果具有较强的能力，将大大缩短转型周期、降低转型成本。

本次教学成果的实践价值，就是呈交给居委会的独立研究报告，并通过公共空间更新导则既助力其在迫在眉睫的整治项目中对施工提出专业的建议，也助力居委会制定长期优化提升公共空间的计划。虽然，成果中的五个方案只有部分实施，但是相信随着居委会能力的提升，工人新村未来公共空间的持续更新值得期待。

无论是东南大学校东社区，还是工人新村社区，都属于具有较长发展历史、面积也较大、人口规模较多、问题复杂的社区。我们在教学过程中，深刻认识到对这些复杂社区，专业支持并非仅仅"支持"这么简单，而是助力其系统性、创新性发展的必须一环。提升社区主体能力极为重要，但不能替代城市规划设计的专业支持。当然，这里说的"专业"支持，并非简单的传统意义上的职业知识支持，是指"城市规划设计和社区治理相结合的专业支持"。良性的专业支持，如果可以进入到这个社区有关的协同机制领域，对于社区发展将是莫大的助推。而这其实也是对社区治理环境提出要求——即政府、公共机构、基层街道和居委会能够有这方面的意识，以"功成不必在我"的胸怀推动真正的协同。当然相应地，从事城市规划设计的机构也要有"城市规划设计和社区治理相结合"的专业能力。

5.4
东南大学社区规划师实习的成效和问题

5.4.1 规划设计融入治理——东南大学规划本科教育的坚持和变革

▶　　近十年来，中国规划教育进入密集讨论的时期。这和我国城镇化进入转型期，乃至国际政治经济形势进入转型期都密切相关。中国在国际层面倡导构建全球人类命运共同体，在国内强调构建中国特色的国家治理体系。城乡规划属于治理体系的重要构成，规划教育必须与之相适应。进入2010年代，与规划教育密切相关的重要事件和文件如表5-9所示。

2010年代与规划教育密切相关的重要事件和文件　　　　　　　　　　　　　　　　　　表5-9

2011年	城乡规划学科成为独立于建筑学之外的一级学科，学科的本质属性从工程学属性转向多领域融合的综合性属性
2012年	党的十八大报告，明确提出积极推进高等教育内涵式发展，中国高等教育迈入规模扩张时代之后的再发展时期
2014年	《国家新型城镇化规划[2014～2020年]》，中国已进入城镇化战略转型期，由增量为主发展向存量与增量并行转变，由偏重数量规模增加向注重质量内涵提升转变
2017年	党的十九大报告，明确新时代我国社会主要矛盾是人民日益增长的美好生活需要和不平衡不充分的发展之间的矛盾，必须坚持以人民为中心的发展思想；明确全面深化改革总目标是完善和发展中国特色社会主义制度、推进国家治理体系和治理能力现代化

2019年	《中共中央国务院关于建立国土空间规划体系并监督实施的若干意见》，新的规划要体现战略性，提高科学性，强化权威性，加强协调性，注重操作性，要实现国土空间开发保护更高质量、更有效率、更加公平、更可持续
2019年	《中共中央关于坚持和完善中国特色社会主义制度 推进国家治理体系和治理能力现代化若干重大问题的决定》，明确在党的领导制度体系、社会主义民主政治、法治体系、行政体制、经济制度、文化制度、民生保障制度、社会治理制度、生态文明制度体系等方面的推进要求

在此背景下，东南大学持续进行深入的教学探索和改革。加强与经济社会发展新阶段相适应的专业内涵建设，完善"基础宽厚、主干突出、选择多元、载体丰富"的培养路径，构建能够更好激发学生潜能与创造力的研究型大学本科教学体系。在坚持和完善中国特色社会主义制度、推进国家治理体系和治理能力现代化的导向下，把握科技全领域、学科关系、专业集群、教育层级和高校资源条件的一体化脉络，构建具有东大特色的人才培养体系。

在学科发展、社会服务和新形势人才需求的综合考虑基础上思考东大规划专业的内涵，结合学校资源和发展源流确定人才培养目标。东南大学坚持本科专业培养以"城乡规划设计实践"为核心，但专业内涵有所变革。城乡规划设计不能仅仅是促进经济发展和城市拓展的工具，而要能够体现社会治理、结合公共政策，从而推进高质量、更公平、可持续的城乡发展。相应地，规划设计教学更加强调"科学分析，利益辨析，价值判断；空间策划，空间属性，空间治理；综合系统，规划指标，规划文本，设计导则"等。同时，在本科高年级，通过选修课系列衔接研究生更为多元的专业方向。

本科生人才培养目标中，明确提出思维、实践和创新的复合能力集群。以前也强调综合能力培养，但更多是实践层面涉及的不同能力的集合。调整后的培养目标，更强调思维能力——思维深度、辨析思维和批判性思维，相信随着思维能力的提升，学生的规划设计实践的导向将体现更科学、更公平、更可持续。在较高要求的创新能力方面，希望学生能够设定问题、综合分析问题，并设计技术路线予以解决；能够意识到多元主体之间合作的重要性，通过创新机制建立共识去解决问题（图5-45）。人才培养的素质方面，更加强调社会责任、职业道德，在组织合作、共识建构基础上决策的领导素质。

2015年以来课程体系建设特别强调两个系列。一是技术工具、分析工具类系列课程，为加深城市现象认识深度，应加强数理统计、空间定量分析和政策分析方法和技术工具的应用。二是认知和实践系列课程，让学生尽早接触真实的城市环境、观察城市要

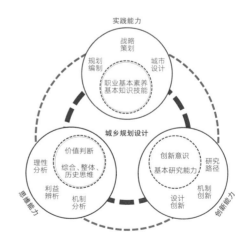

图 5-45 东南大学城乡规划本科人才培养能力构成

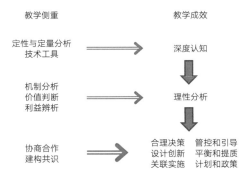

图 5-46 融入治理的教学改革成效

素及其运营管理，深入基层社区了解各主体关系、锻炼行动能力。融入治理的城乡规划设计教学取得了一定的成效（图5-46）。

5.4.2 东南大学社区规划师实习的教学组织

5.4.2.1 社区规划师实习在教学体系中的位置

社区规划师实习是课程体系中"认知和实践系列课程"之一，设置在高年级暑期。学生前几年的学习，无论是理论、设计还是认知，虽然都有调研要求，但是与浸润在真实现实中相比还是有很大差距的。如果要让学生意识到城市管理、城市治理中多主体利益分析的重要性，基层社区实习是适合的方式；而且相比于进入更高层级的管理机构实习，基层社区实习也是最可行的，基层机构和组织对学生实习更易持欢迎的态度。

该实习是使学生深入体验基层社区运行机制的重要环节。学生接触真正的基层社会，思考规划设计的"人民性"、规划设计如何以人民为中心。通过安排3周的社区基层实习，要求学生从社区规划师的角度参与社区层面各项与城乡空间发展有关的工作。通过对城市社区空间形态与日常管理等相关事务的体验、了解和参与，从微观视角去认知城市社会空间的现实特征与状态，关注存在问题与民众需求，思考规划与现实的关系，并在具体城乡社区的实习过程中尝试从社区治理、环境提升等方面贡献专业力量。

重点理解城乡规划与治理的复杂性，培养从不同角度思考、考虑不同群体的利益诉求，广泛听取意见，并寻求成本和收益公平分配的能力。借此机会培养人文社会科学素养和社会责任感，建立社区规划师意识。

5.4.2.2 社区规划师实习的合作协议

目前，东南大学建筑学院与玄武区、鼓楼区、秦淮区、建邺区等负责社区建设工作的公共机构建立了合作协议，还尝试与一个专注社区营造的社会组织建立了合作协议。协议双方的合作方式如下。

（1）甲方通过在乙方建立社区规划师实践基地，有助于加强双方的合作与交往，深化产学研一体化，积极打造学生的"第二课堂"，为甲方学生走向社会搭建优质的社会实践平台。基地的建立有助于加强乙方对甲方学生的了解，从管理部门角度和基层社区角度，有针对性地为甲方招生和教学工作提供宝贵意见。

（2）乙方每年通过甲方招收实习学生。乙方每年以书面形式向甲方提供实习招聘信息，甲方负责协调乙方与有意向的学生之间达成实习意向。乙方与学生达成实习意向的，由乙方与实习学生签署实习协议书并约定岗位等相关事项。实习时间为三个星期。

（3）甲方在乙方建立学生社会实践课题调研基地，在社区治理和住区规划等方面为学生提供实践调研平台。甲方和乙方之间通过实践基地建设，可以建立长期合作关系，根据情况采取合适的合作方式。

5.4.2.3 社区规划师实习的内容要求

社区规划师实习的内容要求为"两个了解、一个参与"。

（1）要求学生了解实习社区的人口、社会、经济、文化等基本情况，了解机构设置（行政机构、各类社区组织等）及其人员配置、社区事务的构成与相关关系。

（2）要求学生了解社区事务中和城乡空间有关的工作，包括住房、社区公共设施、住区交通、公共空间和环境等方面的日常管理、使用维护状况、居民需求等。

（3）要求学生必须参与至少一项和社区空间有关的治理工作，如公共空间更新、小区停车、老住宅加装电梯工作、社区和居家养老、闲置空间再利用、街道环境提升、住房整修维护、小区生活垃圾分类收—储—运管理等环境整治或空间提升等工作。

实习成果要求是，将上述实习要求中的"两个了解、一个参与"的过程—内容—心得，以一个"社区规划师"的视角，从空间使用实态中发现问题，拓展思考空间规划的不足或缺失，撰写成"城市社区规划师实习报告"。报告必须有相应的调研照片、访谈笔录、社区治理方案等真实材料，并必须有个人的思考心得。

5.4.3 东南大学社区规划师实习的成效

东南大学社区规划师实习从2017年开始已经进行了3年。从实习情况看，学生对于该实习的意义和价值认知越来越高，实习成果的质量水平逐年明显提升。第一、第二年均出现个别学生极不愿意参加社区实习、有强烈抵触情绪，表现出强烈傲慢的、自私的"精英"心态，在社区实习也极不认真。但是2019年没有出现此类学生。一方面，相关课程对于当前城镇化转型的人才能力要求强调越来越多，学生意识到存量发展将是未来规划的主要项目类型，必须建立以人民为中心的发展理念，而基层社区则是学生触摸真实的城市现实情境、了解民众生活就业状态和各方面需求的绝佳平台。另一方面，项目协议方和基层社区也从一开始的不知如何安排规划专业实习生工作，到逐渐了解规划专业、知晓如何合理安排对口的实习工作；特别是2019年鼓楼区政策研究室在安排社区实习工作时起到了重要的指导和协调作用，使得基层社区得以充分安排好三周时间，学生的实习质量明显提升。

可以形象地比喻，社区规划师实习正如投入社区工作的化学触媒，激发了基层社区和规划专业的互相了解，一方面提供了绝佳的学生接触基层社区治理事务的平台，另一方面学生基于本科专业知识的参与社区治理的成果，也为社区治理工作提供了正向的支持反馈。下面仅举两个学生参与社区治理的实习成果案例。

5.4.3.1 参与鼓楼区金川花苑社区美食街发展工作的成果（实习生：陶梦烛、李艳妮、李昊伦）

鼓楼区金川花苑社区常住人口5359人、户籍人口4123人，社区居民以中产阶级为主，多以"三口及多口"之家生活在金川花苑、家乐福新寓、林景嘉园三个封闭式小区和25幢开敞式居民楼中。

该社区曾经拥有具有相当知名度的美食街——新民路和金川门外街，于2011年左右发展达到高峰期。但是2013年南京市严管街市，美食街逐渐衰落下来。然而，历史总是曲折地前进。2018年中央经济工作会议提出"促进形成国内强大市场"。提振夜间经济、繁荣夜间消费，再度成为许多城市的共同选择，南京也同样如此。鼓楼区和该社区所属街道提出重新振兴新民路—金川门外街的美食街功能。

在这样一个背景下，学生进入社区后，就被要求进行以此为主体的调查和研究，为美食街发展出谋划策。学生们运用已经习得的调研方法，研究了该美食街的发展历史、业态格局和存在问题，进行了居民调研、管理部门调研，并检索了值得借鉴的案例，最后提出了合理发展美食街的策略建议。

该美食街具有丰富的业态和颇具知名度的老字号餐饮店，具有发展潜质。但是也存在严重的市容问题、交通问题、环保问题和管理问题。在社区居民调研部分，调研结果显示，社区居民与美食街的关系并不是特别密切，对于现存的环境问题和交通问题有较大不满，对于未来大力发展夜市经济存有较大疑虑。如果未来没有良好的综合管理为前提条件，美食街的夜市经济发展将存在较大的社区民意障碍。

学生们据此检索了众多成功的夜市经济发展经验，重点分析了台湾夜市、上海夜市和开封夜市，对夜市管理机制、品牌建设机制、空间营建方法进行了介绍，并归纳为美食街长度规模、设计、业态、配套、管理等几个方面。依据研究结论，也提出了针对新民路和金川门外街的一些规划设计建议和综合治理建议。

虽然时间只有三周，学生的规划设计建议显得不够深入，但是调研结论、案例借鉴和规划要点的总结，对于基层社区来说是非常重要的专业性支持（图5-47）。

5.4.3.2 参与雨花台区雨花社区机电花园车库平台功能提升工作的成果（实习生：李傲洋、代伟建、马晨宇）

雨花区雨花社区常住人口7805人、流动人口1234人、寄住人口1280人。其中，机电花

图 5-47 鼓楼区金川花苑社区美食街发展引导成果框架

园小区建成时间为2009年，建筑整体情况较好，建筑层数为7或9层。

该小区面积不大，设计非常紧凑。停车位通过地下车库和地面停车相结合的方式予以配建，以经济适用的方式满足了小区内停车要求，因此，和许多老旧小区相比，没有出现严重的停车位不足、占据过多公共空间的问题。

但是，由于设计很紧凑，小区内的公共空间多利用中高层住宅之间的间距。其中两处位于非机动车车库上方的平台，由于平台有一定的高度，其日照条件较好，是居民常用的活动空间。东侧较大的平台上有一处小亭子和一些固定在地面上的晾衣竿，但平台整体缺

图 5-48 雨花台区雨花社区机电花园车库平台功能提升成果框架

乏布置，缺少休息设施和娱乐设施，功能性较弱。

本次学生进入社区后，社区以及驻社区的社会组织"南京互助社区发展中心"即对学生们提出，希望围绕车库平台公共空间的功能提升开展工作。在社会组织的指导下，学生们开始了社区居民意见初步调研、组织儿童参与式设计，并运用所学专业知识搜集借鉴类似公共空间适宜的性价比高的提升方法，之后在前期工作基础上设计方案并公示征集居民意见，最后还利用微薄的成本自己动手搭建了部分设施、作为临时性设施建设以观察方案效果（图5-48）。

5.4.3.3 成效小结

社区规划师实习是教师为了训练学生将治理融入规划设计能力，而和相关机构、组织搭建的协作平台，是教学支撑机制三维平台——"科研平台""实验平台"和"协作平台"中不可或缺的一维。

社区规划师实习，让学生在真实的社区环境中，理解社区运作的方方面面，了解多元利益主体的角色。在具体的社区治理工作中，调研各主体的意见和利益诉求，向基层社区和社区组织学习如何组织公众参与，并尝试自主组织居民参与，运用在学校习得的专业能力进行综合分析、检索适宜案例，根据社区需要提出策略建议或设计方案。在这一系列的工作环节中，学生的能力提升是显著的，而这种调研、分析和组织能力将在他们今后的职业生涯中进一步发展，令他们受益终身。这样的毕业生在面对复杂的城市现象时也拥有了应对的能力和方法，他们懂得深度分析、懂得在合作的基础上进行创新，这样的规划从业人员越多，城乡规划事业也将更顺利地向高质量、更公平、可持续的方向发展。

而对于社区来说，社区实习成果也提供了正向的专业反馈，基层社区人员也借此了解规划专业的特长，同时也增长了规划知识。对于社区长期的可持续发展来说，社区规划师实习对于赋能基层社区人员起到了积极的作用。

5.4.4 社区规划师实习所反映出的问题

尽管取得了良好的效果，而且是一年好过一年的效果，实习的问题仍然存在。教学也是多主体的，规划设计教学与治理的结合，同样面临治理失败的危险，实习效果受制于协作平台和实习过程中所有主体的意识和能力。

阅读学生们写作的实习心得对于教师来说是一件非常有意义的事情。如果实习认真，心得一定能够打动教师。这里就不列举学生们心得中对实习意义和价值的认知，不列举学生们对于校园内外规划设计差异的认知，也不列举学生们对于规划师职业的思考，仅仅列举学生们觉得困惑和无力的部分。这些语句促使我们认真思考我们的教学、我们的社会环境，在培养具有责任心和社会意识的规划人才时，是否还缺了些什么。

"在进行专业知识相关的设计包括相对细节的活动协调方面，我们的能力都足以胜任。但当我们学生直接身处在活动的策划和组织、关系的串联和对接等岗位上的时候，我们的社交能力、临场控制能力，以及问题解决能力，都相对显得捉襟见肘。"

"说实话我们很受挫，也很不解，居民们好像并不热情，甚至并不相信这个议事会，他们对发表自己的见解没有太大的兴趣。"

"公众参与并不是时时都能发挥出效果。居民们的意见复杂多样，也往往受到其个人能力限制。有时，公众参与能为规划提出宝贵意见，但也有时候，花费了大量的时间，却只能得到较少的有效信息。在治理基础较好的地区，公众参与能收获较好的成果，社区规划师需要在利益各方间进行协调，保证其可行性。而在治理基础薄弱的地区，沟通比无谓的参与更重要，政府应当积极推进沟通机制，使社区对其发展逐步了解，在建立个人发展与社区发展联系的基础上，再尝试意见参与。这种情况下，社区规划师角色更多的是解释、沟通和协助，为所有人可以参与提供平等机会。对不同的人群，也应该采用不同的参与方式，考虑其不同的需求。只有这样，才能使公众参与更有效进行。"

"我们认识到社区工作的三大难处。即：人力资源短缺，资金短缺和权力小。居民在民意反映无效时，往往会失去对社区工作的信心，直接影响参与社区活动的热情，这无疑会增加各类社区工作的难度。"

学生的这些真实质朴的表达，促使我们从以下几个方面进行反思。

（1）在校内人才培养阶段，我们是不是应该设置更多的组织策划、协商讨论、共识建构的能力培养环节？尽管不是处于社会真实环境，但一些基本知识和方法可以穿插在规划设计教学过程中予以训练。

（2）在社会公共参与培育方面，现有的制度和机制是不是还太过欠缺？尽管对于学生来说是实习，但这是真实的实习，学生也是完成真实的任务，在公共参与方面遇到的种种困境不可谓不大。相信所有进行社区工作实践的工作人员也是如此感受。而居民公共参与是可以培育的，目前的培育机制效果过于微小，需要探索更有效的方法。

（3）在社区资源支持机制方面，是不是应探寻更有效的方法破解社区工作的痼疾？中国特色社会主义制度下，社区资源和社会资本是否可以有更好的拓展机制？

最后，不得不提的是，工具理性是协作中最大的障碍，如果协作中的任何一方试图单方直接利益最大化、试图不尊重地利用另一方，都将会极大损害实习的效果。加强校内教育是高等教育的责任，而社会环境建设则依赖制度和机制改革和创新。如果支持社区发展的社会环境长期处于一个提升缓慢的状态，损害的是各方投入社区发展的积极性，这与推进国家治理体系和治理能力现代化的导向相悖。

第6章 关于城市社区更新的理论思考

6.1

善治体系和社区更新制度

6.1.1 社区更新的本质是社区治理

▶ 由于社区面广量大、利益关系琐细纷杂，是政府和市场力容易失效的领域。1990年代以来伴随治理理念在全球范围的推广，社区治理成为弥补政府和市场在社区失效的补充机制。社区更新的本质就是社区治理——社区不同利益得以调和并采取联合行动推进社区发展的持续过程。社区空间和社区治理之间通过主体行为发生互动，项目设计只是治理中的一个环节，其效用和治理环境及过程密切相关，对政策和行动的综合性要求更高。

社区治理理论有助于认知复杂性的社区更新决策和行动结构，基于治理理论来建构认知社区更新纷繁表象的框架，可帮助我们发现既有机制的成效和问题，继而提出社区更新机制优化的策略建议。

根据全球治理委员会的定义，治理的内涵包括四个关键点：一是联合行动，二是调和利益，三是共同发展，四是持续过程。鲍勃·杰索普指出治理目标定于谈判和反思过程中，要通过谈判和反思加以调整。由于各方对原定目标是否仍然有效发生争议，而又未能重新界定目标，就会导致治理的失败。行动对于治理来说是必须的，但是行动成效和其过程中能否调和利益推动共同发展有关。行动过程中如果产生利益冲突而不能达成共识，那么就会导致治理失败，行动可能中止，这种情况下行动即便完成，从治理角度也是失败的。另一方面，治理体现于持续过程中，如果没有持续的联合行动动力机制，那么治理也将失败。

由此可以建构观察社区更新的认识框架，即两个圈层——项目行动圈层和制度环境圈层。项目行动圈层，是有关宜居功能的具体行动，包括住区功能改善、住房维护和功能提升、公共设施优化、交通组织优化、户外环境提升等方面。制度环境圈层，是项目行动得以实现并决定其成效走向的法治环境、各类主体及关系组织架构，涉及政府、社区、居民、市场和其他机构等方面，对于社区更新能否普及、是走向成功还是失败至关重要（图6-1）。

从既有的不同类型的社区更新组织情况和问题分析来看，发现两个方面值得注意。一方面，社区更新的多元性非常受限，大多数为政府推动或扶持出资的项目，且大多是没有触及复杂利益关系的户外环境项目。另一方面，更新项目一旦涉及权属关系，需要动用维修基金，在部分居民得利、部分居民受损或部分居民不得利的情况下，由于缺乏共同商讨的环境和程序，缺乏有能力和公信力的社区权威协调，行动化为泡影，衰败迹象将继续恶化（表6-1）。

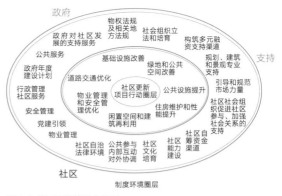

图 6-1 社区更新的两个圈层

社区更新既有项目类型及机制分析   表 6-1

项目行动类型		启动主体	组织联体	机制成效	存在问题
政府主导社区落实	政府年度社区环境整治计划	政府基于城建计划启动	政府制定年度计划，居委会告知居民并协调	以拆违、整洁、形象为主要目标，资金充分，确保实施	社区参与少，部分居民不满度高
	政府部门主导公共服务发展计划	政府公共服务主管部门启动，如民政、体育、文化、教育、医疗等部门	政府部门制定计划，区、街道和社区居委会落实实施，其中某些设施可公办民营（如养老设施）	完善基层公共服务供应机制，如养老、健身、文化、教育和卫生设施优化提升	不同条块之间缺乏协调，基层落实缺乏系统性
政府扶持社区主导	社区微更新竞赛	政府相关部门启动，如规划、社建、城管等部门	街道、社区申报题目并组织实施，高校和社会设计力量参与，和居委会一起组织公众参与吸纳居民意见	推动基层社区制定题目、拟定任务要求和筹集资金，社会力量介入提供设计支持	社区参与不深入，有一定在地性但不充分，项目并不都能落地实施
	政府划拨社区基金促发的微更新	政府年度划拨资金，社区居委会启动	居委会根据社区现状问题和居民诉求设定项目	推动基层社区制定计划、拟定任务	社区缺乏技术支持，难以拟定合适项目、难以确保高质量实施
多元主体合作	外援基金促发的微更新	银行、慈善机构等设定的专项基金，或相关社会发展计划	外援主体和社区合作，依据基金目标实施计划，如养老、亲子、旧房改造、历史建筑保护等	推动社区与外援团体合作，基于社区自身特点推进项目实施	此类项目稀少，有些外来力量与社区融合不足
	社区及关联资本合作的微更新	社企合作、社区和高校合作、社区能人及其企业和社区合作、社区和艺术家合作	社区主动联系关联主体，吸引资本	推动社区主动提升社会资本、拟定合作计划	此类项目稀少，有些外来力量与社区有可能融合不足、引发居民反感
			与社区相关的主体主动和社区合作	帮助社区开阔眼界，提升能力	
	伴随资本运营的更新	作为资本运营条件而启动	根据资本运营类型，相关机构或社区制定有利于社区发展的条件	利用市场力量，市场、政府、社区合作	多限于有资本运营机会的社区；盈利需求可能排斥社区需求

项目行动类型		启动主体	组织联体	机制成效	存在问题
居民主导	利用维修基金的项目	物业管理企业或业委会根据物业情况和居民意见启动	物管提出年度计划由业委会审核；或业委会提出计划由物管实施	住区内的自主管理，属于常态化住区事务	某些情况下成为物管企业、业委会的寻租机会
	老旧住房加建电梯	居民自发协调申请，也有政府民生政绩推动成分	居民协商、居委会协调、规划局审批、电梯商承建、政府补贴和居民自筹	依据物权法制定地方规程，推进居民自主协商	少数居民质疑适用法律，对少数居民尊重不足、补偿不足
	社区内生微更新	社区居民自发形成组织并启动	社区居民领袖构建社区内生组织，与业委会、物管、居委会等合作	是社区自下而上发展的典型示范，社区居民参与度高	此类项目稀少，一般是富裕或中产阶层住区共有产权设施更新
	历史地段私房自主更新	私房产权人自发启动	按照历史地段保护要求，在政府机构指导下进行更新	通过奖励等制度建设促进居民自主成为负责主体	在涉及复杂产权情况下，很有可能无法实施

6.1.2 既有机制的成效与隐忧

6.1.2.1 成效

政府民生服务意识大为增强，服务能力也在快速提升。政府主导、社区落实的项目由于资金充分、有政府责任主体负责，因此环境整治计划、公共服务提升计划的覆盖面是最广的，如南京主城所有2000年前老旧小区将在十三五期间全部被整治完毕，通过资产盘整落实居家养老和社区养老服务设施也在所有社区快速推进。对于社区决策为主的"微更新竞赛"和"社区发展基金运作"，政府或作为启动者的角色，或作为资金提供者，一些城市政府对于社区微更新中的简易项目还开辟了绿色审批通道。在居民主导的老旧住宅加装电梯项目中，地方政府制定规程以法律程序引导居民合理合法、协商推进项目，起到了至关重要的作用。

社区能力得到初步培育，自下而上决策力在增强。所有的项目类型中，基层社区居委会都不可或缺，其能力在这些项目中得到历练，包括制定计划、筹集资金、洽谈合作、召集公众参与、培育居民议事、协调矛盾、落实项目实施等。其次，这些项目或多或少组织了公众参与，居民参与意识和能力有所增加。而一些项目本身就是由居民自组织或者有能力的业委会发起，这些成功的社区自治经验对于广泛推进社区治理具有重要示范意义。

社区发展支持性主体在成长，尤其以非营利机构为著。特别可喜的是出现了多元主体合作的项目，这些主体有的与社区有关联，有的纯粹是援助性主体，也有出于资本运营目的的市场主体，这些主体和政府、社区乃至居民之间的协同合作，促成信息交流、思维碰撞，出现了一些具有创新精神的项目，为社区注入新鲜活力。这些支持性主体中，高校等非营利机构的作用最为显著，借由科研、教学和实践结合的服务社会目标和人才培育理念，通过多种方式贡献高校智识资源。

6.1.2.2 隐忧

社区自主更新能力不足。基层社区居委会作为重要的上下媒介，其能力差异较大。在一些微更新竞赛作品选择过程中，有的居委会难以在众多方案中选出最佳方案。社区居委会承担繁重的行政服务工作，难以抽出人力和时间进行充分的社区意见征集，对于一些难题由于缺乏应对手段也常常采取回避态度。业委会的重要性也因各住区而异。相当多的业委会没有很好履行社区公共议事职责，难以获得居民信任。而业委会能力低也将影响到物业管理公司在社区福祉方面的作用。现实中一些老旧小区连业委会和物管公司都没有。

总体上，社区难以从较高的发展目标和整体目标上规划社区发展、制定更新计划。由于缺乏系统性整合性视野，容易出现头疼医头、脚疼医脚，如一些老旧小区将增加停车位作为主要目标，却没有考虑将挤占老旧小区其他有限的空间资源，现实中也出现了由此而引发的有车和无车居民、有车位和无车位居民、受影响居民和项目实施者之间的矛盾。

公众参与深度广度不足。如果是政府出资，大多数居民乐见其成，但如果项目拖延或带来其他不便，居民可能会因为项目信息不透明而产生不解甚至抱怨；按照公众参与阶梯理论，这种情形是低端的告知型公众参与。如果是社区主导，公众参与的程度较高一些，但效果依赖社区居委会和项目承担机构的组织能力。在多元主体合作的情形下，如果外部力量相对较强，公众参与则与外部力量介入的目的及其组织公众参与的意识和能力有很大关系。既有的项目类型中，居民主导项目的公共参与程度是最强的，特别是有社区领袖的项目公众参与和居民满意度高，遗憾的是这种项目很少。

由于缺乏鼓励和促进公共参与、社区自治的法律环境，很多人不愿意承担投入公众参与的时间与精力成本，真正投入社区更新活动的人群有限。仓促决定的项目，就避免不了不满、猜忌甚至冲突。

在业主共有产权的用地和设施更新项目中，公众参与不包括非业主的租户。对于那些直接影响业主资产价值的项目（如加装电梯），不考虑租户意见是合理的。而对于不直接影响业主资产价值的社区小游园改造等项目，包容租户的意见也非常重要，特别是未来将大力推进住房租赁市场、盘活住房资源，某些项目应当包容长期租户意见。

社区发展支持力量不足。政府部门间联动不足制约了政府的支持力。民政和社建部门专长于民生保障和社区建设，但在物质空间更新和营建方面专业知识不足。城建部门主要制定建设计划并负责实施监督，但局限于政府出资的较大型计划。城管部门专长城市管理，但在平衡群体利益方面缺乏手段，时常发生冲突。文化部门专长文化建设，可是缺乏促发社区文化和公共艺术的机制和管理政策。规划部门专长城市规划，但尚未在规划体系层面包容社区规划，某些城市尝试建立社区规划师制度，但成效甚微。从长远来看，目前任何一个政府部门都难以单独承担起支持社区更新常态发展的重任。

非政府的支持力量来源不多，能力良莠不齐。某些外来力量与社区融合较好，主动积极地征集社区意见；某些则缺乏组织社区参与的积极性，与社区融合效果不好。在居住型历史地段，市场力与社区发展需求错位的案例屡见不鲜，某些渐进式更新实际上是一种蚕食，长远来看对社区发展造成不利影响。

常态持续发展机制不足。从项目启动和重要主体来看，大多数项目由政府主导，或者离不开政府扶持。2000年前的老旧住房多是房改房，很多由于历史原因没有物业管理、缺乏维修基金，政府从公共服务倾向弱势群体和问题社区的角度，介入并注资整治，有其合理性。但再向远期看，对于未来将逐渐进入更新阶段的商品住房，依赖政府就不再合理。规模化征地开发拆建的困境已经十分明显，必须从现在起讨论常态化持续发展的更新机制、建立协同发展的社会氛围。

机制的建设应该契合不同产权属性、不同利益关系，如归属居民共有产权用地和设施的更新与社区开放公共设施和公共空间的更新，应有不同的常态机制。通过法律法规建设、社会力量培育、社区培育力和公民意识培育，大力推进社区主导或居民主导，促进多主体基于社区共同利益的资本培育和项目实施。融资机制方面，目前过于依赖公共财政投入，鼓励、规范和引导社会力量、市场力量投入社区更新领域的政策措施还很不够。

6.1.3 基于善治的社区更新制度建设

治理是对国家和市场失效的弥补，但不是万能的，也存在失效的可能。善治理论因此而产生。俞可平综合各类善治理论，总结善治十大基本要素：

（1）合法性。社会秩序和权威被公众内心认可和服从的性质和状态。

（2）透明性。每一个公民都能获取信息，是公民参与公共决策和监督的前提条件。

（3）责任性。所有机构、组织和个人对各自行为负责、对公众负责、对可能受行为影响的人负责。

（4）法治。健全法制，依法行事，履行法律规定的社会程序。

（5）回应。责任的延伸，组织和机构必须及时负责地回应公民要求。

（6）有效。高效率、最大限度降低成本，无效或低效治理不是善治。

（7）参与。公民参与政治和社会事务。

（8）稳定、廉洁、公正。

社区更新实践中的不同主体，通过协调达成共识，共同推进社区发展。社区更新若要得以持续和普及，关键在于主体能力的提升，包括政府及公共机构、社区内在主体和外部支持主体。善治要素广泛涉及制度和机制，特别是前七大要素对于提升主体能力启示良多（图6-2）。

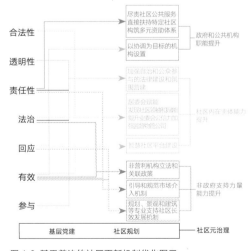

图 6-2 基于善治的社区更新机制优化图示

6.1.3.1 政府和公共机构职能的提升

政府是社区治理的主体之一，应充分发挥其拥有独特的资源，为社区治理创造条件。

基于"有效"和"回应"，应设置可集合和协调各部门之力的部门，如设立社区更新服务站来统筹规划、建设、社建、民政、城管、文化、商务和工商等其他相关机构的社区更新事务，由于社区更新适宜纳入规划管理，这一部门可设置于规划部门，以充分体现规划的人民性和协同性；基于社区更新服务站成立统筹政府、高校、社会和市场资源建立的咨询平台，给社区提供专业咨询指导和信息服务。同时在区政府和街道层级应设置社区更新联络办公室，与社区更新服务站沟通形成条块纵横服务网络。

基于"责任"，政府应继续直接扶持由于历史原因导致衰败的公房、房改房社区，以及具有历史保护价值却保护不力的社区；政府公共部门应继续对各自条口下的社区公共服务设施（业主产权之外的公共设施）尽其管理和运营指导等责任；除此，政府应积极构筑多元资助体系，如竞争性资助计划激励社区自主更新，鼓励和规范企业、慈善机构设立相关基金。在制度建设方面，与住区空间有关的物权法规还应进一步完善，特别是业主共有物权最易引起争议，即介于公、私之间的"共"空间更新最难达成共识，也最难筹集资金。月前老旧住宅增设电梯就出现一些诉讼案例，法规需要及时跟进。

6.1.3.2 社区内在主体能力的提升

社区应成为社区更新的第一主体。社区主体实际上是一系列社区内在主体的集合，应探索提升社区各类主体参与更新的能力机制。

基于"法治""参与""责任性"和"透明性"，建立居民公众参与、关心社区事务的环境氛围。日本成功的社区营造与地方自治条例和社区营造条例建构起来的法律环境有关。日本大和市地方自治条例明确指出市民的权利和义务，要求市民互相尊重合作、承担言行责任、必须分担伴随参与的负担；上川町社区营造基本条例是在町层面，通过设定明晰的责权和法律规程，基于町民参与共同守护和建设家园（图6-3）。我国社区自治法律滞后，只有加强自治和参与的法律建设，才能改变公众于事前冷漠、事后却表达不满的消极状态。社区信息公开是居民的权利，应通过建立社区网站使居民准确了解所有公共事务，只有在信息对称情况下的参与才是有效的。鼓励多种社区兴趣小组基于增强社区互助、社区凝聚力和扩大社区资本为目标的活动，培育共建共享的包容性社区氛围，但须防止侵占资源、排斥他人和分裂社区的活动和行为。建立契合不同产权属性、不同利

图 6-3 日本上川町社区营造基本条例中关于居民参与的内容
（资料来源：日本上川町社区营造基本条例）

益关系的公众参与乃至自主更新机制。需要强调的是，尽管最后决策都是协商之后的多数决，但是任何情况下少数人的意见都必须得到尊重。

基于"合法性"和"法治"，应特别关注社区内在主导力量提升。首先是居委会赋能。居委会作为中国特色的社区自治组织，承上启下，在居民心目中有其合法性。通过培训提升居委会及其社工对于社区居住环境的专业认知，以及各类更新涉及的法律知识。除了居委会，还应积极发现和支持社区领袖。如果特定的社区生态能够孕育出社区领袖，应关注社区领袖成长，给予社区发展规划和更新知识培训，充分发挥其积极作用。业主委员会的公信力和公众能否积极参与业委会选举、监督业委会事务有关，只有充分的公众参与才能催生出有公信力、"合法性"的业主委员会。

基于"有效"和"回应"，应充分利用信息网络技术增强社区的信息互通和反应能力。智慧社区信息平台在居家养老服务、安全管理、物业管理等方面的应用，其收集信息、分析数据和发现问题方面的优势是传统管理不能比拟的。智慧社区是对当代社区普遍匿名化的弥补，是提升公共参与有效性、降低有限责任社区沟通成本的重要技术手段，将极大加强项目确定的科学性。

6.1.3.3 非政府支持力量的提升

社区事务既烦琐纷杂又需要专业技术和能力，政府的职能不是无限的，而社区内生力量往往也不足以应对。非政府组织和机构的支持是非常重要的弥补，是通过多元主体合作扩大社区资本的精明举措。

基于"法治"和"有效"，建立鼓励和规范非营利机构经营社区相关事务的法律和机制。不少国家通过对非营利机构立法，规定非营利经营业务范围、利润分配、融资方式、运营方式等，涉及社区养老服务、可支付住房建设、住房适老化改造、社区中心建设、康复照护、临终关怀等领域，对其运营也有各种国家补贴和税收优惠计划。美国的社区发展公司（CDC）就是多种渠道资金支持的专业化运营的非营利机构，几乎每一个主要城市都有CDC公司，其管理部成员的1/3是社区居民，从而与社区之间深度联系。社区发展公司计划显著提升了社区的房产价值，改善了整个社区的品质。中国目前只有一部慈善法以及关于民非组织的准入规定，现在虽然非常强调社区社会组织的培育和监督管理，但是在人才培养和人才远期发展方面严重缺乏支撑，现有机制不足以促进和规范非营利机构的发展。

基于"有效"和"责任"，探索引导市场力量介入机制。市场在依据市场规则配置资源方面是最有效的，但是会排斥非营利业务。如果社区范围内有新的开发和经营机会，那么可以通过契约引导市场介入适合的社区业务；社区也可以和社区范围内既有企业协商融合发展模式，互惠互利，合力解决一些问题。

基于"回应"和"有效"，探索规划、建筑和景观设计职业持续有效支持社区发展机制。社区更新涉及社区环境的不同层次和方面，非常需要规划、建筑和景观设计专业支持。一是政府设置社区更新综合服务站，将相关专业领域专家纳入咨询专家库，通过咨询方式给予社区以支持。二是各地区结合当地规划专业人员实际情况，探索相对稳定而专业的社区规划师制度。三是探索教育和社区的深度联合机制，地方如果有规划、建筑和景观设计院校，应充分利用高校智力资源探索教学、科研与实践在社区平台的深度合作，既达到培育社区规划人才的作用，又可以借助高校资源探索适宜本地的更新模式。

6.1.3.4 基层党建承担元治理

最后这一点是最重要的。在复杂的社区现实中，合作和竞争、开放和封闭、可治理性和灵活性、责任和效率始终难以平衡，需要高超的智慧和紧密的协同才能在不同环境、不同时间阶段有重点地、差异化解决。如果不幸还是走到濒临治理失败的地步，创新制度安排、设定共同愿景的"元治理"可以作为"最后一招"再度校准行动目标，进行失败风险补救。

党的十九大报告明确指出，新时代我国社会主要矛盾是人民日益增长的美好生活需要和不平衡不充分的发展之间的矛盾，必须坚持以人民为中心的发展思想，不断促进人的全面发展、全体人民共同富裕；明确全面深化改革总目标是完善和发展中国特色社会主义制度、推进国家治理体系和治理能力现代化。在"提高保障和改善民生水平，加强和创新社会治理"部分，指出要打造共建共治共享的社会治理格局。加强社会治理制度建设，完善党委领导、政府负责、社会协同、公众参与、法治保障的社会治理体制，提高社会治理社会化、法治化、智能化、专业化水平。2017年4月《中共中央国务院关于加强和完善城乡社区治理的意见》对于社区服务型党组织建设提出明确要求，指出应着力提升基层党组织的服务能力和水平。2019年10月《中共中央关于坚持和完善中国特色社会主义制度 推进国家治理体系和治理能力现代化若干重大问题的决定》再次明确提出加强和创新社会治理，完善党委领导、政府负责、民主协商、社会协同、公众参与、法治保障、科技支撑的社会治理体系。健全党组织领导的自治、法治、德治相结合的城乡基层治理体系。

探索中国特色社会主义的社区发展道路，基层党建承担重要的元治理作用。必须重视的是，基层党组织的作用同样有赖于其能力和水平，积极学习、不断提升能力，是基层党组织能够带领其他社区主体、协同政府和市场共同为了美好的发展愿景而奋斗的基本条件。

还需要指出的是，社区规划是辅助社区元治理的重要抓手，其作为树立社区共同发展愿景又具有价值理性的工具，可以帮助基层党组织和各主体理性应对困境，重构对话语境，进行基于目标的协商，通过再度校准行动达成共识。

6.2
共识机制和宜居社区营建

6.2.1 宜居社区的内涵和营建难点

▶ 　　自从19世纪后期城乡规划学科伴随工业化、城市化进程而逐渐建立以来，对于什么是宜居的社区一直都在探讨。经历了田园城市、邻里单位、光明城市等现代主义社区建设的理论及实践之后，对于住区空间的场所性、人文特征、生态环境、社会空间等方面的关注越来越多。近年对于低碳社区、绿色社区、生态社区、和谐社区、健康社区、宜老社区、儿童友好社区、创新社区等的探讨更加丰富了宜居社区建设的内容。

　　然而，面对这些丰富的理论探讨和实践，一个社区到底如何营建？什么样的营建策略才是适合这个社区的？如果不想被纷繁的术语和表象所迷惑，那么就有必要深刻认识宜居社区的本质内涵。

6.2.1.1 什么是宜居性

　　在众多的研究成果和相关文献中，1996年联合国第二届人类住区大会的《人居议程》中的135条清晰地阐述了宜居性（liveability）的内涵，成为之后全球普遍开展的宜居城市和宜居社区评价、建设等工作的依据。

　　135条中，首先是对宜居性的重要性描述——"建成环境的宜居性对人类住区的生活质量有重要的影响。生活质量意味着满足公民多样化和日益增长的愿望的那些属性，这些愿望超出了基本需要的满足。"然后，指出宜居性和建成环境的关系——"宜居性是指空间、社会和环境的特征和品质"，同时指出宜居性以人为本的本质——"这些特征和品质有助于人们的个人和集体福祉感，并有助于他们作为该定居点居民的满足感。"接着，指出宜居性因地、因时、因人的变化——"对宜居性的愿望因地而异，并随时间演变和改变；它们在组成社区的不同人群中也有所不同。"最后，指出宜居性依赖制度支持——"宜居的人类住区的条件要求建立一个有效的民主制度，使公共参与和能力建设机制制度化。"

进入21世纪，对城市宜居性的打造成为很多国家和地区的政策重点，希望借此提升城市对人才和创新企业的吸引力，促进城市的发展。在此背景下，出现众多宜居城市排名。这些排名大多依据宽泛的反映生活质量的指标体系，排名结果能够一定程度上反映出城市品质的差异，但也由于明显的自上而下的评价方法而引发"宜居性为谁"的争议。

由于宜居性与人密切相关，基于当地空间环境的宜居性阐释十分必要。不同城市尺度下，对宜居性评价是不同的，宜居性具有嵌套性；人对宜居性的需求因人的社会经济属性、生命周期及其他特质也有所不同，宜居性具有分异性。既然宜居性与人密切相关，而人又有多样属性，其宜居性需求有共性也有差异，那么在资源有限条件下，如何提升宜居性，就涉及宜居性的公正性。

6.2.1.2 宜居社区的内涵

社区是嵌套于城市的空间层级，宜居社区也是嵌套于城市宜居性的空间层级。将宜居性和社区概念相结合，可以从四个方面认识宜居社区的内涵。

一是系统性。宜居社区的空间环境——住房体系、公共设施、道路交通、绿地系统、市政设施、物理环境、安全保障等各系统具有一定的品质，即具有安全、健康、方便、生态、文化、和谐、优美的物质空间和社会环境的特征。

二是动态性。如果社区可以被长效维护和动态管理，那么就具有可持续发展的前景。长效运营和维护，需要上下结合的综合体系保障，涉及资金和人力资源、公共服务有效供给、应对需求的社区自主反馈、恰当的市场机制支持等。在运营和管理出现问题时，社区将会出现衰败迹象，这时需要及时启动逆衰败机制，比如通过社区更新项目以解决问题，重新进入良性循环的持续发展道路。

三是人本性。社区的宜居性是被人感知的，人在社区中可以获取"个人、集体的福祉"，具有一定的满意度。马斯洛1954年提出需求五层次理论，并于1970年进一步发展了需求层次理论，增加了两个需求——认知和理解的欲望、审美需求。将马斯洛需求层次理论与社区空间环境结合，大致可以对应——具有可支付住房和基本公共服务需求的社区，环境健康、具有交通安全和公共安全等保障的社区，具有归属感和场所性的社区，有尊严的生活、可与社会环境融合的社区，居民对社区历史和现状充分了解和理解的社区，可以维系秩序、运营维护良好的社区，社区关系和谐、个人可参与推动可持续发展的社区。然而，马斯洛还指出，人对于需求层次的要求并不一定遵循自低层次至高层次的顺序，因人的具体情况而异，有时候人会舍弃低层次需求、直接诉诸高层次需求。

另一方面，人具有特定的社会经济属性，如不同个体属性（如年龄、收入、教育水平等）、不同家庭属性（如家庭结构、家庭收入、家庭成员关系等）、不同住房权属（如自有、租赁等），以及人与住房、社区和地区的情感关系的差异等，这些都会影响人对于特定社区的宜居性需求，同一社区里不同的人很可能具有不同的宜居性需求。此外，还需要特别关注两个方面。一是宜居性需求或满意度不能脱离个人责任和义务泛谈，恰当的宜居性应放置于特定时期特定的权力结构和制度体系中进行讨论；二是在众人之间出现宜居性需求分歧时，应遵循什么原则达成共识，在文明社会中应遵循公平正义原则。

四是分异性。费孝通先生说，"联系着各个社会制度的是人们的生活，人们的生活有时空的坐落，这就是社区。每一个社区有它一套社会结构，各制度配合的方式。"社区宜居性，还必须从社区整体来考量。每个社区都经历特定的历史发展演变，位于特定的地理区位，拥有特定的价值和特色，呈现特定的社会结构、经济结构、管理结构和治理格局。在城市空间中，社区不是孤立的，每个社区的发展还受制于城市整体发展诉求。因此，从社区发展的历时性、社区与城市关系的整体性看，社区宜居性的建设具有分异性，表现在社区发展诉求、城市对社区发展的要求的差异，并将体现在优先需求的差异。比如，有历史文化保护价值的社区，那么宜居性营建就不能与历史保护要求相悖；城市外围的保障性住房社区，宜居性营建的优先诉求是就业支持、公共服务水平的提升和其在住房体系中地位的维系。

6.2.1.3 宜居社区的营建难点

从宜居社区内涵的系统性、动态性、人本性和分异性来看，宜居社区营建涉及的要素繁芜，关联的主体众多——包括不同属性的社区居民、社区管理和治理结构中的多元主体，其中的利益关系非常复杂。现实中社区相关事务引发的争斗不断，小到停车位的争夺、老旧住房加电梯的吵闹、不同年龄段对于公共活动空间的争夺，大到社区整治涉及的铺面摊点去留争议、拆迁涉及的人口去留争议、安置补偿博弈甚至种种冲突行为。

宜居社区营建，必然会涉及空间变化，触及方方面面的利益关系，如果这些利益关系没有处理好，那么宜居社区项目将难以进行，又或者即便完成也招致不良非议。宜居社区营建的公众参与深度不足，屡屡出现对于参与主体、项目选择、实施策略、决策程序的争议。如果没有有效的机制应对这些困难，那么宜居社区营建将不可广泛开展，也不能常态化、可持续地推进社区健康发展。

联合国第二届人类住区大会的《人居议程》135条最后指出——"宜居的人类住区的条件要求建立一个有效的民主制度，使公共参与和能力建设机制制度化。"本章上一节探讨了更为基础的制度支撑的改进，本节则主要探讨应对宜居社区营建复杂利益关系的共识机制。现实中不可能等到制度和机制全部完善了、相关主体能力全都提升充分了，才采取行动。那么在资源有限、利益多元的前提下，宜居社区如何营建才能避免冲突型争议，共识理论可以带来启发。

6.2.2 共识理论及其在社区中的应用

6.2.2.1 共识理论

哲学和政治学中关于共识的探讨由来已久。进入近现代以后，更是成为国家政体、制度体系研究领域的重点。随着科学技术的发展、哲学领域的祛魅、资本主义的兴起、王权的没落、宗教之间的纷争、个人自由的过度强调、技术理性逐渐主导，如何应对纷繁的价值冲突？如何维系政治的稳定？如何构建良序社会？在此背景下出现了若干重要的共识理论（表6-2）。

共识理论及对其批判 表6-2

相关理论	背景	要义	来自后世或其他学者的批判
洛克道德型共识	资产阶级革命剧变、宗教纷争	认识到理性的功能与限度，诉诸普遍的自然法	仅仅依赖自然法，已经不能适应现代社会
哈贝马斯商谈共识论	技术理性主导、公民公共认同危机，公共领域被压缩、生活世界被殖民	提高"主体间"交往理性，克服工具理性弊端，运用语用学的"有效性、真实性、正当性、真诚性"；区分"共识"与"认知共识"、"认可"和"可认可性"	商谈共识依赖条件太高，微观政治中无处不在的权力体系是交往的决定因素
利普哈德从"结盟民主"到"共识民主"	异质性、多元程度高的社会中，多数主义民主无法缓和冲突	权力分享、合作协商；"多数"是最低限度，强调包容、合作，使参与决策人数的规模最大化	精英政治，与人民相去甚远
罗尔斯重叠共识	现代自由民主的社会中，具有稳定性的良序社会受到挑战	政治正义是构建稳定性良序社会的基础，公共理性是获取合法性的基础；先取得宪法共识，再通过政治交流和合作达成重叠共识	回避、搁置了伴随重要价值的可能性冲突，简化了问题和限制；质疑"正当优先于善"

共识理论的诸多辩论为我们探索达成共识的合法性途径带来启发。制度的公共理性、权力结构的支持，以及决策的正当性、目标的共同性、有关主体的商谈能力，应该是共识机制的建设方向。我们还必须意识到，西方的共识理论是建立在西方政治经济和社会背景基础上，我们应该探索中国特色社会主义制度下的共识机制，警惕自由主义的共识论。

图 6-4 共识理论及其辩论带来的启发

6.2.2.2 共识达成的条件

共识理论及其辩论带来的直接启发，是共识达成需要条件，同时也需要权力结构的支持（图6-4）。共识条件体现在主体能力提升——包括外部赋能和主体自主提升、促进多元主体达成共识的法规和机制；权力结构的支持体现在制度环境的支持，鼓励和促进社会资本拓展，从而创造共赢机会，继而创新权力结构体系，有利于解决现实条件下难以解决的问题。

（1）基本制度条件

无论是共识达成条件，还是权力结构支持都需要法规建设和机制环境。和基于冲突的社会行动理论不同，社区共识达成基于外部权力结构是潜在合作者的基础，即制度政策和公共部门具有支持公共议题和社区发展的基础能力。正式的法律对非正式规范的形成起重要作用，鼓励和促进社区共识的法规体系对需要参与和协商的社区共识形成过程具有重要的助推作用。

（2）营建共识的目的

不是寻求意见绝对统一。因利益不同而起，共识机制超越纯个体考量、促进互相理解，核心目标是催生内生力量、寻求外在公共领域和权力结构的支持，从而建立新的合作关系，促发基于共同议题的积极而可见的发展。

（3）达成共识的条件

1）创造平台引导不同利益主体一起探讨共同议题，包括信息共享平台、资源支持平台、非正式的日常生活交往平台、正式的议题商讨平台，等等。

2）促进理解相互利益的对话过程非常重要，运用商谈语用学的有效性原则（真实性、正当性、真诚性），只有这样才能形成互相理解和信任关系。

3）拓展社会资本建构各类资源链接，创造多样化的发展机会，避免资源短缺导致的欺瞒和争抢。资源确实受限时，遵循公平正义原则。

6.2.2.3 社区共识营建的案例借鉴

（1）法规体系支持

1）社区参与有关法规

日本的地方社区营造条例，对促进日本各地居民广泛参与社区营造行动起到了积极作用。社区营造条例一般都会规定社区营造的原则，特别强调信息共享、居民参与、协作和互相尊重，还规定居民个体参与社区事务的权利和义务、对自治型社会团体从事活动的要求等。地方社区营造条例只是特定社区范围内有效，因此各地条例具体内容会有所不同，但是对于共同发展的原则和个体（包括居民和自治组织）权责的规定，可有效推进社区参与的协同性，提高个体积极参与的比率。

2）社区规划有关法规

英国2011年《地方主义法案》颁布后，邻里事务的决策权进一步转移下沉，这是因为英国日渐意识到长期的中央政府把握太多权力导致官僚主义，地方议会、社会团体、慈善组织、志愿者组织很多好的想法和行动无法实施。邻里规划因此出现。它并不是必须编制的规划，而是社区可以选择的权利。由教区议会、镇议会或邻里论坛启动的邻里发展规划，是实施层面的对社区发展方向及用地功能的空间落实。通过公投后的邻里发展规划，当即形成法律效应，成为规划审批的依据。必须从两个方面理解邻里规划。一方面，邻里规划并不意味着想做什么就做什么。法律规定，邻里规划必须遵循国家规划政策框架和地方规划中的住房与就业、商业发展、交通设施、医疗、治安和应对气候变化等具有"战略优先性"的政策安排。另一方面，邻里规划是一个最适宜的协商发展的平台。通过邻里规划，居民、企业、政府以及外部力量等共同探寻发展机会，结合经济发展、社会福祉和高品质空间需求来综合确定发展目标，营建社会资本、获取资金支持、吸引适宜的市场投资。

3）社区支持有关法规

韩国首尔的"邻里社区支持条例"于2012年发布，为政府引导的社区建设项目提供了法律基础。强调"社区建设"——保护和发展地方传统和习俗，利用当地人力和物力资源达到提高当地居民生活质量的目的。首尔改革局下成立了社区建设部，还专门设立了首尔社区支持中心，社区支持中心提供咨询、教育和支持，在有困难和冲突时在多元主体间协调，以加强市民参与、相互信任，促进市民和政府之间的合作。各种政府机构均对社区发展予以支持，涉及经济、文化等各方面的发展支持。

（2）公共平台建设

1）信息公开平台

信息公开透明是公共议事的基本条件。政府的社区事务管理机构、各个社区管理主体应建立方便公众和社区居民查询的公共平台，比如新加坡负责管理公共组屋的宏茂桥市镇理事会在网站平台上有"居民服务、外延服务、联系方式"等信息，方便居民了解物业管理、发展规划方面的所有信息。接受政府补贴从事社会服务或公益事业的社会组织也应将信息公开，让公众了解其接受政府补贴后社会事业发展情况及其财务信息，从而在民众监督下将社会事业做到最好。比如新加坡社会组织"My Community"，专事收集社区故事并组织文化和遗产活动以激活社会空间的公益性工作，它的网站上有关于其活动的所有信息，其成功的案例给所有试图挖掘和激活社区文化的社区以启迪。不少国家的政府官方网站都有翔实的各类规划信息、社区支持信息、社区基础数据，这些公开信息有助于降低公共议事中存在的信息不对称状况，是对公共参与的最好的鼓励。我国作为社会主义国家，理应在这方面做得更好。

2）正式议事程序

对于需要进行公共议事的项目，应建立正式的参与程序和议事规则，专家和社会组织于其中对于意见和冲突进行解决和协调。新加坡市镇理事会法（Town Council Act）中对于组屋电梯升级项目就设定了专门的议事规则和程序。新加坡邻里更新项目也有专门

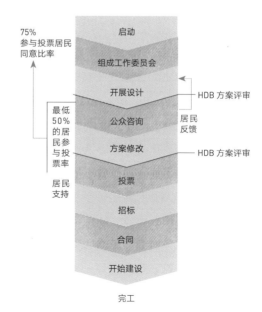

图 6-5 新加坡邻里更新项目运作程序

的运作程序，其中有两次公众参与环节，一次是方案意见反馈，第二次是投票，只有当不少于50%居民参与投票且通过率超过75%时，方案才算获得通过（图6-5）。这些程序都是在法律里或者项目开始前就设定好，所有人都知道将按此程序中设定的时间表进行，那么居民如果要表达意见就可以在公众参与环节前自主了解情况，从而可以在公众参与的时间节点充分表达意见。

3）全环节管理运营

全环节管理运营是经常被忽略的一种公共平台，特别是对于社区物质空间建设的项目，经常是将建成当作任务的最终完成。忽视管理运营的重大问题，是建成不久的项目将会由于缺乏有效的管理运营，很快又进入新一轮衰败。这种事情若经常发生，将动摇公众对此类项目的信心，公众会认为浪费了宝贵的资源，难以继续支持此类项目。

前文既有住宅增设电梯一节，就论述到对于后续运营管理的疑虑是居民不支持增梯的重要原因之一。我们在某些社区花园的项目中，也看到喧嚣一时的社区花园在无人照看下变得荒芜。目前运营好的社区花园基本依赖特别有责任心的社区社会组织，但是社会组织一旦退出，后续如何也将堪忧。目前南京正在逐步建立增设电梯的后续衔接政策。对于社区花园，则可以参考某些国家成熟的社区花园运营方法。社区花园不能仅仅成为园艺爱好者的天地，它的功能还是首先服务社区，为社区带来福祉，要有透明的运作机制。如澳大利亚悉尼市的社区花园政策（Community Gardens Policy，2016；Community Garden Guidelines，2016），就对社区花园的选址、审批、运作等都有要求。悉尼市的社区花园选址必须获得土地所有者的许可，如果是公共土地，则要获得议会的许可，并且要符合安全、平整性等一系列要求；社区花园运作要遵循的基本原则，包括必须公共开放、周边邻里居民参与运作，要有长期运作计划，运作团队有最小规模限定；社区花园设计要遵循导则；如果需要施肥，则要符合施肥规定；社区花园的申请必须有提前的管理规划。如果被发现不能很好运作，悉尼市政府有权收回改作其他社区用途（图6-6）。波士顿南端的百加利社区花园，也有一整套运作管理规定（Berkeley Community Gardens：2019 New Membership Agreement and Garden Plot Rules）。为了确保公平，采取抽签制中选耕作者，中选者只需缴纳低廉园租；规定要求耕作者不能仅仅只管自己的花园，更重要的是参与花园运作、对社区有积极贡献，规定每年至少12小时志愿服务时间，不能达到该时间者会被罚款；对于耕作也有一系列规定，比如不能干扰周边耕作者、装饰要符合规定等。

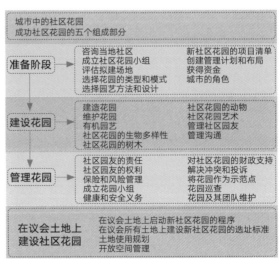

图 6-6 悉尼社区花园全环节引导和管理框架
（图片来源：悉尼市《社区花园指南》2016）

（3）社区商谈能力提升

社区共识营建过程中，居民是人数众多的主体，也是社区更新的直接受益主体，在现实中不同居民个体意见容易产生分歧，居民能否有效参与和协商是社区营建共识达成的关键。然而，居民并非都有同等的参与意识和能力、协商意识和能力，以及所需的知识架构。因此，社区居民长期赋能就非常重要，需要重视日常生活中的社区议题非正式交流空间，以及长期的赋能支持。

1）营建社区赋能孵化空间

新加坡21世纪以来非常注重通过包容公众参与城市决策，促进社区居民交流、协商与共建，以期达到增加社会凝聚力、增进社会稳定、增加民众对于政府的信任度的目标，建设一个更有参与性、多元化的社会，使新加坡更具创造力、革新力。2007年开始的邻里更新项目是较早纳入公众参与的计划，尝试了诸多公众参与的方式——会议、对话、晚会、小型展览、民意调查等。虽然取得了一定的效果，但是居民参与方式比较消极，居民和设计师之间的信息传递存在障碍，居民没有积极的贡献，只是在做选择。2013年开启了大幅推进居民参与深度的BOND（Building Our Neighborhoods' Dream 2013）计划，第一次大规模居民意见征集和参与创作，以组团（Precinct）为基础，在一个小尺度上加深居民参与，强调政府机构、新镇理事会和民间社会组织之间的合作，过程中注重增强社区凝聚力的方法和发掘社区领袖，探讨可推广的深度居民参与的经验（表6-3）。然而，问题仍然存在：居民缺乏参与的知识结构，以及政府长期包办一切导致居民缺乏参与的驱动力。

BOND 计划实施的四个步骤   表 6-3

步骤 1 确定项目	步骤 2 共同创作
梳理现有设施，了解居民在改善设施以及实施计划方面的兴趣点	运用工作坊、开放工作室等方法，讨论具体提升邻里设施的想法，并在过程中留心发现社区领袖
步骤 3 付诸实施	步骤 4 回顾评价
与相关机构合作制定计划，执行之前确定的想法	对实施成果进行评价，监测进展情况

为改善这种情况，新加坡于2014年～2015年开启旨在长期促进社区参与的"你好，邻里"计划。该计划为社区提供孵化新议题、承担新责任、长期参与决策的空间——邻里孵化器（Neighborhood Incubator）和社会联系廊（Social Linkway）；其空间确定、设计和建设中大量运用了参与式工具和方法。这些孵化器空间的设计以欢迎和鼓励参与为目的，为居民发表意见、讨论议题提供了极具包容性的空间，使居民在长期参与过程中增长参与和协商的能力（图6-7）。

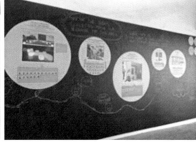

图 6-7 新加坡邻里孵化器空间效果

2）构建长期社区参与培育平台

新加坡还积极构建长期促进社区参与的培育平台。Collaborative Neighborhood Platform（CNP）：构建分享知识和资源的开放合作平台，将社区参与正式化、制度化、常态化，以充分利用社区的资产和资源；Community Facilitator（CF）：中立的处于政府各机构、社区各利益主体、外部专家和支持者之间的平台；HDB's Friendly Faces Lively Places Fund 2016-2020：是竞争性鼓励社区自主设定的计划，为促进居民积极参与和真实的贡献，居民可以启动申请计划（2016年和2020年申请额度分别为50万和2万新加坡币），必须自行配套一部分工作时间和后勤供应，申请渠道也非常便捷；HDB's Lively Places Challenge 2020：前身为 HDB Community Building Seminar（CBS）and Build-a-thon（2014，2016，2019），2020年称为 Lively Places Challenge项目。为促进社区建设而建立的共享和学习平台，平台集合了政府公共机构、非营利机构、非政府机构、志愿者团体、民间社会组织、学校、学术机构等多元力量。如2019年Build-a-thon目标是：鼓励社区联系——为居民提供聚集和互动的机会；加强邻里认同——展示邻里的遗产、文化和独特特色，让居民为自己属于社区而感到自豪；关心邻居——向邻居、穷人和弱势群体伸出援助之手。Build-a-thon和Lively Places Challenge项目评选标准都非常重视参与的组织、为社区带来的可持续的利益（表6-4）。

2020 年 Lively Places Challenge 项目的评选标准   表 6-4

1．参与情况（30%）	吸引居民和利益相关方的努力，参与结果被纳入方案的情况
2．团队（30%）	团队在志愿服务时间和资源方面的贡献的质量和数量

3. 可持续性（20%）	对社区的益处和可持续发展的潜力
4. 表达（10%）	团队递交的材料是否清晰和有吸引力

我国台湾地区的社区营造有泛政治化的倾向、过度依赖行政部门自上而下财政投入、项目存在选举政治寻租等问题，这是我们必须清晰认识到的。然而，1990年代以来的社区营造，比较重视社区规划人才的培育，在这方面的投入确实起到了积极长远的效果，如2000年启动的青年社区规划师培训计划、2001年开始通过社区规划服务中心鼓励具有空间专业背景的高校师生团队参与营造、2002年开始的文化服务替代役制度等。

3）开发社区参与方法工具包平台

无论是组织社区参与，还是参与社区活动，要想避免陷入空谈或无止境争论的陷阱而获得一定效果，组织方和参与方都应该具有一定的社区参与和共识组织的知识和能力，根据议题选择合适的组织方法。这些能力和知识不应只是少数人拥有，而应最大限度地普及，才能使得社区参与顺利进行。

英国NICK WATES协会在很多专业机构、组织、学者等的支持下运作着一个名为"社区规划"的网站。这个网站获得了皇家城市规划学院、可持续发展学院的支持，英国伙伴关系、欧盟、王子基金会、环境署和建筑与社会住房基金会也都提供了具体的帮助。15年来，它一直是谷歌"社区规划"检索的第一名，尽管近年也有其他类似网站出现，但是它仍然是无与伦比的基础指南。该网站的设计非常便捷易使用、内容丰富细致，可以方便查询到社区规划各种方法的具体信息，如设置街道展板、开设工作坊、布置讨论空间、设置设计中心、图解归类法等等非常多的方法信息。网站还提供了众多案例可以借鉴学习，对于英国的邻里规划、低碳社区、韧性社区等也有基本知识介绍。

（4）创新合作机制

某些情况下，尽管有法规体系的支持，也有公共平台的支撑，但由于资源受限，在有争议的情况下很难达成共识，协商陷入僵局。这种情况下，如果能够积极拓展社会资本，建构合适的资源链接，可能就会寻找到新的合作机会，从而打破僵局。

1）吸引市场力，创新资金筹措机制

南京在老旧住房加装电梯的实践中，发现存在一些困境：一部分老旧住房不符合政府补贴设置的条件，增梯个人分摊费用较高，但是却又确实存在增梯民生需求；一部分低收入居民确实由于在负担分摊费用方面有压力，不同意增梯实际上出于不得已的情况。针对这种情况，南京探索了租赁式电梯的操作方法，将一次性居民费用支出变为租赁年限内每年支出一部分费用，大大缓解了支付压力，提高了这部分居民的增梯可能性。这实际上是政府与市场之间形成新的合作机制，破解了居民一次性费用过高的困境。

2）拓展社会资本，注重本地资源挖掘和链接

在可能的情况下，新的资源链接最好是能够和社区建立长期关系的当地资源，一方面双方更容易建立熟悉关系，减少沟通成本，另一方面，也更容易找寻共赢发展机会点。美国Wright-Dunbar历史社区探索避免绅士化的社区复兴的路径，就是一个很好的例子。在社区组织、保护组织的倡议下，政府改变了大规模开发的社区更新模式，转而支持地方社区发展的复兴模式。除了常规的支持方式外，创新建构了住房建筑协会（HBA）、少数族裔项目公司、市场之间的合作机制，基于HBA还与当地建筑职业技术学校建立了支持低收入住房业主住房更新的合作关系。这样就可以保证历史社区的居住型历史建筑既可以得到专业的维修，又不必支付过高的费用，低收入居民因此可以继续保有他们的住房；同时，这也给当地建筑职业技术学校的学生们提供了施工实践的机会。在这样一个创新合作机制中，政府没有大量注入公共财政，低收入居民又可以继续保有住房并居住在社区中，少数族裔项目公司得到项目机会，当地建筑职业技术学校有了实践基地，项目实施也带动了关联产品的市场供应，从而全方位实现了共赢。

3）多级主体合作，契合地方社区需求

日本住宅公团1997年更名为都市基盘整备公团，2004年起又与地方都市开发整备部门统合成立独立行政法人的UR都市再生机构。UR都市再生机构的主要功能为协调都市更新，非常强调与地方公共团体和民间合作，以使得团地住房契合当地的发展需求。针对团地的整修改善内容包括室内设备改善、住宅翻新和适老性改造、团地环境整治、商业街配备、团地改建或重建等。多摩平团地社区由日本住宅公团建于1958年，是当时规模较大的集合住宅社区。2008年对团地西部约18公顷用地制定"多摩平之森"地区更新计划。在住房方面，引入不同的社会机构对空置住房进行多样化的住房改造：由UR都市再生机构负责的"RIENTO多摩平"团地型住房，为附近的大学提供国际学生宿舍，为居民提供共享的洗衣房、厨房和餐厅，促进居民交流；由TANABE物产负责改造的"AURA243多摩平之森"菜园型住房，以有子女的核心家庭为供应目标，住房周围空地被设计为公共的菜园空间；由结缘日本株式会社负责设计实施的"YUIMARU多摩平之森"老年租赁住宅，针对老年人生活需求对住房进行了适老化改造。

6.2.3 国内既有实践的共识机制探索

在城镇化进入存量发展为主的时期，近年社区更新实践逐渐增多，其中也有不少共识机制营建的探索。在老旧住宅加装电梯的项目中，通过地方法规对整个环节予以规范。虽然楼栋居民超过2/3即可进入申请程序，但是绝大部分案例都是需要楼栋居民的全体同意才能成功，地方政府积极辅助社区协商，促进居民之间相互理解、共担费用，最终达成加装电梯的共识。在老旧小区整治项目中，也开始改变完全自上而下的项目实施方式，出现一些新的项目决策机制，如提供菜单供居民选择、实施项目由居民投票表决等。

在江苏省的宜居街区建设探索过程中，也开始关注议事平台的建设，如昆山宜居街区项目就建立了由多主体代表构成的议事会。在社区公共空间更新的项目中，更是探讨了多种参与式设计方法，如：通过调查征集需求，通过工作坊召集居民共同研讨设计，通过设置宣传栏征集意见，通过项目宣讲会征集意见，通过方案比选展览征集意见，运用参与式设计工具和方法，等等。不少社区更新项目还引入擅长社区动员的社会组织，由其作为媒介来组织居民和相关利益方参与讨论和协商。

然而，总体来看，社区更新过程中的共识营建机制还存在不少问题。

6.2.3.1 参与程度低弱

除了增梯项目外，其他项目均缺乏由法规或正式议事规程设定的正式参与程序。社区更新项目存在信息不对称问题，居民对背景不了解，包括资金状况、各部门职责、项目时间和程序。导致居民参与层次低，以被告知型参与、投票选择型参与为主，甚至有非常糟糕的表演型参与。

居民参与知识匮乏、协商能力弱。由于缺乏对参与效果的积极预期，参与人员少、参与意愿低。缺乏社区领袖，组织性弱。

居民和专业规划师、设计师之间的信息传递存在障碍。项目组织者不能很好组织和回应信息，居民对参与缺乏信任。一些既有项目后续运营乏力，也动摇了居民的信任和参与热情。

6.2.3.2 商谈领域狭窄

社区更新议事项目多为投资额度小、涉及利益关系简单的小型公共空间项目。项目类型多限定于小区内部，少涉及与社区有关的城市交通、公园绿地、公共空间、公共设施、地方商街等议题。

议事内容多集中在硬件建设，忽视文化价值与特色，忽视软件支持体系，忽视社区长期发展的规划商讨。因而，仅有少量的协商局限于就事论事，注重短期效益、缺乏长远眼光。

商谈主体限于既有的利益相关方，很少能通过商谈争取潜在的支持方。商谈组织者缺乏拓展社会资本的意识和能力，另一方面也确实难以得到支持，因此创新合作机制非常难以出现。

6.2.3.3 资本链接匮乏

社区事务繁杂、协调事务众多，还特别需要长期支持和努力，短期难以出现绩效，导致很多公共部门对社区支持事务不感兴趣，不愿意费时费力真正投入支持。

由于缺乏对于社会组织的兼具鼓励和规范的有力措施，导致社会组织类型少、数量少，而有能力、专业度高的社会组织更少。除了极少数案例外，社会组织在帮助社区更新项目中的创造性表现不强。

受限于单一的公共资金渠道，各主体间存在微妙竞争，甚至压制了更优质的社会资本链接。从很多项目宣传中就可以看出这种境况，宣传媒介的主体一味突出自己的工作，弱化或不谈合作方，反映出社区项目合作生态的不良境况。

社区更新项目中，其实存在不少商业机会，但缺乏链接资本市场、同时能够兼顾市场利益和有利社区的有效契约。

6.2.4 适应国情的社区营建共识机制建议

党的十九大报告在"提高保障和改善民生水平，加强和创新社会治理"部分，指出要打造共建共治共享的社会治理格局。加强社会治理制度建设，完善党委领导、政府负责、社会协同、公众参与、法治保障的社会治理体制，提高社会治理社会化、法治化、智能化、专业化水平。加强社区治理体系建设，推动社会治理重心向基层下移，发挥社会组织作用，实现政府治理和社会调节、居民自治良性互动。

可以看出，国家顶层设计高度重视社区治理。中国特色社会主义制度下，社区共识营建具有独特的优势，体现在：党建引领，确保社区治理方向正确；政府重视基本公共服务，社区可以较为均等地获取基本公共服务；政府重视历史遗留问题，对由于历史原因缺乏规范化物业管理的老旧小区勇于承担整治责任；在厘清街道、居委会责权边界方面已经做出调整，以使社区居委会以服务社区为第一要义；社会组织孵化得到一定重视，三社联动取得一定成效；网格化智慧化管理已经普及，对社区信息具有较完整的掌握。

然而，社区发展面临的挑战也是巨大的，诸如：社区分异大，历史遗留问题多，社区人口流动性高，居民参与度低，法规体系不健全，基层组织人力资源薄弱，社区工作专业性低，社会组织专业性低。社区更新过程中的共识营建机制中出现的"参与程度低弱、商谈领域狭窄、资本链接匮乏"问题在现有机制下难以解决，亟需探索机制优化路径。

6.2.4.1 制度体系亟需完善的方面

全面认识宜居社区营建的内涵，探索适应中国国情的宜居社区营建体系，涉及社区支持、社区规划、社区建设项目审批、与社区有关的规划建设意见征集等体系。近期着手设置承担社区支持的公共部门或机构，长远考虑城乡规划法对这些体系的纳入。突出基层党建引领的作用，加强基层党员队伍建设，积极发挥社区中党员在和谐社区建设中的带头作用。

宽泛的与利益相关方不匹配的社区居民参与，效果并不佳。适应中国社区不同权利范围和主体，亟需进一步细致完善法规体系。涉及如下三个层次，一是对应行政社区的社区规划、社区参与和居委会职责的法规，二是对应管理小区的居民参与、管理主体职责（物业管理公司、业主委员会）的法规，三是对应住宅楼栋和相邻空间的加装电梯、住房维修、危旧房改造的居民参与和事务程序等法规。建议从地方层面开始进行探索，立法部门予以支持。

对于历史遗留问题社区、无物业管理小区等情况，有针对性地设定与公众参与有关的利益主体、议事规则和决策程序。诸如，根据具体议事主题和社区组织架构，探索成立议事会，并根据项目的目标来设定适当的程序。并结合社区营建项目达到解决遗留问题、实现正规物业管理的目的。

完善市、区政府、街道、社区、管理小区、社会组织等网站建设，将社区事务信息公开，将基础数据公开，将有关规划信息详细公开，真正以人民为中心、做到信息公开透明。考虑在较高层次设置专职于社区可持续更新的公共机构，具有协调各部门的能力，具有链接社区发展专业知识、专家等的能力，具有创新发展社区事务的意识理念和动力，承担支持社区发展的责任，拥有履行该责任需要的权力。

6.2.4.2 基于现有宜居项目的建议

全面认识项目的空间演变、社区结构、空间管理和使用情况、目前的居民参与情况及存在障碍，建立宜居社区营建的基础数据平台。

加深社区参与程度，将规划设计单位的系统调查研究基础上的初步设想，分解到适当的边界范围（宜小不宜大）或特定主题，探索适应当地社区的居民参与方法，推进居民公共参与意识。

项目启动时就应设置适宜该项目的公众参与程序，包括公众群体、参与方式、时间安排等。将这些程序规定予以公开，广泛宣传，使关联的利益相关方均知晓。然后，按程序有序组织公众参与，从而避免仅有特定群体参与、低效甚至无效参与以及最糟糕的表演式参与。

积极主动创新合作机制，探索适宜地方实际情况的各级政府、政府相关部门、外部规划和设计专家、社会组织、社区涉及利益主体的协商合作平台，寻找适合当地的政府—市场—社会—社区合作模式。

宜居项目一定要重视后续管理运营，各子项目一定要有建设责任方，同时明确运营管理方。运营管理方案在接手空间之前就应有所规划。

6.2.4.3 共识处于困境时对公平正义的维护

如果前述的共识平台和程序能够形成，通过适宜的公众参与和有效的协商讨论，社区营建方案应该能够体现公平正义。然而，如果由于各方能力欠缺导致平台难以建立，参与主体仅为特定群体，或者参与过程不透明，导致决策出现不公平时，或在争议过大难达共识时，则需要求助元治理机制来维护公平正义，在资源有限时首先确保公共利益、社区社会经济的可持续发展，并关注力量薄弱的弱势群体特别是难以发声的弱势群体的利益保障。

最近有一种说法，就是社区参与时"到场的就是最合适的"，这可能适用于某些一般性项目，特别是本来争议就比较小的公共空间项目。但是，在目前社区参与法规不健全，信息并不全透明的状况下，对于关涉敏感利益的某些项目时，这样是不合适的。对于这些项目，项目启动、实施方应首先识别所有利益相关主体的类型及其诉求，各类主体都应有所代表，才能进行社区参与和意见征集。

在社区更新遇到困境和障碍时，积极发挥基层党组织的作用，基层党员秉持公平正义的发展观，带头发挥合作精神，在发生争议或冲突时能够分析矛盾原因、辨析真正的弱势群体，能够积极找寻解决办法、促进各方真诚协商、有效化解矛盾，获得共识性意见。这就要求基层党组织和党员要比普通群众具有更专业、更强的组织参与和营建共识的能力。社区基层党组织除了在思想意识方面持续增强之外，还应组织党员学习了解社区专业事务，要求党员自主学习社区更新有关的专业知识。

6.2.4.4 长期促进宜居社区营建的建议

在社区党群服务中心、管理小区的活动中心等空间，专门设置促进社区居民交流的空间，该空间应能体现欢迎居民的姿态，设置有关社区空间提升的模型、图纸、互动板，提供常年可便捷使用的讨论和共同创作空间。增进社区居民对于社区的全面认识，才能在参与过程中有效表达意见，从而避免临时性的表演型的所谓"公共参与"。

设立开放、共享、学习和交流平台，定期举办宜居社区营建培训、资助社区营建的活动。特别是做好网络学习平台的建设，纳入我国社区营建成功的案例，详细介绍组织和参与社区营建的具体方法工具，方便广大居民和社区营建的组织者长期学习和使用。

探索适应地方情况的宜居社区发展规划，建议以一个或几个居委会辖区为范围、五年为一个编制周期，应有专业的规划设计团队的支持，编制过程体现公众参与和多元协同。

设立鼓励竞争性申请的宜居社区建设基金，以促进社区居民参与、共建和持续维护为目的，鼓励居民、志愿者团体、社会组织启动适合于社区的项目。

着力孵化专业的、专注于某项事务的社区社会组织，基于"专业的人做专业的事""各司其职""协商合作"的原则推进"三社联动"。

将社区参与和共识教育注入教育体系。注重儿童、青少年的社区意识、参与精神和能力培育。在老年大学、社区开放大学中增设社区营建和公共参与课程。在媒体广泛宣传真正的宜居社区营建、真正的社区参与和共识营建案例。

6.3
基于社区的城市规划体系

▶ 　　国家和民众的关系，是政治学自古以来的重点领域。进入19世纪，社会和社区的关系逐渐成为现代国家政治制度讨论的范畴。20世纪，伴随工业化、城市化、信息化、全球化、新自由主义的浪潮，产业结构变迁、跨国经济、资本循环、社会极化、文化价值观多元化、国际移民、城市化移民对任何一个国家的政治经济体系、公共服务职能、福利与就业政策带来重大影响，同时施加巨大压力。在这样的背景下，社区成为政府、市场力量的补充，逐渐被赋予应对社会冲突、追求公平正义的希望。社区力量，被认为最了解地方诉求，通过社区参与可以更好地促进政治经济体系的包容性，增加社会凝聚力，并通过社区关联的社会资本拓展来促进经济的发展。

　　在城市规划领域同样如此，城市规划涉及空间资源配置，以前通常为政府主导，由规划领域的专家和政府一起统筹考虑各层级、各类型的发展需求并进行预测，进而制定出相应的规划。这一规划模式由于不能妥善平衡各方利益，越来越引起争议。各国具体引起争议的事务并不相同，规划体系发展阶段也不同，但社区参与、社区规划逐渐被纳入到城市规划领域却是共同趋势。

　　本节首先考察其他国家的社区规划制度化过程和概况，从其成效和问题中获取启示。继而尝试提出适应中国国情的基于社区的城市规划制度建议，最后针对社区更新规划提出规划方法。

6.3.1 其他国家的社区规划制度化

　　社区行动和参与规划并不是一开始就在规划制度体系中的，不同的国家由于不同的政治、文化和社会生态的差异，社区进入规划体系的制度化经历了不同的发展过程。国际趋势总体上呈现从最初的社区行动与政府、资本的对抗，到逐渐被政府认识到其作用和力量，继而被政府纳入到制度体系之中的过程。下面主要以美国、英国、韩国和新加坡为例，介绍这四个国家的基于社区的规划制度化的背景、基于社区的规划体系概况，以及有关成效和问题的研究评论。

6.3.1.1 美国

美国20世纪上半叶，无论是凯恩斯主义影响下的联邦政府大型公共住宅工程，还是地方政府受经济发展和资本驱动下的城市更新工程，以及跨区域的大型交通项目的实施，由于没有考虑地方社区发展诉求和特点，引起民众广泛质疑和学者强烈批判。1960年代倡导型规划由此而生。在此背景下，社区规划作为倡导规划的重要构成，也经历了若干发展阶段。1960年代—1970年代社区行动计划（CAP: Community Action Program）和模范城市计划（Model City Program）是早期过于理想化的失败模式，试图通过社会、政治、经济和空间发展的综合方法，促进城市中心地区真正全面的再生。这些计划在取得一系列成绩的同时，由于资金直接拨付给机构，和地方政府难以建立良好关系，甚至发展为对抗关系，同时这些机构权力过大、机构层级臃肿竟然还出现了腐败问题，机构的运作能力屡屡引发争议，引发社会全面失望而被最终叫停。汲取过于理想化而最终失败的社区行动计划和模范城市计划的教训，美国着力探索不依赖单一机构、强调多方合作的社区规划模式，有政府设定各种支持计划、吸引市场、立足社区和非营利组织的联动社区发展模式，还有地方政府试图将社区规划和正式规划体系融合的努力。

（1）政府支持下的非营利专业机构立足社区的规划

汲取这种过于理想性的发展模式的教训，美国转而发展出一套政府支持，市场、地方社区组织和非营利机构相结合，共同承担政府力所不及，而市场又不感兴趣的社区领域的社区发展体系。社区发展公司（CDC）就是多种渠道资金支持的专业化运营的非营利机构，几乎每一个主要城市都有CDC公司，其管理部成员的1/3是社区居民从而与社区之间深度联系，社区发展公司计划显著地提升了社区的房产价值，改善了整个社区的品质。政府一方面制定非营利公司运作的法律规范，另一方面制定吸引市场投入的税收抵扣等优惠政策，还设定一些可供非营利机构申请的资金计划，但设定要求——CDC公司若想获取类似资助，必须提交相应的社区规划，这就使其参与到长期的社区发展中去，而不是孤立地专注于某项工程的建设。

（2）各级政府设定的社区参与或共同协作规划

各级政府通过各种计划积极支持社区规划的编制，鼓励社区表达发展诉求、自下而上设定契合社区的发展规划。美国联邦政府1974年起按年度实施社区发展拨款计划（CDBG），要求必须基于社区统一规划（consolidated plan）进行申请。统一规划是全国性的，因此有固定规划框架和审批程序。规划内容一般包括5个部分：社区基本情况的描述、住房和社区发展需求、发展战略、具体的行动纲要和公众参与。某些城市的CDBG办公室也会根据情况指定针对性资助区域，通常为低收入社区或问题明显的社区，这种情况下，地方政府会专门为这些社区提供规划服务，如麦迪逊市的ARBOR HILLS–LEOPOLD邻里规划。纽约市近期启动了PLACE（Planning for Livability, affordability, community, economic opportunity and sustainability）研究计划。城市规划部（Department of City Planning）在城市预算方面的整合作用越来越重要，PLACE计划强调社区委员会、社区居民、利益相关方、公共部门之间的合作，是以人民为中心的规划方法（people-centered planning approach）来解决城市土地利用规划和区划存在的问题，更好对接社区需求，同时激发长期可持续发展。目前已有九个PLACE研究计划。市长还设立了一个新的10亿美元的社区发展基金，专门用于PLACE计划的社区基础设施和公共设施建设。

（3）美国纽约赋权社区委员会编制规划

CDC公司联动社区的发展规划，或已经有明确资助计划的社区，由于有确定的投资或资助项目，通常会影响到地方城市规划，特别是区划的调整。除此，某些地方政府也设置了社区规划促进计划，社区规划成果有的以行政命令形式被执行，有的以非正式协议被正式规划编制或规划审批时纳入考虑。纽约市作为国际性大都市，人口众多，地方政府责任重大，在认识到经济发展和社会发展互促的前提下，纽约市政府在试图平衡社区差异、推动共同发展方面进行了不少创新。1951年，曼哈顿设了社区规划议会（Community Planning Councils），在城市规划和投资方面起到建议作用。1963年，社区委员会（Community Board）被写入纽约城市宪章（New York City Charter）。1975年城市宪章进一步完善了社区委员会的条款，每个社区委员会对应一套服务要求；规划必须经过社区委员会的审查，包括区划、特别许可、征收和分配城市资产、城市更新计划等；社区委员会成员也有一套规定，要求必须居住、工作于该社区，或与该社区有重要利益关系；具体由一位管理官（district manager）运营日常工作，其角色非常重要。宪章中规定社区（Community District）划分的要求：位于单一行政区的边界内，并与城市发展所依据的历史、地理和可识别的社区相一致；适应警察和卫生部门的服务和分区要求，适合于高效和有效地提供那些与社区密切相关的市政服务；人口不超过25万。最终由城市规划部门划分确定，纽约五个区共划分了59个社区。1975年的城市宪章还设定了197-a规划条款，基于该条款，社区委员会获得可以编制社区规划的权力。1989年针对197-a规划设定了规划内容和形式的最低标准和审查日程最低标准，1997年还发布了"197-a规划技术指引"。纽约市政府官网中最新的社区规划信息显示，1990年代至2000年代，有15个197-a规划通过审批，大多数都由社区委员会组织编制，有社区的综合发展规划，也有涉及滨水规划、增加可支付住房等区划调整等专项议题的社区规划。当197-a规划和开发型规划有冲突时，会要求双方进行协调以找到共同点。社区规划被通过之后，社区委员会还要继续推进规划实施，目前有4个涉及区划调整的社区规划中的10个区划调整任务被完成。而对于一些并不需要编制正式规划却又和社区关系重要的议题，纽约市建议社区委员会可采取行动策略，即通过建立跨部门的工作组共同协商以解决问题。

CDC公司运作还是很大程度依赖市场，因此会寻找有发展机会的社区。基于政府资助计划的社区规划，也受限于政府的资助目标和资金总量。相较而言，赋权社区以编制规划的权力，并将其和正规规划体系融合，具有更广泛的自下而上介入规划体系的意义，体现了社区参与规划、多元合作伙伴关系，加强了社区能力建设。Tom Angotti于1999年对纽约1990年代涌现的197-a规划热潮进行了评价研究。除了对其成效的肯定，也提出了一些问题。认为197-a规划对规划体系的影响是有限的，如果社区委员会不继续对政府施加压力的话，很多行动计划会被忽略。社区平均规模为10万人，而社区委员会的管理人员少，经常陷入小的琐碎事务，还常常受限于资金，难以组织符合要求的社区规划。相较而言，在低收入社区、有色人种集聚社区，一些激进的民间组织在争取社区利益方面具有更好的成效，特别是在有环境问题的贫困社区，这些组织利用规划工具为社区争取了更公平正义的发展条件。而富裕社区则常常表现出狭隘的"不要在我的后院"（NIMBY）思维。Angotti还建议社区委员会要积极寻求与CDC等机构合作，加强资金运作，从而具备与政府协商的条件，也更易实现自主设定的计划。Municipal arts society2008年关于社区规划的研究指出，纽约的社区规划已然非常成功，但是政府应该更主动地对接社区需求，建构基于社区的规划政策体系，实现自上而下和自下而上的规划结合。纽约市近年的PLACE研究计划即是城市规划公共部门对上下结合进行规划的探索。

6.3.1.2 英国

1990年代以来，英国政治和政策框架经历了巨大变化。伴随全球化和信息化而来的文化和价值观的多元化，使得不同地区、不同机构、不同背景条件的人对于如何发展都各有诉求和优先事项。撒切尔时期试图通过提高效率和委托机构方式，应对日益增长和变化多端的诉求，结果却由于缺乏区域协调、缺乏机构和社会直接接触的机制，导致治理破碎化以及民众对于政府的失望。对于政府决策部门、提供公共服务的机构与利益群体直接互动的促进，催生了21世纪的地方主义和民主复兴。规划体系也从传统的土地利用管控转向更为综合的空间规划体系，包含更多的社会、经济和环境等目标，相关制度政策包括"地方政府法"及其鼓励的地方战略伙伴关系（2000）、"地方发展框架"及其"社区参与说明"（2004）、"可持续社区法案"（2007）等；及至2011年，《地方主义法》赋予教区议会（Parish Council）、镇议会（Town Council）或邻里论坛（Neighborhood Forum）编制邻里规划的权力，为自下而上的社区规划进入制度体系设定了法律依据。

《邻里规划法》于2012年颁布实施 [The Neighbourhood Planning（General）Regulations 2012]，成为《城乡规划法》的一部分。邻里规划并不是必须编制的规划，而是社区可以选择的权力。由教区议会（Parish Council）、镇议会（Town Council）或邻里论坛（Neighborhood Forum）启动的邻里规划，是实施层面的对社区发展方向及用地功能的空间落实。教区议会（Parish Council）、镇议会（Town Council）是经过选举的实体，在没有这两个议会的地区，可以经相应法定程序建立具有编制邻里规划权力的邻里论坛。通过公投（Neighborhood Referendum）后的邻里发展规划（Neighborhood Development Plan），当即形成法律效应，成为规划审批的依据。邻里发展规划可用于决定是否批准社区里的规划申请，确保社区在适宜的地方获得适宜的开发；有邻里规划的教区将获得25%的社区基础设施税，而没有邻里规划的教区获得的社区基础设施税是15%。《邻里规划法》还有对社区实施邻里发展指令（NDO: Neighborhood Development Orders）和社区建设指令（CRBO: Community

Right to Build Orders）的权力设定。然而，法律规定邻里规划必须遵循国家规划政策框架和地方规划中的住房与就业、商业发展、交通设施、医疗、治安和应对气候变化等具有"战略优先性"的政策安排。可以说，邻里规划是上下衔接的规划体系创新。英国政府官方网站以及受政府委托的特定社会组织网站中，有专门对于邻里规划编制全环节的支持信息。

尼克·盖伦特、史蒂夫·罗宾逊对英国阿什福德自治市镇的10个教区规划进行了调研，探讨社区规划的核心群体是如何制定或影响社区规划，这些群体的行动特点是什么，之间的关系又怎样；社区规划与必须遵循的战略规划之间如何整合。尽管这一调研是在2009~2010年进行的，但是研究者基于社区规划在何种条件下方成为真正的参与式治理的探究，对阿什福德自治市镇10个教区规划过程及其经验、教训的总结值得深思。研究结论指出：社区层面应由真正具有合法性的社区领导来引领，涉及教区议会构成的包容性、议会执事的能力，以及社区整体超脱狭隘的惰性和内向性；社区和政府决策主体的连接应建立在真正的对话基础上，一个封闭的害怕付出和社区交流成本的政府肯定会令社区失望，而社区也应积极寻求更有效的连接方式，比如和提供公共服务的机构直接交流、加强与友好的支持机构的关系等；社区规划本身的内容也应包括内外互动的双方面，一方是社区自身行动可以达到的目标和计划，另一方是对公共服务的需求和规划，以及对于宏观战略影响下的社区未来发展的规划。

6.3.1.3 韩国

20世纪末经济危机以来，韩国经历了长期的经济衰退，虽然近期经济有恢复，但是受益面小。韩国的收入差距、社会极化现象加剧，年轻人和女性失业问题严重，老年人贫困现象在发达国家中位居前列，家庭作用下降削弱了社会联系和社会支持。在经济合作和发展组织2015年的报告中，韩国的社会互信、公共机构公信力、少数族群包容性等指标都是最差的，反映出国家整体的社会凝聚力面临严峻问题。首尔由于以服务业为主导，更不易从经济危机中恢复，而相关联的社会问题也日趋严重。在这一背景下，市民社会开始发声，要求提高福利普惠，市民社会近十年的努力也在改变年轻人的文化价值观，年轻人对于生活质量、超越单纯经济发展的合作和共同责任的诉求越来越高。首尔最早的社区参与项目并没有政府支持，是由民间有能力的社区领袖、非政府组织发起的，主要出现在一些小型居住区、商业或艺术街区，而且有些社区并不贫困衰败甚至是比较富裕的社区。这些项目的目标有这样几个方面，提高居住空间品质、自助合作型社区设施、传统建筑保护、自然环境保护等。

在这些早期自发的社区参与项目的鼓舞下，首尔开始由市场驱动的城市发展向以市民为中心的城市发展转型，官僚体系开始向更具包容性的城市治理转型，传统的被动式市民参与向着更积极的有预算支持的战略规划参与、更多正式的市民参与组织和职务的设立等方式转变。地方政府认识到社区建设是非常重要的工具，不仅可以提升生活质量，还可以通过自下而上的力量、社区互助和自我管理来解决社会经济问题，涉猎加强社会凝聚力、创造新就业机会、提高生活质量、促进长期可持续发展等诸多方面。

（1）政府最早介入的社区保护和修复项目

受到日本等国经验和本国自发社区成功发展的鼓励，地方政府从2000年以后开始介入基于社区的城市更新。首尔最后一片传统居住地段北村留存大量韩国传统居住类型——韩屋。这一地段由于紧邻皇宫自1970年代以来受到严格的发展限制，虽然这些传统建筑得以保存下来，但是也导致了衰退。1990年代地方政府放松限制，可是又出现很多新建筑，造成地方特色的破坏。保护组织呼吁寻找其他可能性。2000年地方政府介入启动了保护和修复项目。一年以后登录体系被引入，符合条件的业主将获得政府支持——税收激励、经济补贴和优惠贷款，最多可达修复总费用的2/3。至2013年超过900个现存韩屋中，546个进入登录系统并被修复。首尔地方政府购买了其中的35个，改为社区设施，如社区中心、旅游信息中心、小型博物馆和画廊等等。北村已成为首尔最具吸引力的居住地区，然而必须提及的是，保护和修复的成功也伴随着房价抬升、商业化和绅士化现象。

（2）政府支持下的基于社区的城市更新项目

一直到2000年代，市场导向的城市更新还是政府、专家甚至居民的首选，因为更新速度和经济见效快。但是这种方式不考虑既有社区的利益，不关心低收入居民的生存，造成严重的社会问题，进一步影响了经济恢复和城市整体可持续发展。全球经济危机后，市场低迷导致很多市场导向的城市更新项目没有资金，无法推进，原来支持的社区居民转变态度，普罗民众也因其关联日益严重的社会排斥而广泛抵制。政府开始转换思路、调整路径。

2003年，国家出台法规——《城市地区居住条件维护和提升法》，该法规2012年修订时推出两种实施方法，一是小规模住房提升项目，二是居住环境管理项目，倡导居民参与逐渐提高低标准住区品质。国家于2005年发布《促进城市更新特别法》，2013年发布《促进和支持城市更新特别法》。这些法律代表了国家层面对城市更新路径的转型引导。首尔于2011年朴元淳任市长后开始更激进的改革，希望重新定义城市治理中市民社会的作用。首尔陆续出台邻里社区支持的地方法规，进行了相应的机构改革，在首尔改革局下设社区发展部，还设置了首尔社区支持中心以规划、协调和支持社区项目。以往以市场主导的城市发展，向基于社区的城市发展转变，重新建构社区在建成环境、公共生活和市民参与中的作用。首尔2020年规划将社区导向的城市作为长期发展愿景之一，并提出基于社区的城市更新是实现这一目标的关键手段。

政府受到北村成功案例的鼓励，2008年实施宜居城镇先锋计划，2010年发展为首尔人居城镇计划，强调居民参与、政府和社区的伙伴关系。项目针对这样的住区：老旧、低层高密度，缺乏现代基础设施、社区设施和公共空间，居民主要是低收入和中等收入居民，却并不是最贫困的。这些项目的目标是政府出资改善这些住宅区的居住品质，同时提升社区互信，居民委员会未来要接手社区设施的维护。

2012年首尔启动居民参与更新计划（RPRP），2014年启动首尔城市更新先锋计划，着重衰败居住区和其他城市地区的社会经济再生。RPRP项目计划与首尔人居城镇计划的目标社区类似，都是老旧的低层高密度、低收入或中等收入社区。但是，相较而言，更加强调社区建设——居民社会关系、社区公共生活、文化资产和自主管理，地方社区成为政策实施的核心。项目社区选择依据：居住环境的衰败情况、基础设施质量、居民对项目的态度——至少一半的业主要同意，以及地方政府实施项目的能力。为居民提供参与导则，一方面促使他们懂得如何在规划设计的各环节参与，另一方面，要求社区居民在项目实施后能够自组织进行提升后的设施管理。2010～2015年，有63个RPRP项目，其中13个完成了设施建设、22个完成了所有规划程序。首尔城市更新先锋计划进而将更新推广到其他类型，选择了5个不同类型的项目，希望探讨适应不同地区特征的更新模式，更新目标也更加综合，除了居住类项目关注的品质提升和自我管理之外，还希望达到促进经济、就业、安全和特色的综合目标。一年后，先锋计划被整合进2025城市更新策略规划，选择了13个不同类型的衰败地区，试图探讨适应不同类型的公众参与和利益相关方的能力培育模式。项目设定十年期的分阶段计划，总体上只设定基本原则和实施框架，允许根据地方反馈灵活实施更详细的计划。

（3）进入规划体系的政府主导、民众参与的地方发展社区规划

2014年修改城市规划法，在城市规划体系中引入社区规划。社区规划介于总体规划和城市管理规划（地区规划）之间，目的有：为编制管理规划提供细节和导则，考虑社区的需求和特色，达到规划编制的上下衔接。社区规划又分两个层次，区域社区规划和地方社区规划。首尔共分5个区域，每个区域社区规划范围为3～7个区（区的人口平均为40万人）。而地方社区规划范围则为3～4个洞（洞的人口平均约为2.3万人），共有116个地方社区（其中11个按照历史城市中心的管理规划进行管理）。可见区域社区规划规模很大，地方社区规划规模也不小，是法定层面的强调社区参与的地方发展规划。

社区规划中极为重要的工作是公众参与。规划由首尔市政府主导，但要招募市民参与团队，通过工作坊的方式组织市民参与规划。2014年以来22个地方社区共有来自87个洞的913个参与者加入市民参与团队；共组织了42个工作坊。工作坊的组织对获取信息非常关键，必须组织至少两个工作坊：第一个是"认识资源和设定愿景"，第二个是"探讨议题和确定优化项目"。首尔市政府和下属区对于这22个规划经验进行了总结，编制更完备的指导手册，其中包括如何招募市民、如何开设工作坊等环节。2016年所有116个地方社区均完成了规划工作坊。地方社区规划的编制，对于后续管理规划及城市更新规划都提供了重要依据。

（4）政府支持、社区规划组编制的洞级社区规划实验

洞虽然有政府派驻的办公室，以及居民自治委员会，但是由于是自上而下所设，他们的积极性并不高，居民参与很有限。2015年，首尔启动洞级社区规划实验，其目标不仅仅是解决问题，更尝试推进洞级的居民自主规划和运营管理的能力。首尔市政府负责资金和专业支持，市政府和区政府为洞建立社区规划组，由这个社区规划组自主组织编制和实施社区规划。根据社区规划需求和洞办公室的热情，选择了14个洞进行试验。社区规划组平均有75.6

人，少于市政府导则中设定的100人规模，但是代表性还是比较好的。洞级社区规划并不需要从无到有编制，而是按照之前就有的行动规划的议题，将社区规划组分为若干小组分别对这些议题进行讨论。最后14个洞提出了158个议题、235个行动计划；这些行动计划中，生活质量/安全类有28%，基础设施/环境美化类有28%，交往/媒体类有15%，教育/照护类有11%，文化/历史类有10%，共享/经济类有8%，健康/福利类有6%，自然/生态类占3%。社区规划组为69%的行动项目落实了经费，81%的行动项目得以实施。

首尔基于社区的城市规划，探索了政府和市民社会之间多种合作方式。政府在其中或主导或支持，起到了非常重要的作用。居民也不仅仅是参与，还要承担责任。更新项目在居民参与方面推行三个步骤，①咨询居民关于社区的问题和发展机会；②成立居民委员会，居民委员会作为利益协调的中介；③居民参加规划设计的全过程，同时成立各种类型的社区组织以期项目结束后接手设施管理。首尔的地方发展社区规划，成功地组织了较大规模的居民参与；洞级社区规划实验，有力提升了居民自主规划和实施的能力，居民和洞办公室之间的信任度也大大增加。城市规划更多反映了市民意志，也确实改善了衰败社区的居住环境品质。

但是，需要指出的是，地方社区规划中的居民主动参与率较低，洞级社区规划中的居民投票率很低，如何扩大居民积极主动的参与率和投票率，未来尚需努力。城市更新规划和相关项目中，最衰败、最不安全的社区被排除在城市更新计划之外；还存在其他诸多问题，诸如：居民缺乏参与经验，没有时间参与；不同属性居民参与状况不同，老人、教育水平较高的人参与度高，低收入、租户参与度低；官员在回应居民意见方面存在不及时或不负责的情况。还有一点需要特别指出，韩国首尔的社区规划制度化是基于激活社区力量、以替代原有市场驱动的考量，但是社区居民即便能力有所提升、社区组织也愿意后续运营设施，但由于资金等问题常常陷入困境，特别是改善后的社区出现绅士化，房产价格提升更加剧了设施运营的成本。在未来，城市更新项目的包容性、对于居民参与能力的培育、官员能力的提升、规划项目合理性、住房和设施运营的可支付性等方面都需要更多的工作。

6.3.1.4 新加坡

新加坡住房可支付性很高，80%的住房是公共组屋，住房发展局（HDB）很好地履行职责，提供全面的社区服务。可以说，居民对于住房可支付性和物质环境的不满率较低，这是和其他国家非常不一样的地方。然而，新加坡的发展也面临挑战，尽管经济结构总体来说比较健康，但伴随少子化、老龄化，劳动力增长放缓，这种趋势继而将影响GDP增长。一方面，新加坡宽松的移民政策造成原有居民的疑虑，另一方面，新自由主义的经济发展政策拉大收入差距，有关公共政策引发较大争议，罢工等社会冲突也时有发生。同时，年轻一代比上一代更关心物质条件之外的社会生活和生活质量，他们更渴望参与到他们关心的公共事务中去。新加坡政府逐渐认识到，一个只关注经济发展的强政府，即便给国民提供了80%的组屋，对于进一步促进国家社会经济可持续发展也是不够的，一个高参与度的、多元化且有凝聚力的社会才能更有创造性和革新力。李显龙在他的2004年就职演说中明确表达了促进更多参与的发展愿景。政府也致力于将公共参与制度化，还设置了若干计划促进公共讨论和公众参与，公共机构也更积极主动地倾听来自社区、社会组织的声音。尽管新加坡是典型的强政府执政模式，但是对于基层社区组织还是投入大量精力组建。人民协会是1960年成立的法定社区组织总机构。人民协会有一个广泛的社会网络，包括1800个基层组织、4万名志愿者，还有100多个社区俱乐部（也称社区联络所）。基层组织包含：公民咨询委员会（CCC，对应80余选区）、组屋的居民委员会（RC）、私人住房的居民委员会（NC）、社区紧急事务委员会、老人事务委员会、妇女事务委员会等等；其中RC和NC平均对应1500～2500户，在组织居民参与社区更新时起到重要作用。

（1）2007年以来邻里更新项目的公众参与制度演进

新加坡最早的公共组屋建设以来，也历时半个多世纪了，新加坡自1990年代开始针对出现老化的组屋进行更新。既有针对住房的改善项目，2007年以来还启动了邻里更新项目（Neighborhood Renewal Project）。这些项目都由HDB出资，镇理事会（Town council）负责具体实施。为了使邻里更新项目更符合居民需求，一开始就设置多方合作的工作组，工作组成员包括管理机构、居民基层组织以及公共机构代表；设置征集居民意见的环节，逐渐形成了一套完善的居民参与程序（参见6.2节），最后由居民投票确定需要实施的具体项目。尽管如此，邻里更新项目的居民参与比较被动，居民意见并没得到充分表达，居民智慧也没有得到充分激发，居民意见传递到专业规划设计师处也存在障碍。2013年，新加坡开始团结计划（BOND，Build our Neighborhoods Dream），相较于之前的邻里更新项目过程，在居民参与方面采取了更积极的措施。首先，在一个更小、更合适的范围组织居民参与，即在组团（Precinct）层面进行，这样保证参与居民是直接受项目影响的利益相关方，可以提出更有针对性的建议，也可以提高居民参与率。其次，除了调查和意见征集等手段，还积极采取工作坊、社区漫步、记忆银行、寻找社区领袖等方法，让居民直接参与到项目规划和设计中去。BOND计划取得了很好的效果，但是更充分暴露出居民参与的问题，居民缺少参与的知识和经验，积极参与对于很多居民来说存在障碍。鉴于此，新加坡开始启动长期培育居民参与能力的计划，如"你好，邻里"以及若干培训计划，并设置教育和鼓励居民参与的多元平台，促进居民能力的长期提升。

（2）与公共组屋管理机构（Town Council）法定职能关联的镇发展计划

新加坡80%的住房是公共组屋，因此社区更新发展必然和组屋的开发和管理模式相关联。公共组屋开发建设的规划模式体现在三级结构：镇（town），20万～35万人；邻里（neighborhood），2万～3万人，4000～6000个住宅单元；组团（precinct），1000～2300人，400～800个住宅单元。依据三级结构分别配置不同级别、全类型的社区设施。组屋早期都由HDB建设和管理，但是一个机构进行管理，难免造成不同项目的同质化。为促使组屋各具特色地蓬勃发展，1989年成立镇理事会，并发布镇理事会法案（Town Council

Act），该法规十分细致，内容包括：镇理事会的成立和组成，镇理事会成员的规定，镇理事会的功能和权力，电梯升级工程，镇理事会的议事程序，财务规定，镇理事会的检查和官方管理，杂项规定。镇理事会总共16个，管理边界并不完全与镇（共23个）重合，而是按照法规结合选区边界进行划定的，每个镇理事会都有一位议会成员领导，理事会成员的2/3必须是本地居民。由于理事会成员都是半职，所以日常事务是由一个管理团队负责。

新加坡的镇理事会精心设置了网站方便居民查询信息，居民可以查询任何与组屋有关的信息。网站上也会公布将要执行的更新计划，以及每年工作的年度报告。为了推进镇理事会更好地促进组屋可持续发展，新加坡HDB于2007年发起了重塑我们的家园（Remaking Our Heartland）计划，至今已有三期，引导各镇征集居民意见，制定全面系统同时又契合居民需求且各具特色的发展计划。2007年第一期选择了老中青三代镇，希望找寻契合不同年代镇的发展路径。2011年第二期，集中在四个方面——更新住房和各级中心、提高户外娱乐空间、改善节点空间的交通，以及促进遗产保护。2017年迎来了第三期，第三期更加强调特色发展，以及超出社区内部需求，对城市交通也提出了优化建议。在计划进行过程中，采取了丰富多彩的多轮次的意见征集方式。值得一提的是，在东海岸镇项目中，还成立了广场活动激活组，在专业团队的组织下，于镇中心广场结合文化娱乐活动进行了计划展览、意见征集活动，让居民在一个有归属感的、轻松愉快的场所中畅所欲言、表达想法，起到了很好的效果。

新加坡基于社区的镇发展计划和邻里更新，与其公共组屋住房体系有着密切关系。政府在规划、建设和管理中起到重要作用，除建立公积金体系和公共资金体系外，还构建了精细化公共管理模式，这一模式与新加坡长期营建的社区治理结构结合，并纳入社区参与程序，并行多种社区赋能项目，在HDB、其他公共机构、镇理事会以及社区组织、组屋居民之间形成有效链接。然而，这一社区规划模式根植于公共财政的高投入、公共机构的高度专业性和高效率，在新加坡这样一个不足600万人口的城市国家中可行，在其他人口众多的发展中国家广泛推行并不现实。而且，2000年代的全球金融危机也或多或少影响了新加坡镇理事会的资金运作。

6.3.1.5 讨论和启示

英美等国家有长期的社会组织、或曰第三方（the third sector）的发展历史，社区参与规划体系的发展与此也密切相关。规划权力的地方分权，甚至于直接下沉到社区，具有长期的文化与政治土壤。另一方面，这些国家由于较早步入发达国家之列，无论是人均GDP还是公共财政比发展中国家宽裕很多，城市化进程也早于发展中国家，较早进入存量为主发展时期，这些也都是其规划权力下沉的重要依托背景。当然，这一过程也并非一帆风顺。由于规划权力集中有利于国家关注的大型项目实施，这些项目可能有力推动经济总体发展，就和立足地方的发展导向存在天然的矛盾。英美等国通过规划体系的设计，让基于社区的规划总体上要服从城市发展规划，对可能产生的矛盾设置斡旋空间、赋予地方一定的自由裁量权，从而达成战略规划和社区发展的平衡。此外，对于第三方社会组织、非营利机构的制度设计以及鼓励市场参与的资金筹措制度设计，为基于社区的规划提供了人力和财力支持。这些具体的法规和政策设计，值得借鉴。同时也要看到，即便有精细化的制度体系，英美的社区规划成效也是不均衡的，不成功主要出自四方面的桎梏，一是社区能力不足、思维狭隘，二是政府官僚体系作祟，三是有些情况下市场力最终会压制社区力，四是选举政治中选区政客的有选择性的行为对社区带来负面影响。

相较于西方国家，19世纪至20世纪上半叶东亚和东南亚各国由于历史原因在第一次、第二次工业革命中落后，普遍遭遇了被侵略被殖民的历史，长期积贫积弱。东亚、东南亚不少国家在二战后实行了强力政府统治，同时迫切追求经济的迅猛发展。国家与市场相结合，在城市规划领域也表现为政府主导、以推动经济发展为首要考虑的城市发展理念，为促进东亚国家的经济腾飞提供空间支持。韩国和新加坡作为亚洲四小龙之成员，通过出口导向型经济，抓住第三次工业革命的机会，快速进入发达国家行列。然而，亚洲金融危机之后，资本的第二和第三次循环造成的空间不平等和社会极化问题引发了越来越多的地方反抗。社区成为这些地方反抗的空间载体，以凸显对于全球化和资本主义主导发展带来的环境威胁、文化消失、就业率下降以及空间排斥的对抗，对以公共服务为主要职能的政府造成巨大压力。政府不得不开始将基于社区的发展列入议事范畴。韩国首尔不仅将社区参与纳入城市规划程序，更寄希望于社区赋能，使社区自主承担社区服务责任，替代之前市场驱动方式，同时减轻政府压力。新加坡由于其特定的政治生态和公共组屋住房体系，采取了政府主导、公共财政支持的社区参与规划体系，建立非常专业的公共组屋管理体系和细密的社区网络，设置了多种计划对社区进行培育和赋能，通过自下而上的力量对管理机构起到进一步的支持和补充。可以看出，韩国和新加坡的社区规划体系的特点，是政府的主导地位仍然很强，虽然韩国有洞级社区规划，但仍是实验。社区参与主要是基于政府的各类项目，或依托政府机构主体，并没有出现英美体系中有法规支持的社区主导的规划。可以说，这些政府主导的基于社区的规划，总体成效是显著的。但是，韩国寄望于社区替代市场来减轻后续运营压力，效果并不好，而且有政府摆脱其应该承担责任之嫌。新加坡一直寄望于民众更为积极主动的参与，也总是受政府主导的天然限制，难以完全达到设想的参与深度和效果。

四国政治经济体系不同，其基于社区的规划体系差异也较大，总体呈现四种类型：①将社区参与纳入城市更新、城市规划的法规和政策；②政府设置专门鼓励社区参与的项目；③政府制定非营利组织从事有利于社区的规划建设的法规和政策；④将自下而上的社区主导的社区规划纳入规划体系。四国体系存在一些共同之处，正是这些共同之处值得我们借鉴学习。体系方面：①给自下而上的社区参与、社区规划设立法律渠道，尽管这些法律并不一样。通过法律鼓励和规范自下而上的参与，赋予其合法地位，这样公众才会认为这是有效的，才会愿意参加。②从成功的案例看，地方政府非常重要。政府不能留出自下而上的通道就任其自由发展，这样的参与和规划成果很可能无法与正式规划对接融合。政府要积极支持，制定导则，主动对接，将社区支持作为公共服务来对待。针对问题严重社区和有战略地位的社区，设定专门计划予以扶持。制度具体设计方面：①有支持社区进入规划体系的法规和政策，细致涵盖规划主体、规划程序等内容，根据发展状况及时修订；②政府规划信息公开透明，指定专门机构对接社区规划，提供与规划有关的公共服务；③社区组织、非营利机构的信息公开透明，而且都有专门针对关于社区的信息公开；④政府为使社区参与更顺畅，制定多种社区规划导则，培育社区规划人力资源，或组织合适的专家给予社区专业支持，有利于社区意见更好地衔接规划体系；⑤建立广泛的社区参与规划的公共教育平台，或依托政府网站，或依托经由认证的社会组织网站，提供丰富的学习资料，链接丰富的专业资源。

四国的成功案例中最显著的共同点，就是在制度支持下，政府—社区—居民之间以及不同层级的横向网络都联系顺畅，链接有效，互通互促，共同担责。

6.3.2 建构中国特色的基于社区的城市规划制度条件

基于社区的规划体系，是否一定带来好的成效？如何建构基于社区的规划体系，应该首先进行三个层面的考量。

（1）从自上而下的角度考量。基于社区的规划体系作为公共政策，公共政策的目的是什么？这一公共政策不应成为政府甩开基层公共服务责任的依据，更不能成为转弯抹角、粉墨虚饰的伪民主工具，还应吸取西方选举政治下被利用的教训。这一公共政策应成为社区参与、共同治理、协商议事、加强上下链接和横向合作的依托。基于社区的规划体系作为公共政策，公共政策的路径是什么？需要思考：如何结合中国各城市各地区的政治、文化和社会生态，制定适宜的法规、政策和支持体系；如何提升所有参与者、利益相关方的治理与协商能力，其中当然包括如何摈弃常见的官僚作风。

（2）从自下而上的角度考量。社区参与、社区主导的规划，是否一定带来好的效果？"社区参与"、"社区主导"作为抽象的词语，哈维曾警示其与语言美学想当然的关联，忽视其可能伴随的分裂、狭隘与激进的社群主义或地方主义。从国外实践来看，社区的内向性和短视，缺乏宏观视野、系统思维和长远眼光，严重影响其与正规规划体系的对接。参与的主体有哪些、互相之间的关系是什么？社区规划的过程如何？社区规划的成果如何转化为决策、如何被实施？要特别注意社区规划也成为被资本循环侵蚀的领域，成为个体自由主义的温床或投机逐利的新载体，应妥善处理城市利益、社区利益、个人利益的关系以及市场、社区的关系，避免社区规划遭遇社会不信任而失效。

（3）从中间者的角度考量。专家、合法的社会组织和非营利机构，是政府和社区、市场和社区、社区规划不同利益相关方之间的中介协调者，是提供基于社区的规划的专业支持者。中间者是否具有在政府和社区、市场和社区搭建桥梁的权力和能力，认真做好解释和信息传递以及斡旋工作，而不是只将此工作当作新的"业务"？中间者能否具有协调不同意见的能力，并能够培育赋能社区，而不是只履行完程序的缺乏耐心和能力的令人讨厌的"指手画脚者"或"虚伪支持者"？中间者能否关注到真正的弱势群体和社区，为他们争取公平正义的空间发展机会，而不是只挑拣容易出成效的好做的社区或一味支持明星社区。

　　建构基于社区的规划体系，一开始要求也不能过于严苛。毕竟，首先赋予社区和中间者以合乎法律的权力是目前最必要的，然后再在党的引领和民众监督下逐步调适。目前许多社区参与规划的工作虽然有合法性（legibility），但却没有法规支持，相关工作处于不断变化之中，甚至处于随时被取消的尴尬状态。中间者即便想贡献力量，也缺乏合法平台、合法程序，难以组织真正的社区参与和社区规划工作。民众也认为一些工作不过是热情所为，没有章法、考虑不周、难以长久。一些工作难以达到社区规划应达到的深度，这不是单一的能力不及，首要原因是制度障碍。而这种不确定的无法预测的状态，也使得制度探索不能进入实践—优化—再实践—再优化的螺旋式上升的通道。

　　在中国建构基于社区的规划体系，中国特色社会主义国家治理体系的顶层设计为之奠定了基础性框架。从"自上而下"层面来看，党建引领、社会主义核心价值观确定了社区规划发展方向不跑偏，致力于解决不平衡不充分发展的矛盾，共同建构美好和谐社会；中国政府高度重视公共服务，特别是社区公共服务设施的配置和服务供应，当然也不会出现被选举政治政客所利用的情形。从"自下而上"层面来看，基层党建越来越被高度重视，通过基层党建引领、基层党员的先进带头作用，建设良好的治理环境，成为避免社区基层被资本侵蚀、避免社区成为各自为私的争斗舞台的重要依托。从"中间者"层面来看，三社联动是国家治理体系的重要构成，政府目前大力扶持社会组织，尤其是致力于社区服务的社会组织，提供了孵化中间者的必要支持。然而，这一基础框架还亟需具体内容的填充，尤其是"自上而下"的法规和政策体系，"自下而上"的能力建设和支持体系，对"中间者"的规范和鼓励政策。

6.3.3 建构中国特色的基于社区的城市规划体系建议

　　2019年发布的《中共中央国务院关于建立国土空间规划体系并监督实施的若干意见》提出五级三类国土空间规划体系，同时提出建立"多规合一"的规划编制审批体系、实施监督体系、法规政策体系和技术标准体系。具体内容有："全国国土空间规划是对全国国土空间作出的全局安排，是全国国土空间保护、开发、利用、修复的政策和总纲，侧重战略性，由自然资源部会同相关部门组织编制，由党中央、国务院审定后印发。省级国土空间规划是对全国国土空间规划的落实，指导市县国土空间规划编制，侧重协调性，由省级政府组织编制，经同级人大常委会审议后报国务院审批。市县和乡镇国土空间规划是本级政府对上级国土空间规划要求的细化落实，是对本行政区域开发保护作出的具体安排，侧重实施性。三个类型包括总体规划、详细规划和相关专项规划。相关专项规划是指在特定区域（流域）、特定领域，为体现特定功能，对空间开发保护利用作出的专门安排，是涉及空间利用的专项规划。详细规划是对具体地块用途和开发建设强度等作出的实施性安排，是开展国土空间开发保护活动、实施国土空间用途管制、核发城乡建设项目规划许可、进行各项建设等的法定依据。在城镇开发边界内的建设，实行'详细规划+规划许可'的管制方式；在城镇开发边界外的建设，按照主导用途分区，实行'详细规划+规划许可'和'约束指标+分区准入'的管制方式。"

《中共中央国务院关于建立国土空间规划体系并监督实施的若干意见》中涉及参与的内容有：坚持上下结合、社会协同，完善公众参与制度，发挥不同领域专家的作用。《中华人民共和国城乡规划法（2019修正）》第二十六条：城乡规划报送审批前，组织编制机关应当依法将城乡规划草案予以公告，并采取论证会、听证会或者其他方式征求专家和公众的意见；公告的时间不得少于三十日；组织编制机关应当充分考虑专家和公众的意见，并在报送审批的材料中附具意见采纳情况及理由。

从以上内容可以看出，一方面，国土空间规划强调体现国家意志和国家发展规划的战略性，自上而下编制各级国土空间规划，对空间发展作出战略性系统性安排，另一方面，城市发展的空间品质和项目具体管理主要依赖详细规划，这也是社区参与和社区规划的主要作用领域。在规划编制方面，强调公众参与、上下结合和社会协同，以加强规划编制的科学性，这比《城乡规划法》中提及的公告式参与有更宽广的内涵指向。此外，还特别强调完善相应的法规政策和技术标准；以及因地制宜制定用途管制制度，为地方管理和创新活动留有空间。在此，结合中国规划体系，尝试提出5种社区参与和社区规划进入规划体系的路径。

6.3.3.1 将社区参与程序纳入地区发展规划

国土空间规划体系中，市县和乡镇国土空间规划和社区发展关系密切，因为市、县和乡镇总体规划是对本行政区域开发保护作出的侧重实施的具体安排。专项规划中的公共设施规划、公共空间规划、交通规划等关乎空间利用的质量，也与社区密切相关。县、乡镇人口规模小，可以直接组织社区参与。而市的人口规模较大，宽泛的社区参与效果不佳。而一些城市在行政区层面的发展规划与总体规划互动衔接，特别是提出需要市级层面协调的内容，以及区级层面规划期内的发展项目需要的空间调整予以落实，起到了较好的效果。在行政区发展规划，如果能够进一步加强社区类型研究，并增设社区参与环节，将使规划内容更好地体现"以人民为中心"的发展理念，既可以汇聚公众有价值的意见，还可以发现公共部门难以发现的问题，最终成果也会得到公众支持，有利于后续公众监督，提高公众的幸福感和获得感。

行政区、县和乡镇层面的社区类型研究，涉及人口、住房、社区公共设施、空间特色等多因子评价，有助于政府和公共部门更好地认识辖区内社区的特征。研究成果可用于行政区和县、乡镇的总体住房和社区发展政策的制定；研究成果还可以指导城市更新规划等专项规划。

行政区发展规划、县和乡镇总体规划，应制定更具体的社区参与组织办法和程序规定。如果行政区、县和乡镇范围过大、内部差异性明显，也可以在街道发展规划中纳入社区参与程序，或划定若干发展单元，基于这些单元进行社区参与的组织。

这方面可以借鉴韩国首尔政府和下属区主导的地方发展规划的社区参与模式，制定关于社区讨论组招募的规则、工作坊操作手册，在政府和专家支持下，组织公众讨论与社区发展密切相关的土地利用调整、道路交通、公共设施、公园绿地、历史文化保护和利用、旅游规划、垃圾处理等议题，引导公众提出主要困难、需求优先级，以及优化规划的建议。将工作坊成果在行政区发展规划、县和乡镇总体规划的规划成果中予以回应。

6.3.3.2 将社区参与条款纳入城市更新法规

国内广东省的城市更新政策、广州市的城市更新法规以及深圳市的城市更新法规，实际上已经将社区更新纳入其中了，这种探索具有创新性和引领性。广州和深圳城市更新法规中涉及社区更新的内容各有特色。其他城市在建构这一领域的法规政策时，也应结合自身社区的特点。《广州市城市更新办法（2015）》与《广州市城市更新办法配套文件（2015）》中，制定了旧村庄、旧厂房、旧城镇三类更新政策和规划指导，其中旧村庄、旧城镇更新改造方式分为全面改造和微改造两种。《深圳市城市更新办法（2016修订）》与《深圳市城市更新办法实施细则（2012）》中，制定了综合整治、功能改变或者拆除重建三类更新政策，三类均涉及旧工业区、旧商业区、旧住宅区、城中村及旧屋村等。两个城市对申报主体和条件、实施主体和方式、涉及共有产权和建筑物区分所有权的意见征集和项目表决要求、规划编制要求，均有所规定。实施方式适应不同情况有政府实施、市场实施、权利主体实施和合作实施等。可以看出，两个城市都坚持政府主导、市场运作、统筹规划、节约集约、利益共享、保障公益的原则，对于公平公开、公众参与也都提出了要求。

深圳市法规中对公众参与的要求，基本局限于立项阶段和旧住宅区确定市场主体阶段，重点针对的是集体用地、共有产权和建筑物区分所有权的情况，主要涉及的是拆除重建或全面改造的更新类型。《广州市城市更新办法（2015）》中第十八条则有更进一步的条款，拓宽了公众参与的过程："旧城镇更新涉及重大民生事项的，可以设立公众咨询委员会。公众咨询委员会坚持'问需于民、问计于民、问政于民'，保障公众在旧城镇更新中的知情权、参与权。旧村庄更新改造可以设立旧村改造村民理事会。旧村改造村民理事会遵循'一村一会'的原则，由改造的旧村发起，可以制定工作章程，于改造启动阶段成立，至改造完成时终止。村民理事会在村党支部和村民委员会领导下，协助村集体经济组织，协调村民意见征询、利益纠纷和矛盾冲突，保障村集体和村民在旧村庄更新中的合法权益，顺利推进旧村庄更新。"

建议各地在深圳和广州市经验基础上，探索适应地情的进一步拓宽、加深和支持公共参与的法规和政策。目前各地普遍开展的老旧小区整治也应被纳入其中，从而提高老旧小区整治公共财政投入的综合效益，促进物质空间和社区能力的共同提升，有利于整治结束后小区后续健康长效发展。①城市更新规划和项目应坚持政府主导、市场运作、统筹规划、节约集约、利益共享、保障公益的原则，并将社区和利益相关方参与加入原则之中。②拓宽社区参与的面域。将社区参与的项目类型覆盖综合整治、功能改变或微改造项目。③加深社区参与的深度。适应不同类型项目，对公众咨询委员会的人员构成、公众参与的环节和程序予以规定，确保人员代表性以及规划建设运营全环节的参与，特别不能忽视建设监督和建成后运营的参与，一些适宜社区团体参与运营的项目应该尽早组织公众讨论和构建参与运营方式。④明确社区参与的程序。制定社区参与程序的细则，所有项目开始就应该让所有利益相关方知晓这个程序，从而知晓各自的参与责任，推动居民积极主动地了解相关事项、适时表达相关意见。⑤加强对社区参与的支持。政府设定专门机构提供相应的公共服务，并提供经认证的专业机构的连接。

6.3.3.3 将街道社区规划有条件纳入详细规划体系

在诸如控制性详细规划等法定规划编制的过程中，几乎每次前往街道和居委会调研，都会听到这样的反馈，"这个问题我们在上轮规划编制调研时就反映了，可是一直都没有解决"，"每次我们都会带你们规划编制人员去调研，跑了很多轮，可是他们还是不熟悉，到你们来了，又是一批新人，许多话我们又要重复一遍"。而从事规划编制的人员也常常抱怨，"街道主任、居委会主任是新来的，也不了解情况呢"，"怎么一些基础资料这么难获得呢，花了好长时间才要到基层社区详细的人口数据，但是数据状况好像不太对"。此类话语一般都是针对存量地区，当存量地区成为城市规划编制的主要任务地区时，之前的完全自上而下的城市规划编制体系将越来越难以满足地方发展的需求。

目前，为解决自上而下法定规划编制应对存量地区的不适应，一些城市出台了社区规划师制度，有规划专业人员承担片区的责任规划师，有聘请专职人员承担片区规划事务协调的社区规划师，也有指定官员承担片区协调职能的社区规划师等。社区规划师作为协调上下关系和协调中介的角色，起到了重要的作用，但是相关工作主要是事务性的，在长远筹谋和行动力方面并不承担责任，也无法承担责任。北京市有一些街道的责任规划师同时也是本地规划设计机构的人员，存在这样一种可能，就是将担任责任规划师所了解到的地方需求反映到承担的详细规划修订中，但这高度依赖规划师的自觉、责任心和水平，并没有制度性要求。

如果街道社区有积极性和主动性，希望编制社区发展规划，对既有的详细规划有调整要求，以解决街道社区自身难以解决的问题，或希望街道社区的公共服务、空间环境、经济发展有更好的空间支持，那么，城市政府应该予以支持。应该在地方规划法规中，尝试设置将街道社区规划有条件纳入正式详细规划的条款。条件包括：①街道社区的规划范围，可以根据地方发展需求和问题呈现的情况，确定适宜的规划范围。如果是街道综合规划，可以是整个街道范围；如果议题比较特定，那么可以是议题关联的社区范围。②设置街道社区规划立项、组织主体和编制主体的设定、组建公众咨询委员会、组建社区参与团队、公众咨询次数和程序、初步成果提交、规划审议、修改与最终成果提交等条件。其中组织主体，建议适应中国国情，以街道办事处为组织主体，或街道办事处与相关社区形成联合组织体。③可以借鉴美国纽约的197-a规划技术指引，要求街道社区规划有基础数据分析、相关规划分析，对于社区发展规划要有符合程序的社区参与程序，特别是需求和优先项一定要建立在社区参与基础上，最后一定要有明确的建议，涉及详细规划调整的建议、需要列入政府计划中的项目和街道社区自身能力范畴内的项目。④将目前控制性详细规划的调整程序中，设置将街道社区规划相关成果纳入的渠道；在政府年度项目计划中，设置将街道社区规划相关成果纳入的渠道。

将街道社区规划有条件纳入详细规划体系，可以鼓励街道社区常态规范地采集数据，激发街道社区更为主动地了解民众诉求；街道社区如果能够通过社区规划解决问题，为社区带来更美好的前景，也可以有效缓解目前的街道社区与居民之间信任度低的状况；通过公众咨询委员会、社区参与团队等多种社区居民、利益相关方的合作共商，可以促进社区内部的社会资本提升；在街道社区规划编制过程中，通过深度社区参与、社区与政府之间的对接，可以有效提升政府—街道社区—居民之间的有效链接；更为重要的是，居民在过程中习得参与的能力，街道社区的工作能力增强，政府在支持社区的过程中获得更多的民心认可，从而强有力地推进社区的长效发展。

6.3.3.4 特定社区管理法规和规划

某些特定社区，由于有着特定的空间生产机制，具有一定的公共性质，或者对于城市空间品质具有较高的影响。对于这些社区，需要更具针对性的管理，以确保公共财政投入的良性循环，或维系和提升其空间品质，以达到公共利益的最大化。

（1）大型保障房社区管理法规和规划

保障性住房作为一种可支付性高的住房存量，对于提高大城市的包容性、缓和阶层固化、营建和谐积极的城市社会经济环境起到重要的作用。任何住房都存在衰败风险，然而，由于保障房获得了政府多种优惠、补贴和财政支持，如果短期内或规模化发生衰败，将会引发政策合理性的重大质疑，甚至会成为新自由主义攻击的标靶。保障性住房是值得珍惜的住房存量。而珍惜的方式，就是使这一具有公共财政支持和政策优惠的资产在住房市场中发挥积极的作用，一定要避免陷入欧美等国曾经出现的衰败困局。20余年来，中国大城市保障性住房建设呈现出较明显的历时性多样化的集聚趋势，在空间上表现为在城市边缘、近远郊区、新城区的集聚，形成众多大型保障房住区。虽尚未出现广泛严重衰败的报道，但是中国的大型保障房项目的规模远大于欧美，需要未雨绸缪、加强管理。

可以借鉴新加坡Town Council对其辖区公共组屋实施管理的经验。根据中国国情，可以由从事物业管理的国有企业对大型保障房社区承担管理。中国保障房类型多样，需要根据社区发展情况，组建社区参与议事会，有可能涉及集体土地拆迁安置居民、国有土地拆迁安置居民、经济适用房中低收入户、公共租赁住房租户（可能有廉租房租户、外来务工人员租户、新就业人口租户）、私人住房租户、安置房和经济适用房转售住户、人才住房居民等等。社区参与议事会和居委会一起行使社区自治的组织职能。应设置专门法规赋予物业管理企业以管理权力，规范其运作和议事程序，设定其与居委会、社区参与议事会之间的法定关系，规定其必须信息公开、设置相关网站、编制管理规划，管理规划的编制要符合设定的参与程序。

大型保障房社区管理法规和规划，可以发挥物业管理国有企业的优势，为其他小区的物业管理公司树立榜样，同时确保大型保障房社区可持续地健康发展，不至于陷入衰败困局，从而为城市保留优质的可支付住房存量。

（2）居住型历史地段管理法规和规划

居住型历史地段是以居住功能为主的历史地段，存有一定规模的历史遗存，保留体现一定历史时期的街巷肌理、传统风貌和民族地方特色；其中价值较高的通过法定程序进入各级历史文化街区、村镇名录。大多数居住型历史建筑面积较小、保护等级不高，未定级的不可移动文物和历史建筑占大多数，居住其中的人口和家庭属性各不相同。保护管理工作非常琐碎，下至家族内部、上至居民与政府之间都不易达成共识，资金筹集困难。在保护和利用工作难以出成效的情况下，导致两种极端。一种是被市场争夺，那些区位资源良好的历史地段被统一征收后改造（甚至以棚户区改造的名义），成为旅游商业区，原真性被强力灭失，且经常伴随搬迁政策导致的居民与相关部门间冲突，这种原真性灭失的历史地段由于文化断裂其吸引力将迅速衰减；另一种是被市场抛弃，区位条件不佳或难以转换成旅游资源的历史地段逐渐衰退，有条件者搬离，仅剩低收入人口、老龄化严重，外来流动人口增加，物质空间衰退和维护资金匮乏也使得文化丧失了载体和内在活力。既然居住型历史地段承载了有价值特色的历史文化，那么它就具有一定的公共性，其保护和发展就不仅仅是个体业主的事、也不仅仅是社区的事或某个部门的事情，而是需要法律和政策、政府—社区—个人以及政府—市场—社会共同协作机制的支持。居住型历史地段管理法规和规划就是协作的支撑和依据。

我国目前地方政府对历史地段的保护力度不足，使公共部门难以成为围绕保护议题的合作者，共识基础条件不足。完善法规体系的第一步，就是应明确地方政府的保护责任，建立专业而细致的历史地段保护管理法规体系，从而迫使地方政府摆脱土地财政思维，施行专业的保护管理。在完善保护管理法规的基础上，应该授权政府及相关部门必要的保护强制行动，应对中国居住型历史地段权属更为细碎复杂的实情，倒逼具体的责任主体履行保护责任。

《历史文化名城名镇名村保护条例》对于历史地段保护规划有一定要求，但是这些要求比较粗略，对如何保护、如何引导发展缺乏细致的指引，导致保护管理缺乏专业性依据，所以才会出现各种打着保护旗号、实则破坏保护的行为。保护管理法规体系已经到了必须完善的关口。应该增加以保护为核心、合理引导发展的管理规划，为政府实施专业性管理、各责任主体履行保护责任提供专业依据，这也是达成保护共识的基础条件。统筹文化、社会和经济综合可持续发展目标，是传统保护规划力不能及的，更不是一般的物业管理能够达成的。亟需通过管理规划，来破解要么地产式商业开发、要么衰败杂乱无所从的窘境，为营造传承文化、和谐共荣、活力发展的居住型历史地段作出贡献。

首先要详尽研究历史地段的价值及特色载体，明确与使用功能、建造技术和文化精神密切相关的设计、材料、工艺和环境基础，编制精细化保护管理导则，切实指导日常保护。对既存的负面因素进行分析，提出相应的整改计划。发展引导方面，根据历史地段的产权、建筑和区位等等综合条件，以及社区参与程序、居民意愿情况，制定适宜的发展愿景和实施路径，选择典型利用方式给出指引。通过长期的、合作的、包容的、专业的、有针对性的规划管理过程平衡保护和发展，构筑围绕保护的互惠和信任准则，从而驱动真正的合作、趋近最大共识。

目前历史地段的登录指定、保护规划编制乃至保护管理过程中，缺乏有效的告知，也没有正式的公共参与程序设定，利益主体难以围绕保护进行有效协商。公众告知和公共参与，应该通过正式的法规程序设定，涵盖登录—保护—发展的全过程，涉及登录指定阶段、规划编制阶段，以及常态管理的全程透明和日常参与。每一个参与程序要建立相应的议事规则，促发充分对话、促进相互理解，最终形成有效结论。

专家经常指责很多私房业主和居民没有保护意识。然而，如果他们明确知晓历史地段的价值和特色，知晓保护法规及法定责任，以及可以获得的资源支持，并且有法定参与程序，居民的态度和意愿表达将更为理性，仍然可以持支持或反对的不同态度、表达留下或离开的意愿。在这种完善的法规体系下，至少可以敦促那些有一定经济实力，却既不放弃历史住房又不投入修复的业主采取保护行动；支持愿意承担保护责任的业主，同时也可以更合理合法地吸引真正有志于保护的主体。根据正式参与程序的结果，政府可以制定适应该历史地段的具体的人口疏散、住房支持等策略，进而制定最适宜的保护措施、发展愿景，促发内生发展机制和新的合作机制，实施相应的长效管理。

6.3.3.5 社区项目的审批和建设管理路径

社区参与和社区规划中会提出项目计划，社区日常管理的年度计划中也会提出实施项目，还有一些社区申请政府资助或主导计划的项目，此外还有一些社区或社会组织自发提出可能对社区有益的项目。这些项目中，如果是涉及土地利用调整和需要较多部门协调的大中型项目，那么应该按照城市项目进行规划许可和相应审批管理。如果是并不复杂的对社区有益的小型项目，若其审批和大中型项目一样手续繁杂，社区其实没有精力应付，甚至一些项目因此而中途取消，亟需根据具体情况制定适宜的审批和管理规则。

（1）有小区管理、在其管理边界内的项目。这些是关系共有产权建筑或用地的项目，那么应该按照《物权法》以及关联的相关政策实施，相关政策包括物业管理法规和政策、业主委员会议事法规和政策，现在不少城市出台的增设电梯的政策就属于这个范畴。

（2）在管理小区之外、社区管理边界内的项目。这类项目或多或少会涉及用地协调和多部门支持。又分两种情况：①如果项目已经由前面提及的更新规划、街道社区规划、特定社区规划的全部程序通过，那么应按规划准予项目立项，政府相关部门简化手续并予以支持，确保项目安全性即可；②如果项目并不在前述规划中，而是社区根据政府发布的资助计划进行申请的，或者是社区或社会组织自发提出的一些小型项目，那么首先这些项目要经过一定的社区公众参与的程序，证明其是有利于社区整体利益的，而且能够提出保障后续运营的方案，然后准予项目立项，政府相关部门简化手续并予以支持，确保项目安全性。

这其实对政府发布资助计划是有要求的，即政府应对计划获批的条件和支持予以更详细的规定，发布计划前就需要考虑到实施关联的部门合作支持，并明确项目获批和实施程序。对于社区或社会组织自发提出的一些小型项目，如果是一些比较常见的项目，那么政府应根据形势需求制定审批手续手册，比如对于社区花园项目完全可以制定审批手续，对项目立项、实施和运营提出要求，如此既可以很好地支持自下而上的社区行动，又对这些社区行动进行引导，防止其偏离社区公共利益，在偏离社区公共利益情况下政府可以回收权利。总之，就是要通过政府的精细化管理，达到高效支持和规范社区小型项目、促进提升社区共建共治共享的目的。

6.3.4 社区更新规划方法

前文论述的基于社区的规划体系涉及五个方面，每一个方面、每一个涉及的社区都有其独特性，有其特定的发展历史、价值特色和面临的问题。无论是哪一个方面的社区规划，针对的是哪个社区，首先要做的就是详细的基础信息收集，以及在此基础上进行评估。继而要做的就是社区规划非常重要的分析工作——社区资源、社区资产与社会资本分析，对社区运作状况进行深入剖析。然后，基于规划目的，设定社区参与程序，征集利益相关方意见，通过多轮讨论促进共识达成。达成共识的过程中，包含了对目标愿景与策略、规划建议和项目规划的讨论和共识。社区规划实施之后，需要定期评估，将规划编制和实施机制关联进行反思，总结的经验和发现的问题都将有益于下一轮作出更合适的社区规划。

本书主题是社区更新，引言中对社区更新定义如下：在社区由于历史、自然、社会的原因在物质空间、经济和社会结构等方面出现落后、衰败或失调等问题的情况下，相关主体依据一定的制度或机制，意图解决问题而采取综合性和整合性的社区发展策略和行动，旨在推进社区在物质空间、经济发展和社会结构等方面的长期健康发展。如果社区更新是小型项目，那么不需要做规划，只需要有合适的主体推动，并满足社区参与程序、证明其有利于社区发展即可。然而，如果涉及面较广、范围较大、影响较深、利益主体较多、周期较长，社区更新规划就成为必须的管理和项目审批依据。社区更新规划，是前述基于社区的规划体系的组成部分，由于社区更新离不开物质空间的提升，因此社区更新规划更加强调物质空间要素和非物质空间要素、空间提升和更新机制之间的互动互促。以下提出的是社区更新规划普遍的步骤方法，现实中可以根据具体规划目的有选择地使用。下述方法中关联到的住区规划原理、公共空间设计原理、公共设施标准、价值特色评估等内容，读者可自行查阅，限于篇幅此处对这些关联方法不予赘述。

6.3.4.1 基础信息与空间评估

（1）基础信息

社区的发展历史和空间演进过程，社区区位条件，社区自然生态环境，社区人口信息，土地使用权和建筑产权，社区经济状况及相关主体，社区管理状况及相关主体，社区社会组织状况，物质文化遗产与非物质文化遗产状况。

（2）相关规划信息

包括上位规划对该地区的发展定位，控制性详细规划中该社区的用地规划及相关指标，以及其他相关规划涉及该社区的内容。

（3）空间评估

住房现状（年代、高度等）及质量评估（结构性能、物理性能、安全状况等），公共空间现状（层级、功能、绿化等）及品质评估（人均指标、绿化状况、功能状况等），公共设施现状（层级、类型、建筑、用地等）及品质评估（达标情况、服务运营情况等），交通组织现状（道路、机动车停车、非机动车停车、慢行体系、门禁及其管理范围等）及评估（道路密度指标、停车管理、出入口管理、步行质量等），市政设施现状（供水、排水、供电、燃气、消防、垃圾处理等）及评估。

2019年末以来波及全球的新冠病毒肺炎疫情，凸显了社区韧性的重要性。社区的物质空间韧性也应进行评估，包括社区的选址、住房、公共设施、基础设施、空间环境等方面应对各类自然灾害的能力。比如选址是否安全、物理环境是否良好、消防是否达到要求、雨水系统能否应对暴雨灾害，环境卫生、安全疏散、人防设施等是否达到要求，疫情来临时是否能够依据抗疫要求快速灵活地调整公共空间并实施适当的隔离，等等。

（4）居民满意度和需求调研

对居民进行抽样调查，分析居民对于住房、公共空间、各类公共设施、交通停车、市政设施等满意度，重点了解居民不满意之处，借助调查的同时还可以了解居民迫切需要改善和提升之处。如果社区管理比较完善，可以借助社区公共平台发布调研问卷并回收。值得注意的是，这部分调研成果不能替代利益相关方意见征集与共识形成的社区参与程序。

（5）价值和特色评估

依据发展历史、空间演进、空间现状，分析社区、空间肌理、建筑及其组合、其他空间要素和非物质要素是否具有历史价值、科学价值、艺术价值、文化价值和社会价值，总结体现这些价值的特色载体。需要注意的是，这里的价值和特色不一定非要达到保护级别，如果是对于该社区有意义和价值，也是规划中需要考虑的。在居民满意度调研中可以增设一些居民对社区的认知问题，比如居民认为最应该保留的空间要素、居民认为附着珍贵情感的空间要素等。

6.3.4.2 社区资源、社区资产与社会资本分析

（1）社区资源分析

城乡规划的重要作用之一就是空间资源配置，这里的社区资源分析更强调自上而下可以获取的资源或者潜在的资源渠道。对于社区来说，有两种非常重要的资源需要分析和挖潜。一是区位资源：社区在城市中的区位，包括自然环境资源、距离各级中心的距离、各类交通条件尤其是公共交通条件、周边城市功能和社区的基本状况、既有规划的发展愿景等，以及城市政府在上述方面有无进一步的行动计划。二是公共服务资源：政府基本公共服务供应的相关政策，既有规划特别是各公共设施专项规划中与该社区有关的发展愿景，政府对该社区及该社区属于的城市片区未来公共服务供应有无进一步的行动计划。

（2）社区资产分析

基于资产的社区发展方法（ABCD，Asset-Based Community Development）最早出现于美国，被认为是一种摆脱需求和问题导向的社区发展方法。这种方法强调社区内各主体的能力以及他们的联合才能提升社区的力量，为社区发展带来新的视角——社区力量可以重组，生成新的机会结构、新的资金来源、新的管理方式和产生更多新的可能。单纯问题、需求导向的发展，被认为过于依赖社区外的力量，包括公共财政输入、公共部门和专家主导，缺乏长期效应，而基于资产的社区发展则着眼于社区内资源挖掘、重组和创新，更多依靠社区自身力量的提升、社区自己为自己负责、推进社区参与、基于社区能力提升长效推进社区发展。Kretzmann和McKnight绘制了基于问题、需求的社区地图以及基于资产的社区地图，两相比较，前者消极，需要依赖外部输入才能改变，后者积极，以新的眼光重新审视社区内资源，希望建构更为积极的社区网络。

对社区资产的发现，可从五个方面着手。一是个体，每一个社区成员都有其独特的能力和技术；二是社区内非正式组织，诸如俱乐部、志愿者团体、兴趣团体等将人们联系一起的组合；三是社区内正式组织，诸如政府部门、公共设施、企业等，它们可为社区带来有价值的资源；四是物质空间，这一部分我们十分熟悉，尤其是其中具有公共性质或可为社区带来整体利益的用地和建筑；五是社区联系，需要有联系人将不同主体之间连接起来。黄瓴等人则将社区资产归纳为物质资产、人力资产、社会资产和文化资产。

（3）社会资本分析

社会资本是相对于经济资本和人力资本的概念，是由与社区有关的各类主体及其关系构成的嵌入在社区的资源。具体而言，它是指社会主体（包括个人、群体、社会甚至国家）间联系的状态及其特征，其表现形式有社会网络、规范、信任、权威、行动的共识以及社会道德等方面。社会资本是指社会组织的一些特性，例如社会网络、共同信念、互相信任，它们能为相互的利益而促进协调和合作。社会资本包括在民众的横向关系以及民众、社会组织和政府及其部门、机构之间的关系；社会资本还包括政府、企业界及民间社会三方合作的程度。当社区需要进一步挖潜资源或培育社区资产，发现基于现有力量不可企及时，那么拓展社会资本就显得十分必要了。

对社区社会资本的分析，可从三个方面进行。一是社会资本层次：社区内的人际关系，社区内有无基于共同信念、共同受益的社区组织，各社区组织之间有无基于共同目的的协作，社区组织与社区外界（政府、市场、非政府组织等）之间有无协商与合作；二是社会资本功能：工具性社会资本（实现市场或准市场协议），情感性社会资本（通过个人情感联系实现互相支持），规范性社会资本（实现价值、原则、责任的共享共担）；三是连接方式：粘结（熟识的成员之间的信任和互惠），桥接（通过关键成员帮助一个网络获取另一个网络的资源），连接（与政府部门之间的联系，以获取相应资源和权力）。

6.3.4.3 利益相关方意见征集与共识形成

通过正式设定的程序，根据时间计划有效地组织利益相关方进行社区参与。确定适宜的工作组织方式，建立合适的组织架构，招募具有代表性的讨论组，采取合适的参与方式如公共讨论、意见征集、参与式设计、投票表决等。需要强调的是，社区参与程序和组织方式，应在项目启动时即公开和该规划有关的时间安排，让所有利益相关方有时间进行准备，从而提高社区参与的有效性。最终目的是在社区达成共识的基础上，确定合适的目标愿景和策略，提出必要的规划建议和可行的项目计划。所有参与过程和结论都要有明确记录，这些记录将是规划成果的重要组成部分。

（1）社区更新规划参与的阶段安排

通常社区参与可分四大阶段。

第一阶段是建立组织架构。如设置工作委员会，根据项目情况决定是否招募居民讨论组，梳理所有利益相关方并安排好商谈会议的组织方式（规划编制组和政府部门、相关企业、社会组织的单独讨论，或针对议题的分组讨论）。

第二阶段是初步开展公众咨询。规划编制组向居民以及其他利益相关方介绍基础信息以及已完成的初步评估成果，向所有利益相关方开放性征集意见。这一阶段，如果社区有能力的话，也可以充分发挥居民自组织的能力，规划编制组可以退居其后，仅给予技术上的指导，由居民自己提出需求和优先项。当然，这都是初步公众咨询成果，这一阶段的成果还需后一阶段的深入讨论。

第三阶段是社区更新规划设计成果的社区参与。基于初步公众咨询成果，规划编制组进行社区更新规划设计，内容包括目标愿景和策略、规划建议和项目计划；方案提出后通过各种方式征集利益相关方意见，重点在于项目目标是否合适、建议和项目计划是否具有可操作性，以及利益相关方是否有更好的建议。这一阶段，也可采取居民参与式工作坊的方式，居民直接参与设计，但这对工作坊的组织者以及居民参与能力有较高的要求。这一阶段社区参与的结论，规划设计方案一定要有所回应和体现，根据项目的复杂程度，这种反馈和回应有可能循环若干次。

第四阶段是社区更新规划设计最终成果的共识环节。通过广泛宣传，尽可能让所有利益相关方了解成果。设定投票规则，如参加投票人数的百分比要求、通过人数的百分比要求。通过最终投票使社区更新规划设计成果具有合法性。

（2）运用有效协商、促进共识的方法

社区更新规划参与环节中，无论是初步公众咨询，还是规划设计的社区参与，由于利益相关方众多，肯定会面临大量不同意见。如果没有专业的协商组织方法，那么咨询会、讨论会将会陷于混乱不可收拾，无法得出有效的共商结论。实际上，有很多方法可以运用，组织者需要做的是事先进行充分准备，有序引导协商进行，汇总整理出协商结论。

首先，是要以谦逊的姿态、简明的语言和清晰有力的方式，将相关信息予以公示，比如利用居民经常使用的空间进行信息公示、采取适宜各年龄段的多种展示方式、运用平易近人的表达语言。

其次，要方便居民表达意见，有各种欢迎人们表达意见的方式，比如设置便签、留言板、代表不同意见的贴纸等，让人们觉得组织方不是形式主义，而是确实希望获取意见。

第三，在有争议的时候，组织方要明确表达限定条件以及公平正义原则，在此基础上，引导争议方理性表达观点，逐渐达成共识。

第四，在议题比较复杂或有若干子议题的情况下，可以进行分组讨论，将参加者按兴趣或熟悉程度等原则分配至不同讨论组，从而进行更具针对性的讨论。

第五，在组织咨询会和讨论会时，要设定明确的会议规则，既让每一个代表都能发表意见，又要注意不要让某些人霸场、侵占别人的表达时间。组织者如果具有现场进行图解归类法的能力，当时就梳理出不同想法的关系，并激发与会者更有创意的想法，是比较理想的情况；如果做不到，那么就记录下所有的意见和建议，后续进行梳理并在规划中回应，然后进入下次征集意见环节。

最后，需要强调的是，社区参与的目的不仅仅是完成一个规划成果，更重要的是社区参与形成的社区凝聚力、社区组织架构以及通过协商讨论有可能激发出新的社区团体和组织，将成为规划后续实施的有力推动主体，也是社区长效发展的依托。

6.3.4.4 目标愿景与策略

基于基础信息、空间评估以及非常重要的社区参与过程，规划编制者对利益相关方的意见、需求和优先项有充分的了解，从而制定出适合该社区可持续长效发展的目标和分期愿景。需要指出的是，利益相关方包括社区内的和社区外的（如政府），社区的发展要有利于社区，也要契合城市整体利益，目标愿景不仅仅是内向的，应是基于社区和城市整体发展平衡的考量。有些情况下，两者不存在矛盾、甚至是互促的，但是某些情况下，有可能出现矛盾，此时就需要平衡。

达到目标愿景，必须基于相应的策略，具体策略因应不同的社区是不同的，这里谈的是策略制定需要普遍考虑的方面。

（1）培育社区资产

仔细梳理既有的社区资产，发现潜在的社区资产，最大限度激发利用社区自身的力量。①优化社区物质空间资产：在现状公共空间、公共设施等基础上，发现有无低效或空置用地或建筑，分析是否可以优化公共空间和公共设施体系；②激活社区内部网络：了解发现社区成员的才能，通过持续教育提升社区成员行动能力和合作能力，发现具有领导力的社区居民，明确社区团体合理范畴的权力和责任，培育提升社区内的社会资本；③保育和创新文化资产：对于社区内有价值的非物质文化遗产进行保护、展示和彰显，同时适应未来可持续发展孕育新的社区文化，营建有特色的社区。需要强调的是，注意物质空间资产、文化资产和社区网络的整合。

（2）善用社会资源

过于内向的社区发展，会由于视野狭窄而丧失利用周边或宏观资源的机会；过于以社区自身利益为目标的社区发展，难免会产生狭隘的邻避思想，难以与城市整体发展，这种规划难以获得地方政府的支持。善用社会资源，其中的"善"有"善治"之意，即有效地、平衡地成为城市整体发展的有机部分。既充分利用已有的区位优势，最大化争取和创造社会经济发展机会，积极寻求城市及地区层面更完善的公共服务设施和供应，又与城市发展愿景契合，与周边城市地区协调发展。

（3）拓展社会资本

在社区内部自身力量薄弱、难以激发活力时，在争取自上而下的资源支持缺乏有效链接时，就需要通过加强上下链接、协同多部门力量、争取外部支持等拓展社会资本的措施。通过自筹资金、公共财政、市场资金、社会资金或基金等多渠道筹集资金；通过政府提供专业资源链接、有条件引入社区社会组织、有条件吸引专业支持力量等方式，加强规划设计的专业支持，兼顾物质空间和社会可持续性双重提升；通过社区管理、物业管理、社区自治和市场运营等多种方式整合，保障社区运营管理的可持续；通过扶持弱势群体政策、提升社区参与能力等长期培训计划，拓展社区人力资本。

6.3.4.5 明确建议、项目计划与更新导则

通过一系列的调研分析和多轮社区参与、利益相关方意见征集，社区更新规划最终需要有明确的成果，成果表达应该简单明确，包括规划建议和项目计划。

规划建议：主要针对既有的控制性详细规划，如果需要调整，要明确指出需要调整的用地和需要修改的指标，并给出理由。

项目计划：包括希望列入政府计划中的项目，比如老旧小区整治、街道整治、河道及其沿线绿化提升、口袋公园等等；也包括社区立足自己力量可以完成的项目。项目计划要根据前面的优先项调研列出时间，同时还要列出资金预算，落实责任方、运营管理方式。

如果有专业的规划编制团队，建议绘制系统性的社区更新规划图，这不仅仅是完成常规的总图绘制，更重要的是对社区愿景的描绘；在此基础上，将规划建议和分期计划予以再表达。如果没有专业的规划编制团队，这一部分工作并不是必须的，但是通过草图等非正规的表达方式绘制愿景，帮助居民和所有利益相关方了解愿景还是必要的。

更新导则并不是每一个社区更新规划都需要的内容，但是对于居住型历史地段等特殊社区、对于社区主体负责项目较多的社区更新规划，更新导则是很好的指导性工具。更新导则的制定，要根据空间类型、空间特色以及社区需求进行针对性编制。

6.3.4.6 规划实施评估

社区更新规划经过相应的规划程序并通过审批之后，就进入实施阶段。按照审批通过的规划成果里的实施时间，应及时对规划实施情况进行评估。评估内容包括以下若干方面。

（1）规划内容有无按计划进行

规划建议有无被采纳，相关规划有无被调整。对实际情况进行分析。

希望纳入政府的项目计划有无被纳入，有无被实施；由社区自主实施的项目计划有无被实施。若项目被实施，则效果如何。对实际情况进行分析。

（2）物质空间功能和品质提升评估

对照规划实施前的社区问题和需求，依据社区的价值和特色，分析实施后物质空间功能是否解决了之前的问题、满足了居民的需求，以及物质空间品质是否维系了价值和特色，具有抗灾韧性，并焕发新的活力。

（3）社区社会可持续性评估

对照规划实施前的社区凝聚力和社会信任的情况（建议规划开始时有一个测度），规划实施后再次进行调研，研判社区凝聚力和社会信任程度有否得到提升，评估社区管理运营的状况，观察分析是否有新的社会资本产生。分析评估社区资产培育、社会资源利用以及社会资本拓展的情况。

规划实施评估的结论，可以在不同社区更新规划项目中进行比较，从而促进经验汲取和共享还可以帮助进一步改进规划方法，使社区更新走向实践—优化—再实践—再优化的良性发展道路。

▶ 参考文献 ◀

[1] 斐迪南·滕尼斯. 共同体与社会:纯粹社会学的基本概念[M]. 林荣远译. 北京: 北京大学出版社, 2010.

[2] 安东尼·吉登斯, 菲利普·萨顿. 社会学基本概念[M]. 王修晓译. 北京: 北京大学出版社, 2019.

[3] 费孝通. 乡土中国[M]. 北京: 生活·读书·新知三联书店, 1985.

[4] 费孝通. 当前城市社区建设一些思考[J]. 群言, 2000, 8:13-15.

[5] Peter Roberts & Hugh Sykes. Urban Regeneration: a Handbook [M]. London: Sage Publications, 2000:29-37.

[6] 深圳市人民政府. 深圳市城市更新办法[Z]. 2009年施行, 2016年修订.

[7] 广州市人民政府. 广州市城市更新办法[Z]. 2016.

[8] 苏则明. 南京城市规划史[M]. 沈阳: 辽宁大学出版社, 2016: 50-72, 159, 185, 337.

[9] 王承慧. 转型背景下城市新区居住空间规划研究[M]. 南京: 东南大学出版社, 2011

[10] 南京市规划局. 南京历史文化名城保护规划（2010版）规划说明[Z].

[11] 陈蕴茜. 国家权力、城市住宅与社会分层——以南京住宅建设为中心[J]. 江苏社会科学, 2011 (6).

[12] （民国）国都设计技术专员办事处编. 首都计划[M]. 南京: 南京出版社, 2006.

[13] 南京市地方志编纂委员会编. 南京房地产志[M]. 南京: 南京出版社, 1996: 473-479.

[14] 吕俊华等. 1840-2000中国现代城市住宅［M］. 北京: 清华大学出版社, 2003.

[15] 张晓晓. 南京平民住宅问题补正[J]. 近代史研究, 2011[3].

[16] 南京市地方志编纂委员会. 南京市城镇建设综合开发志[M]. 深圳: 海天出版社, 1994.

[17] 李广镐, 周岚. 当代南京城市规划四十年（上）[J]. 现代城市研究, 1995 (2).

[18] 王承慧, 汤楚荻. 救济·福利·补贴——民国以来南京住房保障制度、机制及空间演变[J]. 文化交流视野下的城市变迁-第6届城市规划历史与理论高级学术研讨会暨

中国城市规划学会城市规划历史与理论学术委员会年会（2014）.

[19] 王承慧, 张丹蕾, 汪徽. 大型保障房住区贫困集聚测度与发展对策[J]. 规划师. 2017（12）.

[20] 朱毅. 城市社区管理理论与实践研究[D]. 武汉理工大学, 2005.

[21] 李武艳. 公共选择与转型中的城市社区治理[D]. 南京农业大学, 2004.

[22] 陈文新. 中国城市社区居委会直接选举:发展历程与现实困境[J]. 甘肃理论学刊, 2008 (2).

[23] 王汪诚, 冯雪, 宋汝苗, 张本效. 业委会发展困境及对策探索［J］. 中国市场, 2018 (33).

[24] 住房城乡建设部. 关于加强生态修复城市修补工作的指导意见（建规〔2017〕59号）[Z]. 2017-03-06.

[25] 江苏省住房和城乡建设厅.《江苏省住宅设计标准》DGJ32/J26[S]. 2017-04-07.

[26] 南京房产微政务. 南京老旧小区加装电梯, 已有2050部签订书面协议[EB/OL], 2010［2018-11-12］. https://mp.weixin. qq. com/s/8bQDZMvtBACHCDWYXJZJCw.

[27] 南京市人民政府. 关于印发南京市既有住宅增设电梯暂行办法的通知（宁政规字〔2013〕11号）[Z]. 2013-06-26.

[28] 江苏省人民代表大会常务委员会. 江苏省特种设备安全条例[Z]. 2015-05-21.

[29] 南京市人民政府. 关于印发南京市既有住宅增设电梯实施办法的通知（宁政规字〔2016〕11号）[Z]. 2016-09-30.

[30] 南京市财政局, 南京市住房保障和房产局. 关于进一步明确既有住宅增设电梯财政补贴相关事项的通知（宁房物字〔2016〕257号）[Z]. 2017-05-31.

[31] 水楼市-住在杭州网-口水杭州论坛. 老旧小区加装电梯, 杭州还在投票, 南京已经开始补助-[EB/OL], 2017［2019-12-2］https://zzhzbbs. zjol. com. cn/thread-21402461-1-1. html.

[32] 南京市城乡建设委员会. 关于加强既有住宅增设电梯施工管理的指导意见（宁建质字〔2017〕129号）[Z]. 2017-04-18.

[33] 南京市住房保障和房产局. 南京市既有住宅增设电梯设计导则[试行][Z]. 2017-09.

[34] 南京市规划局. 关于发布南京市既有住宅增设电梯规划许

可手续办理规则的通知（宁规范字〔2017〕2号）[Z].
2017-04-14.

[35] 南京市玄武区既有住宅增设电梯指挥部. 关于既有住宅
增设电梯地下管线迁移等相关事项的暂行规定（玄增梯
指〔2017〕3号）[Z]. 2017-05-11.

[36] 南京市玄武区既有住宅增设电梯指挥部. 玄武区关于明
确既有住宅增设电梯相关费用分摊方案的意见（玄增指
〔2017〕4号）[Z]. 2017-05-15.

[37] 方伟, 王承慧等. 行政区住房和社区发展规划编制探
索——以南京市玄武区为例[A]//中国城市规划学会, 杭
州市人民政府. 共享与品质——2018中国城市规划年会
论文集（20住房建设规划）2018.

[38] 老小区装电梯租赁成新选项 居民每年支付2000-4000多
元租金2018〔2019-12-2〕. http://www.sohu.com/
a/248409378_99908704.

[39] 南京市人民政府办公厅. 关于推行电梯安全责任保险的
实施意见(宁政办发〔2015〕67号)[Z]. 2015-05-23.

[40] 中国城市科学研究会. 中国城市更新发展报告: 2017-
2018[R]. 北京: 中国建筑工业出版社, 2018: 81-84.

[41] 王健. 经济新增长点:老旧小区更新[J]. 行政管理改
革, 2015（11）: 35.

[42] 南京市建委, 南京市市容局. 2005年南京市城市环境
综合整治工作方案（宁政发〔2005〕33号）[Z]. 2005-
02-07.

[43] 南京市房产局. 2006年南京市旧住宅小区出新实施意见
（宁政发〔2006〕45号）[Z]. 2006-04-05.

[44] 南京市房产管理局. 南京市旧住宅区综合整治实施意见
（宁政发〔2008〕048号）[Z]. 2008-03-11.

[45] 南京市环境综合整治指挥部. 2011年小区出新工程内容
及标准（宁综指办〔2011〕28号）[Z]. 2011-04-14.

[46] 南京市环境综合整治指挥部. 2012年南京市旧住宅区综
合整治工作实施意见（宁综指办〔2012〕14号）[Z].
2012.

[47] 南京市环境综合整治指挥部. 2013年南京市旧住宅小区
出新工作实施意见（宁综指办〔2013〕8号）[Z]. 2013-
01-16.

[48] 南京市委. 南京市棚户区改造和老旧小区整治行动计划
（宁委办发〔2016〕19号）[Z]. 2016-03-15.

[49] 南京市住房和城乡建设委员会.《江苏省老旧住宅小区
综合整治技术指南》课题研究报告[R]. 2014.

[50] 江苏省住房和城乡建设厅. 住宅设计标准: DGJ32/J
26-2017[S]. 南京: 江苏凤凰科学技术出版社, 2017.

[51] 中国城市科学研究会. 中国城市规划发展报告（2014—
2015）[R]. 北京: 中国建筑工业出版社, 2015: 序言
12.

[52] 住房和城乡建设部住宅产业化促进中心. 既有居住建筑
综合改造技术集成[M]. 北京: 中国建筑工业出版社,
2011: 3-21.

[53] 朱启琛. 社区自组织的成长历程及经验研究——以南京
市翠竹园互助会为例[D]. 南京:南京师范大学, 2015.

[54] 吴楠. 业主互助与社区参与精神——翠竹园互助会模式
浅谈[J]. 中国物业管理, 2013, 01: 62-63.

[55] 苏则明. 南京城市规划史[M]. 沈阳: 辽宁大学出版社,
2016: 436-437.

[56] 南京市地方志编纂委员会. 南京房地产志［M］. 南京:
南京出版社. 1996:159.

[57] 南京市地方志编纂委员会. 南京城镇建设综合开发志
［M］. 深圳: 海天出版社. 1994: 158.

[58] 张勇, 何艳玲. 论城市社区治理的空间面向[J]. 新视
野, 2017[4]:84-91.

[59] 李友梅. 社区治理:公民社会的微观基础［J］. 社会,
2007[2]:159-169.

[60] The Commission on Global Governance. Our Global
Neighborhood[M]//Oxford: Oxford University Press, 1995.

[61] 鲍勃·杰索普[英]. 治理的兴起及其失败的风险: 以经
济发展为例的论述[M]// 俞可平主编. 治理与善治. 北
京: 社会科学文献出版社. 2000, 9: 52-85.

[62] 钱志远, 孙其昂, 李向健. "互构型"社区治理——以一
个城市社区的停车位事件为例[J]. 城市发展研究, 2017
(5): 91-97.

[63] 俞可平主编. 治理与善治[M]. 北京: 社会科学文献出版
社, 2000, 9: 9-11.

[64] [7] 俞可平. 走向善治——国家治理现代化的中国方案
[M]. 北京: 中国文史出版社, 2016, 10: 249.

[65] 鲍勃·杰索普[英], 程浩译. 治理与元治理: 必要的反思
性、必要的多样性和必要的反讽性[J], 国外理论动态,
2014（5）: 14-22.

[66] 松村秀一著, 范悦, 刘彤彤译. 住区再生——重获新生的
欧美集合住宅[M]. 北京: 机械工业出版社, 2008.

[67] 日本大和市. 大和市自治基本条例[Z]. 2005.

[68] 日本上川町. 上川町社区营造基本条例[Z]. 2008.

[69] Galster, G., Levy, D., Sawyer, N., Temkin, K., Walker,
C. The impacts of community development corporations
on urban neighborhoods[R]. Washington, DC: The
Urban Institute, 2005.

[70] United Nations. Report of The United Nations
Conference on Human Settlements (HABITAT III)[R].
Istanbul:UN, 1996.

[71] 习希德，吴昊，李翔．墨尔本的城市宜居性[J]．上海城市规划，2017，10：90-93.

[72] 张文忠．中国宜居城市建设的理论研究及实践思考[J]．国际城市规划，2016，29（1）：52-58.

[73] A．H．马斯洛著，许金山，程朝翔译．动机与人格[M]．北京：华夏出版社，1987：40-68.

[74] 费孝通．乡土中国[M]．北京：生活·读书·新知三联书店，1985.

[75] Greg Forster．John Lock's Politics of Moral Consensus[M]．Cambridge University Press，2005.

[76] 哈贝马斯．交往行动理论[M]第一卷．洪佩郁等译．重庆：重庆出版社，1994.

[77] 哈贝马斯．在事实与规范之间[M]．童世骏译．北京：三联书店，2003.

[78] 阿伦·利普哈特．民主的模式[M]．陈崎译．北京：北京大学出版社，2006.

[79] 王燕．从"协和式"到"共识型"：利普哈特民主理论发展的逻辑进程[J]．湖北社会科学，2018，2：42-47.

[80] 约翰·罗尔斯．政治自由主义[M]．万俊人译，南京：译林出版社，2000.

[81] 约翰·罗尔斯．正义论[M]何怀宏，何包钢，廖申白译．北京：中国社会科学出版社，2009.

[82] Ohmer M I，DeMasi K，Consensus Organizing: A Community Development Workbook[M]．California: SAGE Publications，2009:10-11，14-15，42-44.

[83] 弗朗西斯·福山，第八章:社会资本[M]//赛缪尔·亨廷顿，劳伦斯·哈里森主编．文化的重要作用：价值观如何影响人类进步．北京：新华出版社，2010:157.

[84] Smock K．Democracy in Action: Community Organizing and Urban Change[M]．New York: Columbia University Press，2004.

[85] I．S．Cho，B．Križnik．Community-Based Urban Development，Advances in 21st Century Human Settlements[M]．Singapore: Springer Nature Singapore Pte Ltd，2017: 101，118-119，127-142，97.

[86] Ang Mo Kio Town Council．2019[2019-12-8]．https://www．amktc．org．sg.

[87] My Community．What we do[EB/OL]．2017[2019-12-8]．http://mycommunity．org．sg/friends-of-my-community/what-we-do．html.

[88] Government of Singapore．Town Councils Act[Z]．2000[2000-7-1][2019-12-8]．https://sso．agc．gov．sg/Act/TCA1988?ViewType=SI#P1IVA-．

[89] 2017 Centre for Liveable Cities，Singapore and the Seoul Institute．Planning for Communities，Lessons from Seoul and Singapore[M]．Singapore: CLC Publications，2017:111.

[90] 多摩平の森地区A街区公共公益施設整備計画検討委員会．多摩平の森地区計画[R]．日野市：UR都市機構，2011.

[91] Housing and Development Board（HDB）．HDB Friendly lively places fund and challenge[EB/OL]．[2019-11-27][2019-12-8]．https://www．hdb．gov．sg/cs/infoweb/community/getting-involved/lively-places-programme/lively-places-fund-and-challenge#challenge/.

[92] 丁康乐，黄丽玲，郑卫．台湾地区社区营造探析[J]．浙江大学学报，2018，40（6）：716-725.

[93] Nick Wates Association．Community Planning: About this site[EB/OL]．2011[2011-11-28][2019-12-8]．http://www．communityplanning．net/A.

[94] Nick Wates Association．What Shall We Do With Communityplanning．Net?[EB/OL]．2017[2017-5-15][2019-12-8]．http://www．nickwates．com/2017/05/15/what-shall-we-do-with-communityplanning-net.

[95] 威廉洛尔，张纯译．从地方到全球：美国社区规划100年[J]．国际城市规划，2011，2：85-115.

[96] Galster，G．，Levy，D．，Sawyer，N．，Temkin，K．，Walker，C．The impacts of community development corporations on urban neighborhoods[R]．Washington，DC: The Urban Institute，2005.

[97] 王慧．美国可支付住宅实践经验及其对我国经济适用住房开发与设计的启示[J]．国际城市规划，2004，6：14-18.

[98] 胡伟．美国社区发展的统一计划——以詹姆斯敦市为例[J]．国际城市规划，2001，3：33-38.

[99] City of Madison Common Council．Arbor Hills – Leopold Neighborhood Plan[R]．2013.

[100] Department of City Planning，NYC．Places: Planning for Livability，Affordability，Community，Economic Opportunity and Sustainability[EB/OL]．[2020-2-10]．https://www1．nyc．gov/site/planning/plans/places．page.

[101] R．C．Rauscher，S．Momtaz，Chapter 4-Planning in New York City: Community Boards and Planning Instruments[M] //Brooklyn's Bushwick-Urban Renewal in New York，USA: Community，Planning and Sustainable Environments．Switzerland: Springer International Publishing，2014.

[102] New York City．New York City Charter: Chapter 69，70[Z]．2020.

[103] Tom Angotti．Community Planning in New York City: Neighborhoods Face the Challenges of Globalization

and Privitization[EB/OL]. 1999[2020-2-10]. http://www. newvillage. net/Journal/Issue1/1angotti. html.

[104] Municipal Arts Society. Planning for all New Yorkers: an Atlas of Community Based Plans in New York City Campaign[R]. 2008.

[105] 尼克·盖伦特、史蒂夫·罗宾逊著. 董亚娟译. 邻里规划——社区、网络与管理[M]. 北京: 中国建筑工业出版社, 2014: 13-16, 176-194.

[106] Ministry of Housing, Communities and Local Government. 2010 to 2015 government policy: planning reform[EB/OL]. 2015[2020-2-10]. https://www. gov. uk/government/publications/2010-to-2015-government-policy-planning-reform/2010-to-2015-government-policy-planning-reform#appendix-2-neighbourhood-planning.

[107] 罗超, 王国恩, 孙靓雯. 从土地利用规划到空间规划: 英国规划体系的演进[J]. 国际城市规划, 2017, 4: 90-97.

[108] I. S. Cho and B. Križnik. Chapter 4-Community-Based Approaches to Urban Development in Singapore and Seoul[M] // Community-Based Urban Development, Advances in 21st Century Human Settlements. Singapore: Springer Nature Singapore Pte Ltd, 2017.

[109] Centre for Liveable Cities, Singapore and the Seoul Institute. Planning for Communities: Lessons from Seoul and Singapore[M]. Singapore: CLC Publications, 2017.

[110] Housing and Development Board, Singapore. Town Planning[EB/OL]. 2019[2020-2-10]. https://www. hdb. gov. sg/cs/Satellite?c=Page&cid=1383818434370&pagename=InfoWEB%2FPage%2FArticleDetailPage&rendermode=preview.

[111] Singapore Government. Town Council Act[Z]. 2018.

[112] Harvey, D. The Condition of Post-modernity: An Enquiry into the Origins of Cultural Change[M]. New York: Blackwell, 1989.

[113] 王承慧, 张丹蕾, 汪徽. 大型保障房住区贫困集聚测度与发展对策[J]. 规划师, 2017, 12:93-100.

[114] 王承慧. 英格兰保护区的法规和共识机制——兼论对中国居住型历史地段保护的启示[J]. 国际城市规划, 2019, 0819中国知网网络首发.

[115] 丁康乐, 黄丽玲, 郑卫. 台湾地区社区营造探析[J]. 浙江大学学报, 2018, 40 (6): 716-725.

[116] Kretzmann, J. , McKnight, J. Building communities from the inside out[M]. Chicago: ACTA Publications, 1993.

[117] Collaborative for Neighborhood Transformation. What is Asset Based Community Development[EB/OL]. 2018 [2018-12-22]. http://www. neighborhoodtransformation. net/.

[118] 黄瓴, 罗燕洪等. 基于资产导向的社区管理创新路径探索[M]//第二届山地城可持续发展专家论坛论文集. 北京: 中国建筑工业出版社, 2013.

[119] 黄瓴, 沈默予. 基于社区资产的山地城市社区线性空间微更新方法探究[J]. 规划师, 2018, 2: 18-24.

[120] 帕特南, R D著. 使民主运转起来: 现代意大利的公民传统[M]. 王列, 赖海榕译. 南昌: 江西人民出版社, 2001.

[121] 张庭伟. 社会资本、社区规划及公众参与[J]. 城市规划, 1999, 10: 23-30.

[122] Smock K. Democracy in Action: Community Organizing and Urban Change[M]. New York: Columbia University Press, 2004.

[123] Woolcock, M. Social capital and economic development: Toward a theoretical synthesis and policy framework[J]. Theory and Society, 1998, 27, 2:151-208.

2019年末寒假，是我设置的完成本书最后一章的时间。无论如何没有想到的是，这个寒假竟然经历了百年未遇的新型冠状病毒肺炎疫情。寒假结束之后，高校采取网络授课的教学模式。就在前几天，我们刚刚结束一次住区规划设计的网络集体评图。教学的线上交流模式有线下不可替代的优点，相信即便复课之后，线上教学交流模式将成为线下模式的重要补充甚至是平行模式。但是我们也确实碰到一些学生由于网络问题而带来的学习资源不平衡状况。在校园社区中，如何提升和维护所有学生皆受益的既优质又公平的教学环境，我们必须进行思考。

本次新冠肺炎疫情引发的危机是如此之深、争议如此激烈、日常生活变化如此之巨、全球影响如此之广，以至于当代诸多有影响力的哲学家、社会学家都发表了他们的看法，表达了对资本主义、新自由主义、暴力威权、民粹主义泛滥的批判，这是一个将思考"我们希望生活在什么样的星球、我们需要什么样的文明"变得极为迫切的时刻。或许失望、伤痛、恐惧的另一面，疫情中那么多令人感动的奉献、律己，那么多激动人心的合作、创新，正是期待的答案。

2020年1月20日以后，社区在中国迅速成为抗击疫情的前沿阵地。我一边继续书稿写作，一边时时关注疫情的发展，和社区有关的各种政策、主流媒体新闻，以及来自各种自媒体的信息。中国疫情一级响应时期，国家和地方政府紧急实施应对疫情的社区联防联控、小区封闭管理、分区分级诊疗等举措；伴随疫情逐渐缓和，开始关注建设智慧社区助力长期防疫，强调三社联动的线上社区防控互助等，政策从紧急应战向长期防控转向。可以看到中国的举国体制、民众配合、基层社区体系适应国情，取得了不凡的成绩。在疫情趋于缓和后，笔者研究团队于2020年3月中旬进行了基于社区类型的抗疫状况网上调研。居民问卷结果显示：管理架构完善的小区占比最多，其次是管理架构有一定问题的小区，管理架构不完善的小区占比较少；管理架构越完善，社区疫情防控的居民满意度越高；管理架构不完善的社区居民满意度较低，但自组织和志愿团体的作用被激发出来，发挥重要的补充作用。然而，社区抗疫中仍然有严重不平衡问题，体现在某些社区的社会可持续性弱、社会资本匮乏、组织架构脆弱。

2020年3月以后，新冠肺炎疫情进入全球大流行，我又时时关注世界各地抗击疫情的状况。我特别关注在第6章中提及的有社区规划体系的英国、美国、韩国、新加坡的抗疫情况。新加坡反应最早，遍布全国的社区诊疗体系发挥了巨大作用，似乎是"佛系抗疫"，但取得了很好的效果；韩国一开始令人忧虑，宗教团体和民众非常不配合，首尔市长朴元淳的呼吁也不起作用，但是在宗教头目被控制之后，大规模核酸检测起到了作用。而英国和美国的情况最出乎意料，政府反应迟滞，民众的文化习惯和社会氛围也

使得他们对于疫情不够敏感。而截至目前，和居住空间有关的社区尽管有互相鼓励的行为，但似乎在抗疫组织和互助方面没有起到什么关键作用，或许如一位社会学家的分析，可能疾病属于隐私，一向关注公共生活的社区组织在这方面不起作用，考虑到发达国家热浪来袭时经常造成大量老年人死亡事件，这种分析不无道理。然而，我仔细思考之后，可能更多是因为在英国、美国，也包括在韩国，政府重视社区的作用更多是为了补足市场的不足，而且运转模式如果在公益端和市场端之间衡量的话，更多倾向于市场一侧。而新加坡和中国，社区事务则更多倾向的是公益端，那么对于抗疫这种完全没有收益的行动，新加坡和中国的社区总体表现就凸显了出来。

英国、美国、韩国的社区行动，实际上大多数在有市场机会的社区，总体来看也是不平衡的；然而，我们必须看到，他们的体系对某些社区事务是高效的，也是相对公平的，社区对于在地发展的共识有被纳入正规规划体系的渠道。而只有中国和新加坡，才具有通过社区体系服务于所有社区的潜力。然而，相对于新加坡这样一个发达国家，中国这样一个大国的社会经济的复杂性，必然伴随社区发展的不平衡，不少社区的自下而上的力量发育不足，不少地区对社区自上而下的支持体系不健全。而如何通过制度建设和机制优化，缓解并逐步解决这样的不平衡问题，既要发挥既有优势，又要博采众长、善于向他人学习，基于本国国情积极进行创新，才是真正发挥中国智慧之处。只有这样，才能为全人类共同体树立微观尺度的社区共同体建设典范，既解决本国问题，又体现大国担当。

城乡规划作为公共政策，在社区规划和发展方面理应有所作为。社区是城乡规划学科和城乡规划实践的重要领域，但也是一个缺乏正式制度支持的领域。中国城乡规划领域近年也出现了众多社区营造或更新整治等实践，但是这些实践有比较明显的短期目标导向，与社会建设的融合不足，缺乏对于社区规划的制度性探讨，项目效果局限于需求满足，缺乏更深远的目标，一些社区参与沦为形式，综合效益不显。由于制度机制尚不健全，一些热心于此类项目的规划从业者经历诸多酸甜苦辣。

中国特色的基于社区的规划体系，应成为社区参与、共同治理、协商议事、加强上下链接和横向合作的公共政策依托，探索将社区参与和社区规划纳入规划体系的中国路径。构建支持社区发展的法规和行政体系，通过制度设计科学合理地推进参与深度，围绕社区利益拓展主体范围、促进社会信任、增进有效链接，从而推动宜居社区空间营建，同时提升社区社会资本。伴随着制度机制的健全，相信一定会有越来越多的社区公众和有识之士投身到这个事业中来。

本书一定有诸多的不足，在期望得到大家批评指正的同时，也真诚希望以此丛书出版为纽带，引发更为广泛和深入的讨论，将高校与社区、政府、公共机构、社会组织、市场等相连接，共建宜居社区、共筑美好世界！

王承慧

2020年5月

图书在版编目（CIP）数据

南京城市社区更新理论与实践 / 王承慧等著 . 一 北京：中国城市出版社，2019.12
（城市社区更新理论与实践丛书 / 赵万民，黄瓴主编）
ISBN 978-7-5074-3247-3

Ⅰ . ①南… Ⅱ . ①王… Ⅲ . ①社区 – 社区管理 – 研究 – 南京 Ⅳ . ① D669.3

中国版本图书馆 CIP 数据核字（2019）第 293208 号

责任编辑：石枫华　付　娇　兰丽婷
书籍设计：韩蒙恩
责任校对：卢欣甜

城市社区更新理论与实践丛书
赵万民　黄　瓴　主编

南京城市社区更新理论与实践

王承慧　王兴平　陶　韬　姚秀利　著

*

中国城市出版社、中国建筑工业出版社出版、发行（北京海淀三里河路9号）
各地新华书店、建筑书店经销
北京锋尚制版有限公司制版
北京富诚彩色印刷有限公司印刷

*

开本：787 毫米 ×1092 毫米　1/16　印张：18　字数：350 千字
2021年2月第一版　2021年2月第一次印刷
定价：168.00 元
ISBN 978-7-5074-3247-3
　　（904226）